Altmann · Fiebiger · Müller

Mediation: Konfliktmanagement für moderne Unternehmen

Konzept und Beratung der Reihe Beltz Weiterbildung:

Prof. Dr. *Karlheinz A. Geißler*, Schlechinger Weg 13, D-81669 München.
Prof. Dr. *Bernd Weidenmann*, Weidmoosweg 5, D-83626 Valley.

Gerhard Altmann · Heinrich Fiebiger · Rolf Müller

Mediation

Konfliktmanagement für moderne Unternehmen

2. Auflage

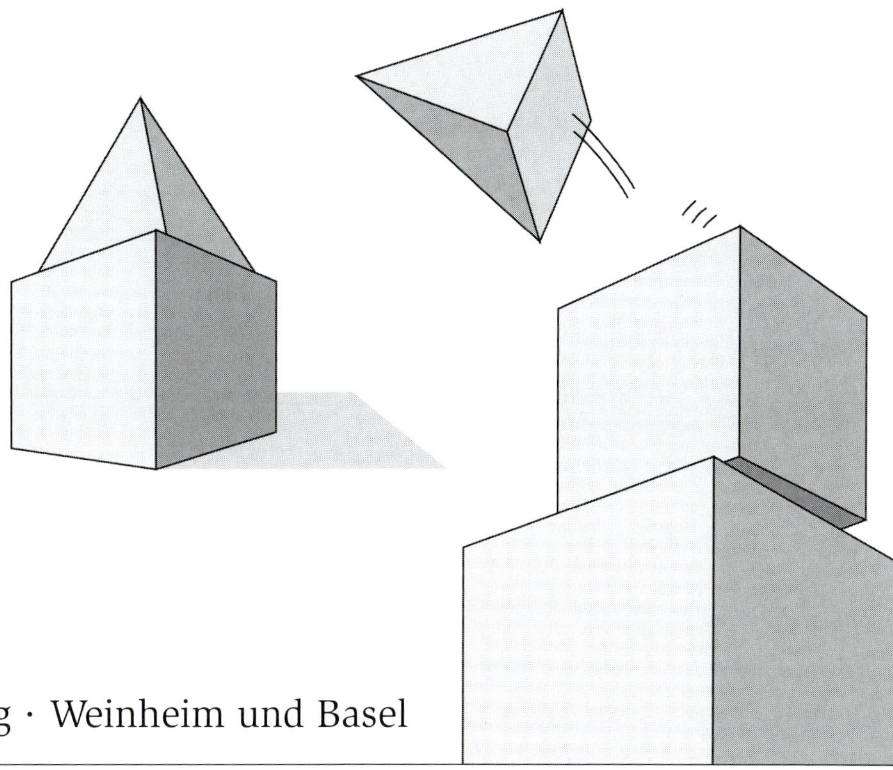

Beltz Verlag · Weinheim und Basel

Über die Autoren:

Gerhard Altmann, Sozialwissenschaftler und Pädagoge, Jg. 1953, arbeitet nach seiner wissenschaftlichen Tätigkeit seit 1993 als freier Trainer und Unternehmensberater mit den Schwerpunkten Team- und Konfliktmoderation, Führung und Kommunikation, Personalauswahl und Bildungsberatung. Tel.: 0911 / 232850

Heinrich Fiebiger, Diplompsychologe, Germanist, Historiker, Psychotherapeut, Jg. 1958, war nach seiner wissenschaftlichen Tätigkeit als Personalentwickler tätig, seit 1993 Trainer, Mediator und Unternehmensberater bei der Grundig Akademie. Schwerpunktthemen: Verbale und nonverbale Kommunikation, Konfliktmanagement, Führung.

Rolf Müller, Diplomsozialpädagoge und Sinologe, Jg. 1954, arbeitet nach seiner langjährigen Tätigkeit als Sozialpädagoge in der offenen Jugendarbeit und nach mehreren Auslandsaufenthalten als wissenschaftlicher Mitarbeiter der Grundig Akademie im Bereich Weiterbildung.

Tel. Grundig Akademie: 0911 / 4090547
E-Mail: management@grundig-akademie.de

2., aktualisierte und neu ausgestattete Auflage 2001

Gesetzt nach den neuen Rechtschreibregeln
Lektorat: Ingeborg Sachsenmeier

www.beltz.de
Herstellung: Klaus Kaltenberg
Satz: Satz- und Reprotechnik GmbH, Hemsbach
Druck: Druckhaus Beltz, Hemsbach
Umschlaggestaltung, Grafiken: Bernhard Zerwann, Bad Dürkheim
Zeichnungen: Ulrike Rath, Aachen
Printed in Germany

ISBN 3-407-36387 7

Inhaltsverzeichnis

Drei Autoren – ein Buch: Ein Dankeschön

Drei Personen unterschiedlichster Couleur arbeiten an einem Buchprojekt zusammen, in dem ein Thema als Einheit präsentiert werden soll. Welche Inhalte sollen ausgewählt werden, wie sollen sie dargestellt werden, wer zeichnet wofür verantwortlich, wie verliert man trotz der unterschiedlichen Herangehensweise nicht den roten Faden?

Die gesamte Konzeption und die notwendigen Inhalte haben wir nach langen Diskussionen gemeinsam festgelegt. Die Ausarbeitung der einzelnen Themen wurde danach zumeist von einem Autor fertig gestellt und in Besprechungen gemeinsam ergänzt. Die Ergebnisse geben so die Meinung aller drei Autoren wieder.

Die erste Version dieses Buches war, was Sprache, Detailliertheit und formalen Aufbau anbelangt, dann aber immer noch sehr heterogen. Glücklicherweise hatten wir in Frau Sachsenmeier, unserer Lektorin, eine erste kritische Leserin, die sich durch die Schwächen des Skripts nicht abschrecken ließ und uns dabei half, die verschiedenen Mängel zu beseitigen. Dafür – nicht zuletzt für ihre investierte Zeit – möchten wir uns bei Ihr ganz besonders bedanken.

Auch der Grundig Akademie, die uns durch die Bereitstellung ihrer Ressourcen unterstützt hat, und den Mitarbeitern, die den langwierigen Prozess bis zur Fertigstellung durch ihre Aufmunterung vorangebracht haben, gilt unser Dank. Last but not least den vielen Gesprächspartnern, mit denen wir über Mediation, ihre Erfahrungen und Meinungen diskutiert haben. Ihre Anregungen waren in vielerlei Hinsicht für uns nützlich und haben sich an manchen Stellen unseres Buches niedergeschlagen.

Unter denen, die uns weitergeholfen haben und auf dem Gebiet der Mediation tätig sind, waren auch viele sehr engagierte Frauen. Wenn also in unserem Buch immer nur vom Mediator die Rede ist, so ist dies nur eine sprachliche Vereinfachung. Frauen in ihrer besonderen mediativen Kompetenz sind dabei immer mit gedacht.

Vorwort

Die GRUNDIG AKADEMIE ist seit über 20 Jahren im Bereich des Managementtrainings und der Beratung von Unternehmen tätig. Die Unternehmenskultur und die Organisationsabläufe haben sich in diesen Jahren in vielerlei Hinsicht verändert. Diese wirken sich auch auf den Umgang mit Konflikten aus. Wenn man auf die Beteiligung aller Mitarbeiter im Unternehmen setzt, dann steigt der Kommunikationsbedarf und damit das Konfliktpotential. Man ist sich dessen in den Unternehmen zwar bewusst, aber vielfach fehlt es an Methoden und Erfahrungen, Konflikte auf eine Weise zu lösen, die die Interessen aller Beteiligten soweit wie möglich berücksichtigt.

Für unsere Kunden haben erfahrene Trainer und Mitarbeiter unseres Hauses, die im Konfliktmanagement-Bereich tätig sind, die Methode der Mediation zur Konfliktbewältigung unter Einbeziehung der Erfahrungen vor allem in der amerikanischen Wirtschaft aufbereitet und praktisch umgesetzt.

Wir sind in Deutschland noch weit davon entfernt, Mediation als eine Selbstverständlichkeit zur Lösung von auftretenden Konflikten zu nutzen. Aber ein Beginn ist gemacht. Es regen sich viele Initiativen und das Thema findet sich nicht nur in der Fachpresse wieder.

Wir wissen, dass offene oder versteckte Konflikte die Zusammenarbeit belasten, bis hin zu gesundheitlichen Folgen, Arbeitszeit und Energie werden vergeudet und letztlich auch Kosten verursacht.

Das vorliegende Buch, das US-Verfahrensweisen und langjährige Konfliktmanagementerfahrung einbezieht, soll mit dazu beitragen, die Chancen, die in jedem Konflikt enthalten sind, positiv zu nutzen.

Hermann Riethmann
Vorstand der GRUNDIG AKADEMIE für Wirtschaft und Technik
Gemeinnützige Stiftung e.V.

Einleitung: Was wir wollen

Begriff und Verfahren der Mediation haben in Deutschland noch keine Tradition. So kommt es nicht von ungefähr, dass der Begriff häufig in einen Topf geworfen wird mit »Meditation«. Oft sind auch die ersten Assoziationen eher esoterisch (das Medium mit seiner Befähigung zur übersinnlichen Wahrnehmung) oder kommunikationspolitisch (die Mediatisierung der Welt als Überhandnehmen der Bedeutung von Massenmedien). Vertraut ist der Begriff bisher nur in Scheidungsverfahren, hier natürlich vor allem den Betroffenen selbst und den mit ihren Nöten und Problemen befassten Juristen.

In den USA hingegen gibt es eine fast 30-jährige Tradition der Mediation. Es gibt eigene Berufsorganisationen, Panels (Stäbe) von Mediatoren, eine Reihe von einschlägigen, vom Staat und den Bundesländern finanzierten Projekten und hochprofessionelle Forschungsvorhaben an renommierten Universitäten wie Harvard in Boston und Stanford in Kalifornien. In der Bundesrepublik Deutschland gibt es nicht einmal in Ansätzen Vergleichbares.

Der Vorsprung der USA resultiert im Wesentlichen aus zwei Faktoren:

- Zum einen ist es die Rolle des diplomatischen Vermittlers in Konflikten, die die amerikanische Außenpolitik in den letzten Jahrzehnten geprägt hat. In ihrem Gefolge hat es eine sehr ambitionierte Forschung und wissenschaftliche Reflektion gegeben.
- Zum anderen sind es die hohen Gerichtskosten, die zumeist von den Parteien selbst getragen werden müssen – auch im Falle eines juristischen Sieges.

In Deutschland dagegen sind die Prozesskosten noch überschaubar. Konfliktlösungen werden deshalb oft in Zivilprozess-Verfahren gesucht.

Das vorrangige Interesse dieses Buches ist es, Begriff und Verfahren der Mediation in ihrer ganzen Bandbreite darzustellen, ihren spezifischen Wert für betriebliche Auseinandersetzungen zu markieren und damit auch die Bedeutung für die Entwicklung einer Unternehmenskultur zu demonstrieren.

Wir stellen amerikanische Verfahren der Mediation den deutschen Interessenten (Trainern, Juristen, potenziellen Anwendern) vor. Dabei legen wir besonders Wert auf die Darstellung des spezifischen Know-hows des Mediators, auf das, was er können muss und leisten soll. Zudem ist es unser Ziel, die Mediation zu etablieren als weiteres Kennzeichen einer modernen Unternehmenskultur. Auch auf Probleme, die die Anwendung der Mediation in Unternehmen mit sich bringen kann, gehen wir ausführlich ein.

Bis vor kurzem führten die Mediations-Diskussion in Deutschland fast nur Juristen. Dabei standen vor allem rechtspolitische Fragen im Vordergrund. Im Wesentlichen sollte geklärt werden, wann Mediationsverfahren indiziert sind, welche praktikablen Trennlinien zu juristischen Auseinandersetzungen gesetzt werden können. Das Vorgehen selbst, die Leistungen des Mediators sowie die Anwendungsfelder wurden dabei häufig nicht behandelt. Dies ändert sich aber zusehens.

Unser Vorgehen in diesem Buch ist eher sozialpsychologisch. Wir stellen diese bislang meist vernachlässigte Perspektive ins Zentrum unserer Überlegungen. Wir zeigen, was in Konfliktsituationen mit den Menschen, mit ihren Wahrnehmungen und Emotionen passiert. Wir beschäftigen uns mit der Vermittlungs- und Übersetzungsleistung des Mediators, mit Qualitäten, über die er stets verfügen muss – jenseits aller juristischen und fallbezogenen Detailkenntnisse:

- Wie sieht die Rolle eines Mediators aus?
- Wie soll er sich selbst sehen?
- Welche Fähigkeiten muss er erwerben?
- Wie können diese Qualitäten und Kompetenzen erlangt werden?
- Welchen Nutzen bringt die Mediation den Unternehmen in einem harten und globalen Wettbewerb?

Diese Fragen will unser Buch beantworten.

1. Was ist Mediation?

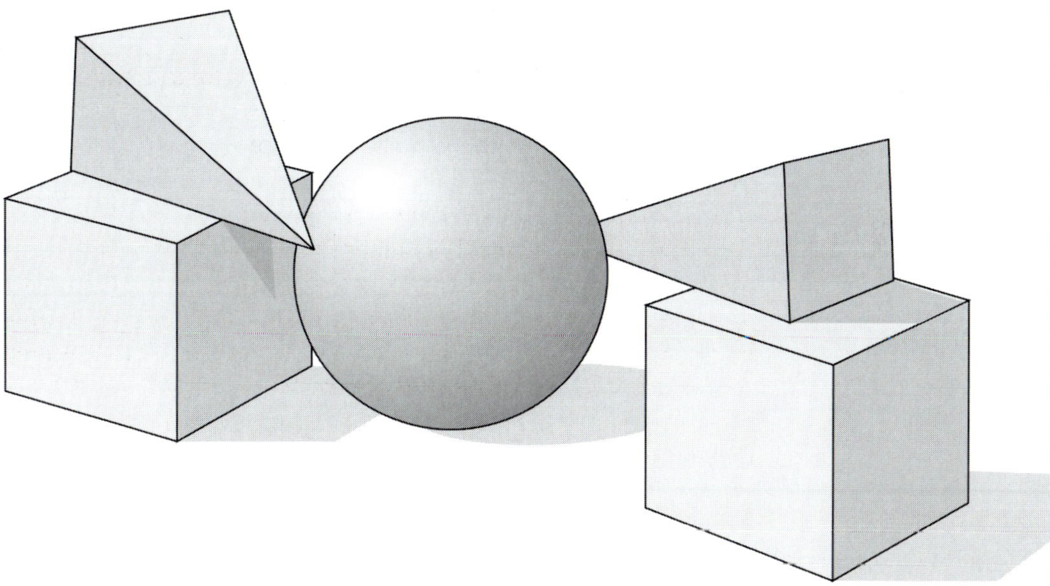

Mediation: Eine erste Antwort

Beginnen wir mit ersten Assoziationen zum Begriff Mediation. Diese werden uns einen Einblick geben, was sinnvollerweise darunter verstanden werden kann. Die gängigsten Eindeutschungen sind wohl die Begiffe Vermittlung, Ausgleich und Versöhnung.

Mediation: Vermittlung, Ausgleich und Versöhnung

In dem Begriff der **Vermittlung** steckt die zentrale Leistung des Mediators. Er ist ein Mittler, der zwischen zwei oder mehreren Parteien hin und her pendelt, ein Übersetzer und ein Katalysator. Das versandete Gespräch wird mit seiner Hilfe wieder aufgenommen, die verzerrten Bilder der streitenden Parteien werden korrigiert, die eigenen Ansprüche an den realen Möglichkeiten gemessen.

Ausgleich bedeutet in erster Linie Interessensausgleich. Der Begriff weist darauf hin, dass es um das Bewusstwerden von Interessen geht, um deren Abwägen und um den Kompromiss, der von beiden Parteien als Kooperationsgewinn erfahren wird. Betont werden nicht die Positionen und das vermeintliche Recht der einzelnen Parteien, sondern die Verschiedenartigkeit der Interessen, Ziele und Motive sowie deren Ausgleich.

Der Begriff **Versöhnung** zielt auf die Zukunft, auf zukünftiges Kommunizieren und Kooperieren. Die Perspektive wird gewendet von der Bewältigung der Vergangenheit, von Aufrechnung und Schuldzuweisung auf die vernünftige Handhabung des Kommenden, der gemeinsamen Aufgabe, der gemeinsamen Verpflichtung gerichtet. Die Mediation will also Beziehungen nicht beenden, sondern auf neuen Wegen fortbestehen lassen.

Diese ersten Überlegungen geben Hinweise für die Zielrichtung der Mediation. Einige Beispiele für Mediationsprozesse sollen diese Hinweise noch weiter illustrieren.

Beispiele für Mediationsprozesse

Ein historisches Beispiel

Ausgleichsverhandlungen zwischen Nationen

Der Österreichisch-Ungarische Ausgleich von 1867, der zur Entstehung der k.u.k.-Doppelmonarchie führte, dient als gute historische Illustration. Die ungarische nationale Revolution von 1848/49 brachte Wien und Habsburg an den Rand des Zusammenbruchs.

Erst die Hilfe des verbündeten russischen Zaren und seiner Entsatzarmee trug dazu bei, die aufständischen Ungarn zu besiegen. Die Vergeltung des später so nostalgisch verklärten Kaisers Franz Joseph war drakonisch: Er ließ die meisten Führer des aufständischen Volkes hinrichten, verschärfte die geheimpolizeiliche Überwachung dieses Teils der Monarchie und verstärkte die Privilegierung der deutschsprachigen Staatsnation.

Militärische Niederlagen in anderen Teilen der Monarchie, die Effektivierung der Verwaltung, der Infrastruktur und des Bildungssystems, aber sicher auch die spezifisch österreichische Kunst des Manövrierens und Austarierens führten paradoxerweise in den folgenden Jahrzehnten dazu, dass sich das Verhältnis zwischen Ungarn und Habsburg verbesserte.

Nicht dem emigrierten unnachgiebigen Führer der Aufständischen, Lajos Kossuth, sondern einem Mann des Ausgleichs und der Vermittlung, dem zwischen den Nationen stehenden Liberalen Ferenc Deák, gelang dann die Kompromissformel, die die folgenden Boom-Jahrzehnte der Monarchie begründete. Der Österreichisch-Ungarische Ausgleich von 1867 ist das Resultat geschickter und langwieriger Wechseldiplomatie. Er bescherte den Ungarn auf politischem Wege die Erfüllung der Forderungen, die der militärische Aufstand vergeblich angestrebt hatte. Die Ungarn wurden zum Junior-Partner Wiens und erhielten nun die Rechte, für die sie 20 Jahre zuvor vergeblich gekämpft hatten: Das eigene Parlament, eigene Ministerien mit weitgehenden Entscheidungsbefugnissen und eine von Wien zumindest partiell unabhängige politische Handlungsfähigkeit. Eine gemeinsame Budget-Kommission bestimmte den ungarischen Anteil am Staatshaushalt. Die Entscheidung über Investitionen trafen die Ungarn jedoch selbstständig. In Wien verblieben nur drei gemeinsame supranationale Ministerien (Außen-, Kriegs- und Finanzministerium), in denen ungarische Politiker durchaus eine bedeutende Rolle spielten. Deáks geschickte Regie ermöglichte es, dass Franz Joseph I., 1867 sogar zum ungarischen König gekrönt wurde.

Was im Verhältnis zwischen Österreich und Ungarn durch die Vermittlung des geschickten Liberalen, »des Weisen der Nation« Ferenc Deák, gelungen ist, gelingt den beiden Nationen nicht in ihrer jeweiligen Minoritätenpolitik, nicht im Umgang mit den nationalen Minderheiten der Tschechen, Polen, Slowaken, Rumänen u.a. Daran wird später die Donau-Monarchie zerbrechen.

Ausschnitt aus einer Paartherapie

(nach: Thomann/Schulz von Thun 1988, Seite 232ff.)

Vermittlung in der Therapie

Vor dem Therapeuten sitzt ein älteres Ehepaar. Der Mann hat sich erst vor kurzem im Handelssektor selbstständig gemacht. Er führt das Geschäft zusammen mit dem Schwiegersohn, fühlt sich aber in letzter Zeit häufig überfordert. In solchen Momenten greift er zur Flasche. Er versucht dies vor seiner Frau zu verbergen, stellt die Flasche aber paradoxerweise so ab, dass sie ihm auf die Schliche kommt. Die Frau reagiert darauf fast immer gereizt, deprimiert und sie weint. Dies belastet den Mann wiederum, er zieht sich zurück, schweigt und sucht Trost im Alkohol.

Der Therapeut stellt einen schmerzhaften Teufelskreis fest: Die Klienten fürchten zwar die stetige, fruchtlose Wiederholung, suchen sie gleichzeitig aber auch, weil sie in ihr latente Momente der Unzufriedenheit ausleben. Der Therapeut vermutet, dass die beiden Partner die Beziehung fortsetzen wollen und die gleichen Ziele haben (Ruhe und Harmonie), diese aber auf ganz unterschiedlichen und unvereinbaren Wegen suchen.

Er bietet nun dem Paar seine Sicht des ehelichen Teufelskreises: Er übersetzt und paraphrasiert quasi das bislang Gehörte. Das Ehepaar kann sich so weiter öffnen. Die Frau berichtet im Folgenden, dass das für sie besonders Schmerzende am Verhalten des Mannes die Tendenz zum Verheimlichen sei, die ihren Vorstellungen von Kontakt und Nähe zuwiderliefe. Dies zeige sich ja im geheimen und doch zugleich offenen Alkoholkonsum. Der Mann hingegen hat die leidige Erfahrung gemacht, dass in den Momenten des Streits eine ganze Litanei seiner vergangenen Verfehlungen aufgetischt wird: »ein Museum der Untaten«. Um dem zu entgehen, schweigt er häufig, um Streit gar nicht aufkommen zu lassen. Das wiederum deprimiert sie in ihrer Suche nach Kontakt. Oder er reagiert gereizt, kritisiert sie lautstark; sie fühlt sich dann »geprügelt«. Der Teufelskreis setzt sich fort.

> »Es hat alles zwei Seiten. Aber erst wenn man erkennt, dass es drei sind, erfasst man die Sache.«
> Heimito von Doderer

Dem Therapeuten wird nun klarer, dass die Wünsche des Ehepaares nach Kontakt und Austausch auf sehr unterschiedlichen Wegen formuliert werden. Der Mann flüchtet sich in Schweigen und Alkohol, weil er die berufliche Überforderung (und damit den latenten Wunsch nach Abgeben und Zurückschrauben des eigenen Aufwands) nicht zugeben will – wohl auch weil dies zu sehr an seinem Selbstbild kratzen würde. Die Frau wählt Kritik und Bevormundung in der irrigen Vorstellung, nur auf diesem Wege Nähe wiederherstellen zu können. Durch die vielen Vorwürfe stößt sie jedoch ihren Mann immer weiter zurück.

Der Therapeut bietet eine Interpretation auch in Form von stellvertretenden Gesprächen an: indem er zum Beispiel in der Rolle des Mannes mit der Frau spricht. Dankbar stimmt das Paar dem zu.

Am Ende der Sitzung unterbreitet der Therapeut dem Ehepaar den Vorschlag, einmal ungewohnte Verhaltensstrategien auszuprobieren, um aus dem Teufelskreis herauszukommen. Er schlägt der Frau vor, die Bevormundung des Mannes in Bezug auf seinen Alkoholkonsum einmal sein zu lassen nach dem Motto: »Deine Flasche gehört dir. Nur du kannst es verhindern, dich selbst kaputtzumachen.« Den Mann bittet er, ihren Wunsch nach Nähe und Verstandenwerden zu respektieren. Er soll das Gespräch nicht vermeiden, sondern es bewusst suchen. Er soll dabei einmal ruhig und gelassen zuhören. Zudem bittet er ihn, Alternativen zur jetzigen Arbeitsteilung im Geschäft zu durchdenken. Damit schließt diese – hier verkürzt dargestellte – Sitzung.

Ein juristisches Beispiel

Restitution von Grundstücken in der ehemaligen DDR (nach: Breidenbach 1995, Seite 72f.)

Juristische Abgleichung von Interessen

In einem Restitutionsverfahren um ein Grundstück in der ehemaligen DDR herrscht zwischen den Erben des früheren (enteigneten) Eigentümers und dem Erwerber des auf diesem Grundstück ansässigen Handelsunternehmens Streit. Der Unternehmer will das Grundstück unbedingt weiter für sein Unternehmen nutzen und befürchtet, nach der Rückübertragung des Grundstücks mit einem Räumungsverlangen der Eigentümer konfrontiert zu werden. Um dies zu verhindern, stellt er einen Antrag auf Investitionsvorrangbescheid.

Die Erben wiederum befürchten, dass im Rahmen des Restitutionsverfahrens festgestellt werden könnte, dass das Grundstück betriebsnotwendig für das Unternehmen ist, das sich darauf befindet. So fürchten sie, weder das Grundstück noch eine angemessene Wertentschädigung zu erhalten, sondern lediglich eine Entschädigung, die aber nach dem neuesten Stand des Gesetzgebungsverfahrens lediglich einen Bruchteil des wirklichen Wertes betragen würde.

Um dies zu verhindern, warten die Erben mit einem eigenen Investitionsvorhaben auf. Gleichzeitig bekämpfen sie den von dem Unternehmen vorgelegten Investitionsplan und weisen auf erhebliche betriebswirtschaftliche Schwachstellen hin. Es besteht sogar die Gefahr, dass die Hausbank des Unternehmens – durch die Argumente der Erben zunehmend verunsichert – ihre Kreditzusage nicht erteilt.

Diese Situation ist für beide Parteien bedrohlich: Für die Erben besteht die Gefahr, weder das Grundstück noch eine angemessene Abfindung zu bekommen. Dem Unternehmen dagegen droht, das Grundstück räumen zu müssen und sein Vorhaben auch an anderer Stelle nicht verwirklichen zu können. Gerade in solchen Alles-oder-Nichts-Situationen sind kreative Lösungen gefragt.

Dem Anwalt, der hier nicht nur Parteienvertreter ist, sondern – ohne es zu wissen – gleichsam als Mediator fungiert, fällt dabei Folgendes ein: Die Lösung könnte zum Beispiel so aussehen, dass die Erben sich für den Fall der Rückübertragung bereit erklären, dem Unternehmen einen langfristigen Mietvertrag zu günstigen Bedingungen einzuräumen. Im Gegenzug würde der Unternehmer seinen Antrag auf Investitionsvorrangbescheid zurückziehen.

Durch diese Lösung bekäme letztlich jeder, was er wollte: Der Unternehmer erhält das Grundstück zur langfristigen Nutzung (und spart erhebliche Eigenmittel für den Erwerb), die Erben bekommen das Grundstück zurück und haben gleich den passenden Mieter dafür.

Mediation: Eine zweite Antwort

Die genannten Beispiele wurden bewusst aus unterschiedlichen Bereichen gewählt. Da sie thematisch weit auseinander liegen, wird das Verbindende umso deutlicher. In all diesen Beispielen wird von einem Dritten, einem neutralen oder neutral erscheinenden Dritten zwischen den Streit- und Konfliktparteien vermittelt, übersetzt, arrangiert und ausgeglichen. Das historisch-politische Beispiel, die aufmerksame Kleinarbeit in der Paartherapie, der juristische Abgleich von Interessen haben eines gemeinsam: in ihnen finden Prozesse der Mediation statt.

Ein Helfer unterstützt die Parteien auf ihrem Wege zur Einigung:

- Im ersten Fall ist dies ein unbelasteter, nach beiden Seiten offener, von beiden Seiten akzeptierter liberaler Politiker, dem man keine Voreingenommenheit nachsagen kann.
- Im zweiten Fall ist es ein Therapeut, der Emotionen und Prozesse seinen Klienten transparent macht, um Auswege aus der verfahrenen Ehesituation zu eröffnen. Die Lösung, den Ausweg müssen sich die Partner selbst erarbeiten.
- Im letzten Fall ist es ein Anwalt, der den Interessenausgleich und Kompromiss sucht, der für beide Parteien einen Gewinn möglich macht und so die künftige Kooperation erleichtert.

Wenn wir diese Aspekte zusammenfassen, kommen wir zu folgender Definition:

> Als Mediation bezeichnen wir alle Verfahren der Konfliktlösung, in denen ein neutraler Dritter ohne eigentliche Entscheidungsgewalt versucht, sich im Streit befindenden Parteien auf dem Weg zu einer Einigung zu helfen.

Zur Verdeutlichung zeigen wir nun einige zentrale Absichten der Mediation auf:

Worauf zielt Mediation?

- Die Mediation will zukünftiges Zusammenleben (Kommunizieren und Kooperieren) ermöglichen. Sie blickt nach vorne. Die Vergangenheit ist wichtig, nur darf man nicht in ihr verharren.
- Die Mediation orientiert sich an der kooperativen Bewältigung von Konflikten. Sie zielt demnach auf einen Kooperationsgewinn. Sie spielt Gewinner-Gewinner-Spiele und scheut Nullsummenspiele, in denen dem Gewinn der einen Partei der Verlust der anderen entgegensteht.
- Die Mediation ist professionelles Handeln. Mediatoren müssen Experten sein in der Kunst der Übersetzung, der Verhandlung und der Vermittlung (zusätzlich zu dem, was sie fachlich wissen und können). Der Mediator fungiert als Katalysator. Er wird in verfahrenen Situationen eingesetzt: Niemand weiß mehr weiter, die Parteien wiederholen sich in ihren Argumenten und Mitteln. Der Mediator animiert zu einem Gespräch und fördert die Auseinandersetzung mit dem jeweiligen Problem. Er beschreitet dabei durchaus neue Wege.
- Die Mediation pocht auf Autonomie und Selbstbestimmung der Parteien. Das Handeln des Mediators ist nur als Hilfe zur Selbsthilfe gedacht. Allerdings wird er mitunter seine Neutralität vorübergehend aufgeben müssen, um Macht- und Verhandlungs-Ungleichgewichte auszugleichen.

Zur Entwicklung der Mediation in den USA und der Bundesrepublik

Die Vermittlung bei Konflikten durch eine dritte Person, gehört zum alltäglichen Leben, ohne dass sich die Beteiligten »große Gedanken« darüber machen. Häufig ist der Vermittler eine Person, der eine gewisse Autorität oder Macht zugeschrieben wird; dies kann ein Vorgesetzter, Lehrer, Polizist oder Dorfoberhaupt in einer Stammesgesellschaft sein.

Die Entwicklung der Mediation in den USA

Im Gegensatz dazu wurde mit der Mediation in den USA in den letzten 20 Jahren eine bewusste, methodische Vorgehensweise bei der Konfliktvermittlung entwickelt. Die Autorität des Vermittlers, des Mediators, die sich aus seiner speziellen Kenntnis über Konflikte und deren Lösung ergibt, spielt weiterhin eine entscheidende Rolle. Die fortschreitende Professionalisierung trägt dazu bei, diese Autorität zu gewährleisten. Über die Lösung von einzelnen, konkreten Konflikten hinaus, erhoffen sich in den USA Befürworter der Mediation eine Stärkung der Nachbarschaftsgemeinschaft und einen Beitrag zur Persönlichkeitsbildung der Beteiligten. Dabei ist die Mediation Teil einer umfassenden Beschäftigung mit alternativen Konfliktlösungen (Alternative Dispute Resolution – ADR). Neben der Mediation gehören die Schiedsgerichtsverfahren sowie eine ganze Reihe von Mischformen zu den Konfliktlösungen, die alternativ zu einem Gerichtsprozess zur Verfügung stehen.

In den westlichen Gesellschaften, mit den USA als Vorreiter, hat die zunehmende Individualisierung der Gesellschaft dazu geführt, dass zur Entscheidung von Konflikten immer häufiger die Gerichte angerufen werden. – Oder: im schlechteren Fall individuelle Macht ausgeübt und Gewalt angewendet wird, weil keine anderen gesellschaftlichen Institutionen und Regelungen für eine wachsende Anzahl von Konflikten zur Verfügung stehen. Die Überlastung der Justiz, mit einer zunehmend längeren Zeitspanne bis zur Entscheidung von Fällen, ist eine Konsequenz dieser gesellschaftlichen Entwicklung und der Auslöser der intensiven Auseinandersetzung mit alternativen Konfliktlösungen. Es ist deshalb nicht erstaunlich, dass in den USA die Beschäftigung mit alternativen

Konfliktlösungen innerhalb des Rechtswesens besonders weit verbreitet ist.

Unter den Befürwortern von Mediation und anderen Verfahren der alternativen Konfliktlösung finden sich nicht nur sehr viele Rechtsanwälte, sondern auch Professoren juristischer Fakultäten, die sich der Lehre und Forschung widmen. Drei namhafte Wissenschaftler auf diesem Gebiet: William L. Ury, Jeanne M. Brett und Stephen B. Goldberg begründen ihren Einsatz für alternative Konfliktlösungen damit, dass eine Lösung von Konflikten durch Verhandeln in der Regel einer Konfliktlösung über den Rechtsweg oder durch Machtentscheid vorzuziehen ist. Durch geschicktes Verhandeln lassen sich die Interessen beider Seiten besser erkennen und berücksichtigen; eine Voraussetzung um einen Ausgleich herbeizuführen, der beiden Seiten gerecht wird. Letztendlich soll dies dazu führen, dass eine höhere Zufriedenheit mit der Konfliktlösung auf beiden Seiten erreicht wird. In vielen Fällen kann so die Basis für eine weitere Zusammenarbeit gelegt werden.

Die Zahl der Befürworter alternativer Konfliktlösungen wuchs in den letzten zwei Jahrzehnten in den USA stark an und formierte sich zu einer Bewegung, die als »Alternative Dispute Resolution Movement« bezeichnet wird. Diese erreichte, dass alternativen Konfliktlösungsmethoden große Aufmerksamkeit zuteil wurde und seitens der Administration starke Förderung erfuhr. Mediation fand in der Folgezeit dank der vielen Befürworter und Förderer nicht nur im öffentlichen Bereich, sondern auch im Geschäftsleben Eingang.

Aber bereits vor dieser Entwicklung wurden alternative Konfliktlösungsmechanismen in den USA und in anderen Ländern angewandt. Schiedsgerichtsverfahren (arbitration) sind seit mehr als sechzig Jahren in der Rechtsprechung vieler Staaten der USA vorgesehen. Bei Tarifverhandlungen gibt es seit den 40er-Jahren Mediatoren und einige Gerichte regten den Gebrauch von Mediation, damals als Schlichtung (conciliation) bezeichnet, vor einigen Jahrzehnten in kleineren Kriminalfällen und Familienstreitigkeiten an.

In den 70er-Jahren bürgerte sich der Begriff »Alternative Dispute Resolution« (ADR) ein, Mediatoren wurden bei Bürgerrechtsstreitigkeiten eingesetzt, verschiedene Pilotprogramme zur Mediation und Schiedsgerichtsverhandlung wurden gestartet und Mediationsprogramme für Nachbarschaften eingerichtet. Die ersten Untersuchungen wurden durchgeführt, der übertriebene Optimismus der Befürworter von Mediationsprogrammen wurde gedämpft und wich in den 80er-Jahren einer zunehmend realistischeren Einschätzung der Möglichkeiten. Kritiker, die an der Fairness der Übereinkommen von Mediation zweifelten und eine Unterhöhlung des Rechtsstaates durch die mangelnde Überprüfbarkeit der Ergebnisse von Mediationen fürchteten, traten auf den Plan. Als Reaktion darauf wurden gesetzliche Bestimmungen und Leitlinien erlassen, die die Fairness von ADR garantieren sollen und bei bestimmten Fällen den Ausschluss alternativer Konfliktlösungsverfahren vorsehen sowie die Evaluierung von ADR-Programmen fordern.

Die Institutionalisierung der Mediation in den USA

Mediation und andere alternative Konfliktlösungen fanden trotz der Kritik der Gegner in dieser Zeit auch Eingang in die Geschäftswelt, weil sie den Bedürfnissen dieser nach schneller, kostengünstiger und weniger kontroverser Konfliktlösung in vielen Fällen besser entgegenkam als Gerichtsverhandlungen.

Die 90er-Jahre brachten eine Institutionalisierung von ADR mit sich. So wurden bestimmte Fälle, wie Scheidungsverfahren in manchen Staaten der USA, obligatorisch zur Mediation verwiesen und erst bei Scheitern der Mediation in Gerichtsverfahren verhandelt oder von Regierungsseite Spezialisten zur Unterstützung bei Konfliktlösungen im öffentlichen Dienst eingesetzt.

All dies hat dazu geführt, dass immer mehr Personen auf diesem Gebiet tätig wurden, die Berufsorganisationen der Rechtsanwälte und andere Organisationen sich des Themas annahmen, die Professionalisierung vorangetrieben wurde und in zunehmendem Umfang Schulen und Universitäten alternative Konfliktlösung zum Lehrinhalt machten.

In der Bundesrepublik ist die Mediation erst in den letzten zehn Jahren allmählich bekannt geworden. Zunächst wurde sie nur in Form der Familien- oder Scheidungsmediation und später auch in Umweltverfahren eingesetzt. Gesellschaftliche Veränderungen hin zu einem erweiterten Mitspracherecht aller Beteiligten sind die Voraussetzung dafür, dass Methoden, die auf Eigenverantwortlichkeit und Beteiligung setzen, wie die Mediation, auch in Deutschland diskutiert und erprobt wurden. Im Falle der Familienmediation ist dies die Veränderung der familiären Situation, weg von einem festen Rollenverständnis und Normen, die allgemein gültig sind, hin zu mehr individuellen Entscheidungen der Partner. Dies hat sich auch im Scheidungsrecht der Bundesrepublik niedergeschlagen, als Wende vom Schuldprinzip hin zum Zerrüttungsprinzip, wodurch auch die Regelung der Scheidungsfolgen, des Unterhalts und des Sorgerechts für die Kinder neu gestaltet werden mussten. Bei der Umweltmediation ist es ein gestärktes Umweltbewusstsein und damit verbunden der Wunsch bzw. die Forderung nach Partizipation an den Entscheidungen von Politik und Verwaltung, die ein Umdenken erfordern.

Mediation in Deutschland

Bei Scheidungen beruhen die Konflikte, auf Problemen in den persönlichen Beziehungen der Beteiligten. Die Gerichtsentscheidungen führen in diesen Fällen oft zur Unzufriedenheit beider Seiten, weil sie meist nur sehr eingeschränkt an der Entscheidungsfindung beteiligt sind. Die Entscheidung wird durch einen Dritten getroffen, dem Richter, und der eigene Standpunkt wird meistens durch einen Anwalt vertreten. Eine Gerichtsentscheidung führt zu einem »Entweder-oder« und bedeutet Verlust oder Gewinn für eine Partei. Im Gegensatz dazu kann eine auf Verhandlung zwischen den beiden Parteien beruhende Entscheidung ein Ergebnis erbringen, das als fairer Ausgleich der Interessen begriffen wird. Mediation als Methode nutzt diese positiven Aspekte des Verhandelns, sie ermöglicht es den Konfliktbeteiligten, Verhandlungen, die sie nicht mehr alleine führen können, mit Hilfe eines Dritten zu führen. Mediation ist in Deutschland vor allem im Falle der gemeinsamen Regelung des Sorgerechts eine Methode, die nicht nur einen vorhandenen Konflikt löst, sondern gleichzeitig auf die Zukunft gerichtet eine neue Art der Partnerbeziehung aufbauen soll. Die Eltern sind zwar nicht mehr Ehepartner, aber immer noch Partner bei der gemeinsamen Erziehung der Kinder.

In der Bundesrepublik gibt es seit 1988 an der Psychologischen Forschungsstelle der Universität Heidelberg Forschungsvorhaben zur Familienmediation. Seit 1989 wurde im größeren Umfang mit der Weiterbildung von Ehetherapeuten und anderen Fachleuten zu Familienmediatoren begonnen. Zunächst wurde diese von amerikanischen Experten durchgeführt und später von deutschen Familienmediatoren, wie dem Ehepaar Mähler in München, weitergeführt. Von 1990 bis 1991 wurde am Jugendamt Erlangen die von Roland Proksch geleitete und vom Bundesjustiz- und Familienministerium finanzierte erste Pilotstudie durchgeführt. In der Zwischenzeit wird eine umfassende Ausbildung in Familienmediation an verschiedenen Standorten der Bundesrepublik angeboten. 1992 wurde die Bundesarbeitsgemeinschaft für Familienmediation gegründet. Diese formulierte Richtlinien für die Mediation in Familienkonflikten. Die Professionalisierung auf dem Gebiet der Familienmediation ist also bereits ein gutes Stück vorangekommen.

Mediation als Methode Konflikte im Umweltbereich zu lösen, wird erst seit kurzem in Deutschland angewandt. Dementsprechend wurden bisher nur wenige Verfahren durchgeführt. Das bisher umfangreichste Mediationsverfahren dürfte das Verfahren über das Abfallwirtschaftskonzept des Kreises Neuss sein, das vom Wissenschaftszentrum Berlin (WZB) vorbereitet und wissenschaftlich begleitet wurde. Dieses dauerte mit Vorbereitungen von Anfang 1991 bis Mitte 1993. Neben Vertretern der Verwaltung und politischer Parteien nahmen Vertreter verschiedener Umweltinitiativen und Verbände, der Kirchen und der Gewerkschaft an den neun großen Mediationssitzungen teil. Gutachten wurden vergeben, vorgestellt und diskutiert, ein Expertenhearing zu rechtlichen und technischen Fragen fand ebenso statt, wie Abstimmungsgespräche und informelle Treffen. Das Neusser Mediationsverfahren führte leider zu keinem vollen Verhandlungserfolg. Einige Übereinkünfte konnten erzielt werden, während in der Hauptfrage, die Einrichtung einer Müllverbrennung, kein Konsens erreicht wurde. Das WZB kommt bei seiner wissenschaftlichen Beobachtung dieses Verfahrens zu dem Ergebnis, dass Mediation im Umweltbereich nicht alle Erwartungen erfüllt hat, dass aber das Instrumentarium bei Umweltkonflikten sinnvoll erweitert und unzweifelhaft atmosphärische Verbesserungen im Umgang der Konfliktpartner miteinander erzielt wurden.

Eine Umweltmediation ist mit einem ungleich höheren Aufwand verbunden als eine Familienmediation. Eine Vielzahl von Personen muss in den Verhandlungsprozess einbezogen werden, was sich notwendigerweise auch auf die Verfahrensweisen und die Methodik des Mediators auswirkt.

Es lässt sich jedoch eine wesentliche Gemeinsamkeit in der Vorgehensweise von Mediatoren festhalten: Mediatoren gestalten einen Prozess, der darauf ausgerichtet ist, eine gemeinsame Zukunftsperspektive zu entwickeln. Damit dies gelingt, muss der Mediator, die Verhandlungen in einer Balance halten, die persönliche Angriffe ausschließt und trotzdem die entscheidenden Fragen nicht ausblendet. Die Beziehungen zwischen den Beteiligten sollen während des Mediationsverfahrens nicht noch mehr belastet werden, als dies ohnehin schon oft der Fall ist.

In jüngster Zeit hat sich in der Bundesrepublik die Diskussion über Mediation als Mittel der Konfliktlösung stark ausgeweitet. Neue Bereiche, in denen die Mediation angewendet wird, sind hinzugekommen, wie beispielsweise in Schulen, im Täter-Opfer-Ausgleich sowie in wirtschaftsnahen Bereichen.

So wurde 1996 der »Bundesverband für Mediation in Wirtschaft und Arbeitswelt« gegründet. In ihm sind vorwiegend Mediatoren mit juristischer, psychologischer und betriebswirtschaftlicher Ausbildung organisiert. Der Verband sieht seine Hauptaufgabe in der Verbreitung der Idee der Mediation im Wirtschaftsbereich. Er erarbeitet Standards und Richtlinien für die Aus- und Fortbildung sowie die praktische Anwendung der Mediation in diesem Bereich. Regionalgruppen des Verbandes, die die Vernetzung vor Ort und die Weiterbildung von Mediatoren zum Ziel haben, haben in einigen Städten bereits die Arbeit aufgenommen.

Abgrenzung der Mediation von anderen Verfahren der Konfliktlösung

Die vorhergehenden Abschnitte haben deutlich gemacht, wie vielfältig das Feld der Mediation ist. Zur Abgrenzung gegenüber anderen Verfahren ordnen wir nun die Mediation in ein grobes Raster von legalen Konfliktlösungs-Methoden ein, um so einen besseren Überblick zu ermöglichen. Diese Übersicht zeigt die wichtigsten Merkmale von vier Konfliktlösungsverfahren auf, die man als grundlegende Verfahren bezeichnen kann. Darüber hinaus hat sich eine ganze Reihe von Mischformen entwickelt, die auf diesen Verfahrensweisen beruhen. Die Übersicht über die vier grundlegenden Verfahren der Konfliktlösung: Verhandlung, Mediation, Schiedsgerichtsverfahren sowie Gerichtsverfahren ermöglicht es zudem die Methoden und Verfahrensweisen, die für den betrieblichen Alltag geeignet erscheinen, von anderen Verfahrensweisen abzugrenzen.

Betrachtet man diese vier Verfahren, so lässt sich ein Kontinuum feststellen, das von Verhandlungen zwischen den Konfliktparteien, ohne Eingriffe von außen, bis zum Gerichtsverfahren reicht, das den Konfliktparteien kaum mehr eine Einflussmöglichkeit lässt. Damit verbunden steigt auch der Grad der Formalisierung, der Regelhaftigkeit der Verfahrensweise an. Und während zu Beginn eines Konfliktes die freiwillige Teilnahme an Verhandlungen noch gegeben ist, nimmt der Grad der Freiwilligkeit ab. So werden beispielsweise Ehescheidungen in einigen Staaten der USA zunächst zur Mediation überwiesen. Ein gewisser Druck an einer Mediation teilzunehmen kann also durchaus gegeben sein.

Die vier grundlegenden Konfliktlösungsverfahren

	Gerichtsverfahren	Schiedsgericht	Mediation	Verhandlung
Grad der Freiwilligkeit	unfreiwillig (wenn Beschuldigter)	zumeist freiwillig	freiwillig	freiwillig
Auswahl eines Vermittlers	keine Wahlmöglichkeit	In den USA Wahlmöglichkeit	Parteien wählen den Mediator aus	Kein Vermittler
Expertenwissen der dritten Partei	Rechtsexperte	Rechtsexperte, häufig mit ganz spezifischem Fachwissen	Je nach Konfliktsituation Fachexperte und/oder Rechtsexperte sowie Vermittlungsexperte	Keine Unterstützung durch eine dritte Partei
Grad der Formalität	Formalisierter, strukturierter Prozess mit festen Regeln	Parteien können unter Umständen Einfluss auf Regeln nehmen	Kein formales Verfahren, Mediator strukturiert Verhandlung, Parteien können Einfluss auf Verlauf nehmen	Normalerweise nicht formal, wenig bis gar nicht strukturiert
Ergebnis	Entscheidung nach Prinzipien, die durch das Recht vorgegeben sind	Manchmal Entscheidung entsprechend vorher festgelegter Prinzipien oder aber auch Kompromiss	Ein für beide Parteien akzeptables Ergebnis wird angestrebt	Akzeptables Ergebnis wird gesucht

(Vgl. Goldberg u.a. 1992, S. 4ff.)

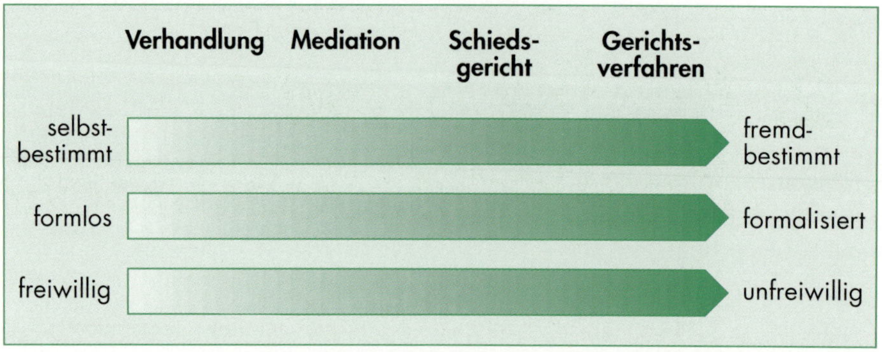

Die für den betrieblichen Alltag relevanten Verfahrensweisen und Methoden, die wir unter den Begriff Mediation zusammenfassen, decken nur einen kleinen Teil des Spektrums aller möglichen Verfahrensweisen ab. Die Mediation für Unternehmen steht dabei der Verhandlung sicherlich sehr viel näher als dem Prozess. Vielfach wird die Mediation in den USA deshalb auch als Verhandlung mit Hilfe eines neutralen Dritten definiert.

2. Konflikte und Konfliktlösungsmöglichkeiten

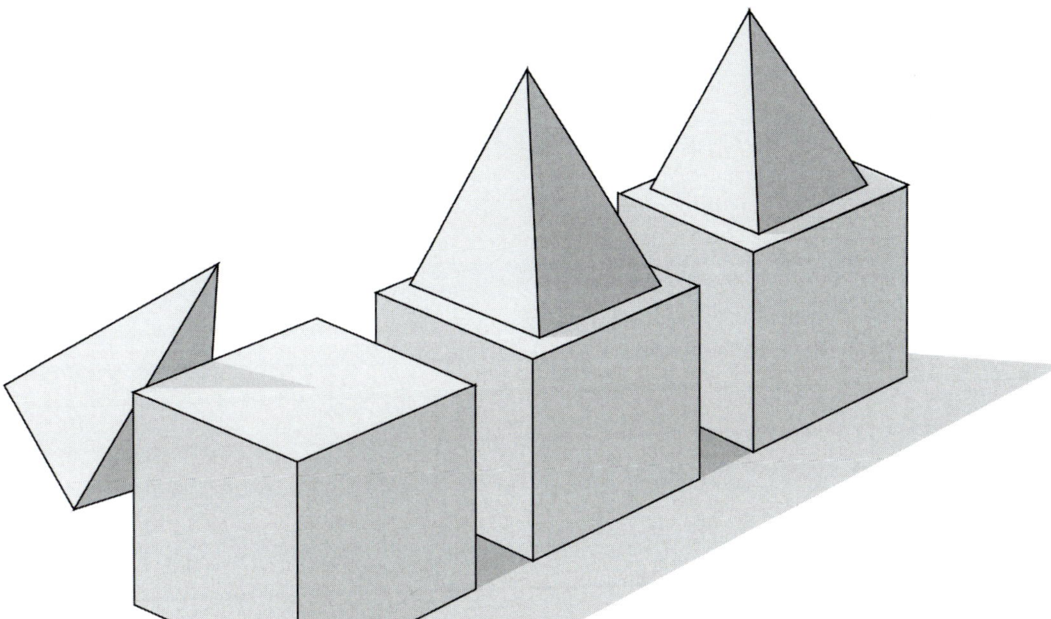

Unterschiedliche Ansichten, Diskussionen, Auseinandersetzungen über Sachfragen, Streitigkeiten, der Einsatz von Macht usw. sind Ausdruck von unterschiedlichen Interessen Einzelner und deren individueller Einschätzung von der realen Situation. In jedem sozialen Gebilde, sei es die Familie, die Schule oder der Betrieb treffen diese unterschiedlichen Interessen aufeinander und tragen den Keim einer Kontroverse in sich.

Wenn die gesellschaftlich vorgegebenen Werte nicht mehr fest verankert sind, die Einflüsse auf die Individuen immer verschiedener werden und die Gesellschaft in zahlreiche Gruppierungen zerfällt, unterscheiden sich auch die Zielvorstellungen und deren Durchsetzung immer stärker. Die Zahl der Auseinandersetzungen steigt zwangsläufig an.

Die Differenzen an sich sind nicht das Problem, vielmehr sind sie eine Notwendigkeit auf der Suche nach den besten Lösungen für eine gemeinsame Zukunft. Die Form der Auseinandersetzung dagegen, also die Wahl der Mittel, kann zum Problem werden. Sie macht in manchen Fällen aus einer sachlich diskutierbaren Frage, einen Konflikt, der für die Beteiligten nur noch gewaltsam lösbar erscheint. Der Mediator als Vermittler in Konflikten ist ständig mit dieser Problematik konfrontiert.

Grundlegendes zum Konflikt

Ausgangspunkt für Konflikte ist meist die Differenz von Interessen und Bedürfnissen verschiedener Menschen und sozialer Gruppen. Die zentralen Konfliktarten werden dabei nach dem wesentlichen Gegenstand der Auseinandersetzung unterschieden:

Die Konfliktarten

- **Ziel-Konflikt:** Diese Konfliktart basiert auf den differierenden Zielen und Wertvorstellungen von Menschen bzw. sozialen Gruppen.

  Beispiel: Eine Naturschutzgruppe will unbedingt ein Naturreservat bewahren, während eine andere Interessengruppe primär die Verkehrsinfrastruktur einer Region verbessern möchte.

- **Mittel- bzw. Wege-Konflikt:** Hierbei werden die Wege zu einem (oftmals identischem) Ziel unterschiedlich bewertet.

  Beispiel: Der Vertriebsleiter eines Unternehmerns möchte die Kundenzufriedenheit durch die Verringerung der Lieferzeiten erhöhen. Der Produktionschef dagegen setzt auf verbesserte Qualität, da er dies als vorrangiges Kundeninteresse einschätzt, für das durchaus gewisse Verzögerungen hingenommen würden.

- **Verteilungs-Konflikt:** Er tritt auf, wenn Menschen bzw. soziale Gruppen unterschiedlich an erstrebenswerten Gütern partizipieren und dadurch Neid und Benachteiligungen hervorgerufen werden.

  Beispiel: Ein leitender Angestellter einer Versicherungsgesellschaft möchte unbedingt einen vergleichbaren Büroraum, den gleichen Dienstwagen wie der Kollege, dem er sich in der Leistung ebenbürtig fühlt.

- **Rollenkonflikt:** Ein solcher Konflikt liegt vor, wenn eine Person in bestimmten Funktionen in ein Feld gegensätzlicher Rollenerwartungen eingespannt ist.

  Beispiel: Ein Mitarbeiter soll in einem neugebildeten Projektteam auf der einen Seite gegenüber seinem bisherigen Vorgesetzten loyal sein, zum anderen fordert aber seine Projektleiterfunktion völlig neue Aufgaben und Orientierungen, die in der Linienfunktion nicht opportun sind.

Alle genannten Konflikte führen auch zu inneren Konflikten, da unterschiedliche Erwartungen und Loyalitäten ins Innere einer Person transponiert werden. Das Individuum muss stellvertretend Ambivalenzen und Konflikte in sich selbst austragen (zum Beispiel rigide Leistungsorientierung bei der gleichzeitigen Suche nach Anerkennung und Integration in einer Abteilung).

Wandel in der Bewertung von Konflikten

Erste Assoziationen zum Begriff »Konflikt« sind vorrangig negativ. Konflikte werden als Bedrohung, als Belastung, als zeitraubend aufgefasst. Sie stören die Harmonie und den Betriebsfrieden und haben die Tendenz zur Eskalation.

Erst in den letzten Jahren hat sich ein Wandel in der Konfliktbewertung bemerkbar gemacht. Konflikte werden nun gleichermaßen als Salz in der Suppe, als vorwärts treibende, innovative Impulse, als Anstöße auf dem Weg zum Wandel aufgefasst. Konflikte sind zunächst einmal ganz normal. Sie sind daher nicht nur als Bedrohung, sondern auch als eine Chance aufzufassen. Eine Chance sind sie vor allem dann, wenn sie rechtzeitig angegangen und kooperativ gelöst werden.

Konflikte sind normal

Die genannten Konfliktarten der sachlichen Auseinandersetzungen repräsentieren die Normalität des gesellschaftlichen Lebens. Jede Gesellschaft lebt vom Gehörtwerden unterschiedlicher Interessen und Gruppierungen. Sie gewinnt ihre Dynamik aus der Konfrontation und der Synergie von Interessen. Sachliche Auseinandersetzungen werden mit Hilfe von Problemlösetechniken angegangen. Optionen und Alternativen werden entwickelt. Die beste Option wird ausgewählt, in der sich alle Parteien am ehesten wieder finden. Sollte die Erprobungsphase Änderungen erfordern, kann der ausgehandelte Kompromiss auch wieder revidiert werden.

Diese Sach-Auseinandersetzungen liegen auf der einen – der moderaten – Seite der Konfliktaustragung. Hier wird der Konflikt erfahren als Chance zur Fortentwicklung des Gemeinsamen. Die Sicht des anderen wird als Bereicherung der eigenen Perspektive gesehen. Das Neue, das aus der Auseinandersetzung resultiert, hebt die persönlichen Beschränkungen auf.

Kontinuum des Konflikts

Auf der anderen Seite stehen Auseinandersetzungen, in denen Macht ausgeübt wird, in denen Personen Kränkungen und Demütigungen erfahren. Aggressivität und Feindseligkeit dominiert und es findet kaum ein Gespräch mehr statt. Es geht um das Rechthaben, um das Sich-Durchsetzen, um den Kampf auf Biegen und Brechen. Selbstwertgefühl und Ehre stehen auf dem Spiel. Der Konflikt wird als quälend und lähmend empfunden. Er hemmt und bindet Energien.

Konflikte werden immer dann besonders problematisch, wenn zu den genannten Konfliktarten, die einen eher sachlichen Charakter tragen, Beziehungsstörungen hinzukommen. Erst die Kombination von Sach- und Beziehungskonflikt produziert das problematische Konfliktgeschehen.

Beziehungskonflikte zeigen sich zunächst in unscheinbaren Konfliktsignalen. Der Kontakt wird gemieden, es fallen herablassende Bemerkungen, das Gegenüber verhält sich auffallend formell und unpersönlich, Anweisungen und Vereinbarungen werden scheinbar zufällig ignoriert und vieles andere mehr. Will man einen Konflikt frühzeitig erkennen, muss man bei diesen ersten, die Normalität durchbrechenden Verhaltensweisen ansetzen.

Konfliktsignale

Konflikte bleiben relativ lange latent, zum Vorschein kommen meist nur wenig verstandene Konfliktsignale. Ein verständnisvolles Eingehen auf diese Symptome, eine Thematisierung zu einem frühen Zeitpunkt kann häufig Wunder bewirken. Kampfbereitschaft, ein promptes Zurückschlagen trägt hingegen schnell zur Eskalation bei. In allen Modellen zu Konfliktverläufen wird diese Latenzphase als ein durchaus markanter, langer Zeitabschnitt bewertet. Werden Konflikte allerdings manifest, werden sie öffentlich und somit auch für Außenstehende sichtbar, so tendieren sie in der Regel zu einer schnellen Eskalation. Sie sind dann schwer wieder rückgängig zu machen.

Die folgende Kurve gibt diesen Standardverlauf wieder:

Modell eines Konfliktverlaufs

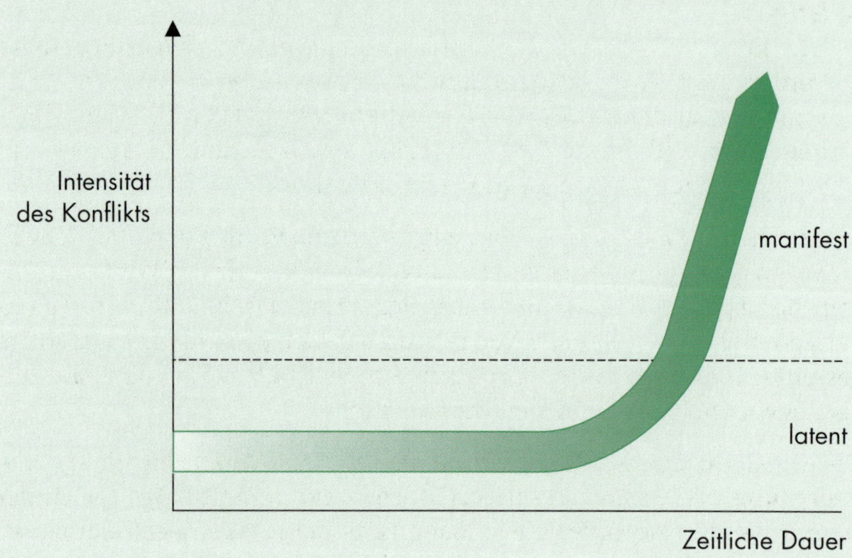

Aufladung der Auseinandersetzung

Die meisten Menschen reproduzieren im Falle einer Auseinandersetzung bestimmte erlernte Grundeinstellungen, die die Differenzen personalisieren, Abwertungen, Demütigungen und Kränkungen mit sich bringen. Sie spielen Machtspiele und wollen sich durchsetzen. Das Verhalten des einzelnen Menschen im Konflikt ist geprägt von seiner grundlegenden Disposition. Diese gibt an, wie der Mensch zu Spiel, Wettbewerb und Konfrontation steht.

In der Konflikttheorie werden zumeist vier Grund-Dispositionen unterschieden:

Einstellungen zum Konflikt

- **Die individualistische Position:** In diesem Falle hat die Person stets den eigenen Vorteil im Blick. Am Ende der Auseinandersetzung soll es ihr gut gehen, die Situation der Kontrahenten ist eher belanglos.
- **Die soziale Position:** Am Ende der Auseinandersetzungen sollen alle Kontrahenten in etwa gleich dastehen. Gleichheit ist das Ziel, Unterschiede müssen ausgeglichen und kompensiert werden.
- **Die kompetitive Position:** Hier steht für die Beteiligten der Wettbewerb im Vordergrund. Ziel ist es, am Ende besser dazustehen als das Gegenüber. Wenn es beiden Parteien schlecht geht, so soll zumindest der Trost gegeben sein, dass es der Gegenpartei noch weitaus schlechter geht.
- **Die kooperative Position:** Hier stehen Konsens-Überlegungen im Vordergrund. Allen Beteiligten soll es am Ende besser gehen. Die Einschränkung, die der Einzelne vorübergehend in Kauf nimmt, dient dem Fortschritt des Ganzen. Durch kooperative Überlegungen soll der zu verteilende Kuchen vergrößert werden.

Favorisieren Menschen die drei erstgenannten Dispositionen, so geht es ihnen in sozialen Auseinandersetzungen immer auch um Wert und Unwert der eigenen Person. Sache und Beziehung werden nicht voneinander getrennt, eine sachliche Konzession wird als persönliche Niederlage gewertet. Diese Niederlage produziert Rachegefühle und verlangt Revanche, bevorzugt werden Intrigen gesponnen.

Die Dynamik des Konflikts beruht darin, dass Menschen häufig ihre Bedeutung als Person (manchmal nicht ganz unberechtigt) gefährdet sehen. Wurden sie Opfer eines Machtverhaltens, einer Demütigung, so werden sie nicht eher ruhen, bis sie zurückschlagen können bzw. zumindest bis sie ein Ventil für ihre Aggressionen und ihr gestörtes Selbstwertgefühl gefunden haben. Wurde der andere dann ausgetrickst, ist ihre Befriedigung allerdings nur vorübergehend. Sie wissen, dass sie auf der Hut und wachsam sein müssen. So bindet der Konflikt in seiner persönlichen Aufladung Energien.

Elemente eines sich entfaltenden Konflikts

Misstrauen produziert Misstrauen

In die sachliche Kooperation schleichen sich Misstrauen und Unbehagen. Die ursprüngliche Arbeitsteilung und damit auch das Sich-Verlassen auf den anderen wird nur noch zum Schein aufrechterhalten. Jede Partei kontrolliert eher die andere, traut ihr nicht mehr über den Weg. Man versucht Aufgaben alleine, für sich zu lösen, um nicht mehr vom anderen abhängig zu sein und ihm im Rechtfertigungsfall auch Fehler vorwerfen zu können. Jedes Handeln des anderen wird argwöhnisch betrachtet. Man fürchtet ausgetrickst und ausgebeutet zu werden.

Die Sachauseinandersetzungen werden zunehmend durch emotionale Auseinandersetzungen aufgeladen. Die Parteien verbeißen sich in Detailfragen, weil letztlich anderes auf dem Spiel steht als die Sache an sich. Es wird übervorteilt, gekränkt, zurückgewiesen. Das belastet die Beteiligten und trübt ihren Blick.

Die Verbissenheit der sachlichen Auseinandersetzung wird bedingt durch das Überhandnehmen kompetitiver Strategien. Es geht den Parteien um Macht, um den Endsieg. Man will besser dastehen als der andere, man will sich durchsetzen und rechthaben. Blößen und Eingeständnisse von Fehlern werden nicht mehr zugelassen, um nicht verwundbar und angreifbar zu werden. Im schlimmsten Fall entwickelt sich daraus ein Vernichtungskampf, an dessen Ende der einen Partei nur noch die Genugtuung bleibt, zumindest eine Nuance weniger schlecht dazustehen als die Gegenpartei.

Trübung und Einseitigkeit der Wahrnehmung

In diesem Stadium ist die wechselseitige Wahrnehmung getrübt. Fantasien ersetzen die Genauigkeit der Beobachtung. Versöhnliche Gesten des Gegenübers werden als Täuschungsmanöver interpretiert. Die Parteien tendieren zur Schwarzweißmalerei: immer ist der andere aggressiv, nur er trägt die Schuld. Häufig wird gleiches Verhalten unterschiedlich bewertet: Das eigene Verhalten ist clever. Zahlt der andere mit der gleichen

Münze zurück, so erscheint sein Verhalten als aggressiv und verlogen (Spiegelbild-Phänomen).

Betonung der Differenz

Das Trennende wird im weiteren Verlauf der Auseinandersetzung immer stärker betont. Unterschiede in den Überzeugungen und Werthaltungen werden aufgebauscht und als unüberwindbar angesehen. Das Gemeinsame und Verbindende wird zurückgedrängt bzw. übersehen. Diese Phänomene der Wahrnehmungsverzerrung beruhen auch auf der Reduzierung und Vermeidung des Kontakts. Dieser wird auf das unvermeidbare Minimum beschränkt.

Die Kommunikation ist nicht offen und aufrichtig. Bewusst werden Informationen zurückgehalten bzw. nur der eigenen Partei verfügbar gemacht. Nach außen wird zudem bewusst desinformiert. Falsche, irreführende Informationen werden gestreut. Geheimniskrämerei und Unaufrichtigkeit beherrschen das Spielfeld.

Feindseligkeit und Schädigung

Im Endstadium eines eskalierten Konflikts dominieren feindselig-aggressive Strömungen. Der andere soll bloßgestellt werden. Sogar die körperliche Schädigung des anderen wird in Kauf genommen, wenn nicht gar gesucht. Das Verhältnis der Konfliktparteien hat sich verhärtet. Die Parteien sind auf Kampf und Behauptungswillen getrimmt, das komplexere, vermittelnde Denken ist zurückgedrängt. Das zuvor schon stockende Gespräch findet überhaupt nicht mehr statt. Die Parteien verstummen und schweigen.

Mediation als Möglichkeit der Konfliktregelung

Für die Praxis der Mediation ist es sinnvoll, sich ein möglichst einfaches Modell von unterschiedlichen Optionen zurechtzulegen, um

- den Parteien bewusst zu machen, welche Möglichkeiten der Konfliktregelung es überhaupt gibt,
- zu analysieren, welche Alternative den Parteien als die beste erscheint,
- den Parteien die Unterschiede der Mediation im Vergleich zu anderen Optionen aufzeigen zu können.

Als Grundmuster kann man sich vier Optionen der Konfliktlösung merken:

- **Das Vermeiden:** Die Konfliktpartei unternimmt nichts, wartet und hofft, dass die Zeit das Problem schon aus der Welt schaffen wird.

- **Die Kooperation:** Die Konfliktparteien versuchen gemeinsam durch Verhandlungen eine Lösung zu finden. Die Mediation gehört zu den kooperativen Optionen. Vereinfacht ausgedrückt, heißt Mediation: Verhandeln mit Hilfe einer dritten Partei.

- **Das Einschalten einer höheren Instanz:** Eine der Konfliktparteien wendet sich an eine übergeordnete Instanz, die mit der Macht und der Autorität ausgestattet ist, den Konflikt zu regeln. Dies kann ein Gericht sein, eine Schiedsstelle, ein Lehrer oder auch ein Vorgesetzter in der Firma. Die Entscheidung erfolgt nach bestimmten Prinzipien, die durch Gesetz oder über Normen und Werte geregelt sind.

- **Der Machtkampf:** Eine der Konfliktparteien versucht den Konflikt durch den Einsatz eigener oder fremder Macht zu entscheiden. Dabei entscheidet die Stärke der Parteien.

Betrachtet man diese vier alternativen Verhaltensweisen näher, so lassen sich Vor- und Nachteile der einzelnen Möglichkeiten erkennen sowie Faktoren, die für die einzelnen Alternativen sprechen.

Konflikte vermeiden

Durch das Vermeiden eines Konflikts beraubt man sich selbst sämtlicher Einflussmöglichkeiten auf die andere Partei. Man versucht der anderen Partei aus dem Weg zu gehen oder Situationen zu vermeiden, die Konflikte auslösen. Die einzige Möglichkeit besteht darin, das eigene Verhalten zu verändern und sich der Situation anzupassen. Ob die andere Seite darauf reagiert, bleibt dem Zufall überlassen. Vermeiden kann in manchen Fällen durchaus sinnvoll sein, beispielsweise wenn man weiß, dass die andere Seite im Augenblick nicht adäquat reagieren kann. Vermeiden lässt die anderen Optionen für die Zukunft weiterhin offen, aber allzu oft bleibt es dann dabei. Im schlimmsten Fall wird die andere Partei dies erkennen und für sich ausnutzen. Zum Vermeiden gehört auch das »Übersehen« von Problemen, weil man nicht weiß, wie man sie angehen soll, sich ohnmächtig fühlt oder sich keine Unannehmlichkeiten einhandeln will. Eine Veränderung der Situation ist auf diese Weise sicher nicht zu erwarten.

Kooperative Konfliktlösung

Ein kooperatives Konfliktlösungsverhalten, also Verhandeln oder Mediation, bietet den Parteien die meisten Einflussmöglichkeiten. Durch Verhandeln lassen sich individuelle Lösungen finden, die allen Seiten entgegenkommen. Man ist nicht an vorher bestimmte Lösungsmuster gebunden und kann viele Lösungsmöglichkeiten ins Auge fassen. Wo vor Gericht oder bei Entscheidungen eines Vorgesetzten oft nur die Fakten zählen, können bei der Kooperation persönliche Probleme mit einbezogen werden. Mediation und Verhandeln werden eher der gesamten Person gerecht als an reinen Fakten orientierte Entscheidungsverfahren, die sich nicht um die Gefühle der Einzelnen kümmern. Die Gestaltung der zukünftigen Zusammenarbeit, die Ausrichtung auf ein gemeinsames lohnendes Ziel können ebenso Teil der Verhandlung sein. Eine kooperative Konfliktlösung ist also dann sinnvoll, wenn es darauf ankommt, die Beziehungen der Parteien aufrecht zu erhalten und die Zukunft zu gestalten, wie dies in Unternehmen die Regel ist.

Eine höhere Instanz wird hinzugezogen

Bei starken Machtungleichgewichten, wenn eine der Parteien das Gefühl hat, bei Verhandlungen unterlegen zu sein oder Verhandlungen durch die andere Partei abgelehnt werden, bleibt der Partei, die selbst aktiv werden will, nur noch die Möglichkeit eine höhere Instanz anzurufen oder selbst Macht auszuüben. Wird eine höhere Instanz eingeschaltet, gibt man die Entscheidung ab und hat keine Einflussmöglichkeit mehr auf das Resultat. Die höhere Instanz richtet sich nach den Fakten, die Person spielt meist keine Rolle mehr. Die größere Macht oder das Verhandlungsgeschick einer Partei hat wenig Einfluss auf das Ergebnis. Aber es wird auch wenig Rücksicht auf die individuellen Bedürfnisse der beiden Parteien genommen. Im schlimmsten Fall sind beide mit dem Ergebnis unzufrieden. In der Regel gewinnt eine Seite und die andere ist unzufrieden. Die Beziehung, die ohnehin schon gestört war, wird so häufig endgültig zerstört. Für die Gestaltung einer gemeinsamen Zukunft ist dies keine gute Ausgangsposition. In Fällen, in denen sich keine höhere Instanz zuständig fühlt und der Gegner zu keinen Verhandlungen bereit ist, kann nur versucht werden, selbst Einfluss zu gewinnen und Macht auszuüben.

Der Machtkampf

Als Fazit lässt sich festhalten: Zur Konfliktbearbeitung werden in den meisten Fällen die Mediation sowie das Hinzuziehen einer höheren Instanz, insbesondere eines Gerichts, in Frage kommen. Deshalb stellen wir diese beiden Verfahrensweisen noch einmal gegenüber, um eine gute Übersicht zu gewinnen.

Vergleich von Gerichtsverfahren und Mediation als Mittel der Konfliktlösung	
Gerichtsverfahren	**Mediation**
Positionen treffen aufeinander.	Interessen werden sichtbar gemacht.
Rechte sind nur eine Dimension des Konfliktes.	Interessen sind vielfältiger als die einklagbaren Rechte.
Eindimensionales am geschriebenen Recht orientiertes Vorgehen.	Mehrdimensionales Vorgehen, das sowohl Beziehungs- als auch Sachebene mit einbezieht.
Nullsummenspiel. Normalerweise kann nur eine Partei »Recht bekommen«.	Suche nach Kooperationsgewinnen. Win-win-Strategie, beide Seiten gewinnen etwas.
Rechtlich erfassbare und regelbare Konflikte.	Auseinandersetzungen, deren Hauptaspekte nichts mit der Rechtslage zu tun haben, sondern hauptsächlich die Beziehungsebene betreffen.
Vergangenheitsbewältigung.	Zukunftsgestaltung.
Nachträgliche Regelungen, die Unrecht beseitigen soll.	Präventive Zielvorstellungen schwingen mit, Lerneffekte werden angestrebt.
Konflikte, bei denen die Beziehungen der Parteien in Zukunft keine Rolle spielt.	Streitigkeiten, die überwunden werden sollen, weil man in Zukunft weiterhin zusammenarbeiten will bzw. muss.
Parteien haben keine gemeinsamen Ziele.	Es gibt gemeinsame Ziele.

Von der Konfliktsituation her gesehen sollte man Mediation also vor allem dann als Verfahren in Betracht ziehen, wenn die Hauptaspekte des Konflikts außerrechtlicher Natur sind, eine gemeinsame Zukunft gestaltet werden soll und präventive Ziele zu den wesentlichen Aspekten der Konfliktbehandlung gehören.

3. Mediation im Unternehmen

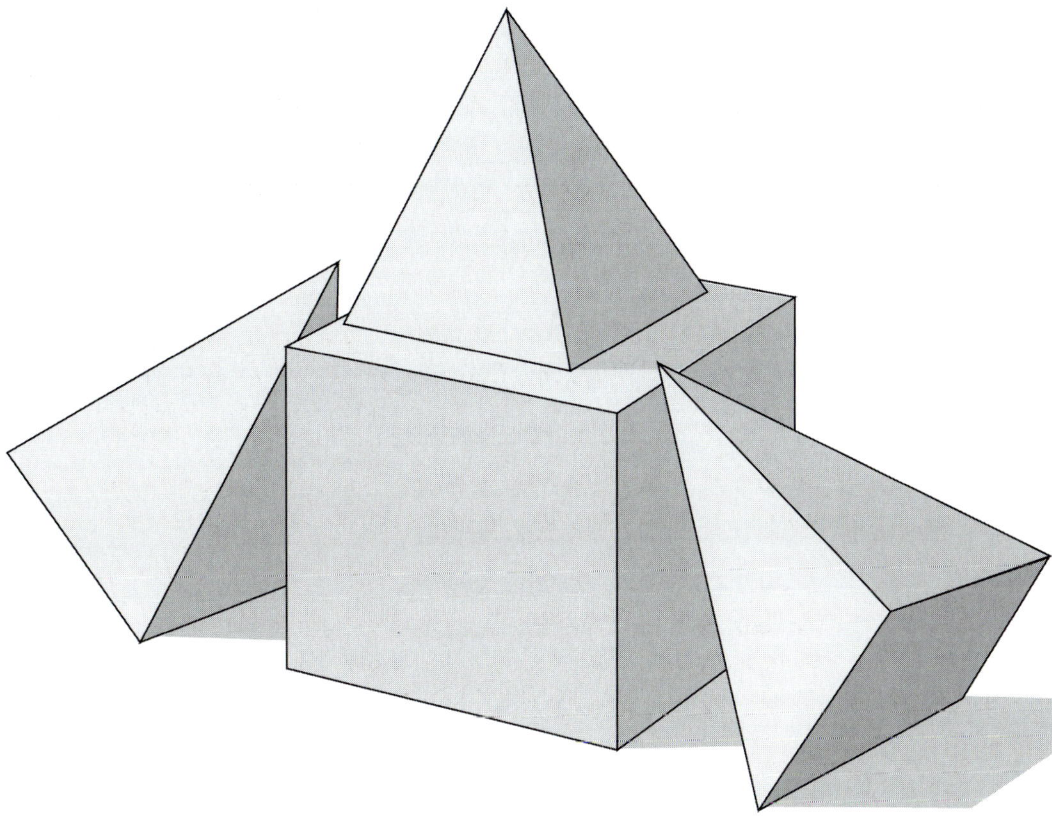

Duell und Mediation

> »Nicht der Täter wird unrein durch die Tat, nur die Tat durch den Täter.«
>
> Hugo von Hofmannsthal

Will man das spezifisch Neue der Mediation für Unternehmen bestimmen, so hilft ein Blick auf eine anachronistische Form der Konfliktbeilegung: das Duell. Ziele des Duells gelten interessanterweise auch für die Mediation, die Form der Auseinandersetzung ändert sich jedoch grundsätzlich.

Bevor man sich duellieren konnte, musste eine Duellforderung von einer an die andere Partei ergangen und angenommen worden sein. Die in diesem Sinn »offizielle« Grundlage des Duells war eben diese Entscheidung beider Parteien für das Duell. Andernfalls kam es nicht zustande. Erst durch die Entscheidung beider Kontrahenten sich zu duellieren, erscheint der zukünftige Verlauf des bisher Geschehenen wieder wohl geordnet und in das soziale Regelwerk der Gemeinschaft, in der es zum Konflikt kam, integriert. Durch Duellforderung und Annahme der Forderung befinden sich beide wieder auf einem gemeinsamen Weg.

Der Ablauf des Rituals ist wohl bekannt. Das Annehmen der Duellforderung unterwirft beide Konfliktparteien den Regeln des Duellgeschehens. Diese Regelhaftigkeit tritt nun an die Stelle der bislang vorhandenen Entscheidungsfreiheit der Gegner, sich irgendwie, auf irgendeine Weise Leid zuzufügen (beispielsweise indem sie sich in den folgenden Jahren wirtschaftlich zu schaden versuchen).

Die Annahme der Duellforderung markiert den »point of no return« des bisherigen Konfliktverlaufs. Dadurch »stirbt« die Vergangenheit. Es gibt kein Zurück mehr. Die Zukunft wird durch das Duell bzw. den Verlauf und Ausgang des Duells geprägt sein. Eigentlich ficht man zwei Duelle aus: ein Duell mit der eigenen Todesangst und eines mit einem Gegner, der diese Vergänglichkeit repräsentiert.

Die Auseinandersetzung mit Tod und Todesangst, mit Endlichkeit, Vergänglichkeit und »letzten Dingen« führt zu einem Prozess, der häufig als »reinigend bzw. kathartisch« bezeichnet wird. Verbunden sind beide

Konfliktpartner durch ihre Bereitschaft, sich auf diesen Prozess einzulassen und in Anerkennung der jeweiligen Regeln des Duells ihr Leben dafür zu wagen.

Ob dann, innerhalb der Grenzen des Rituals, bis zum Tod des Gegners weiteragiert oder bereits innegehalten wird, wenn erstmalig Blut fließt, wird durch die jeweiligen »Spielregeln« bestimmt.

Unter diesem, eher formalen Aspekt betrachtet, ähnelt das Duell tatsächlich einem Spiel. Menschen riskieren das Leben, um innerhalb vereinbarter Regelsysteme etwas für sie Wesentliches zu gewinnen. So fanden Duelle häufig statt, um die vermeintlich oder tatsächlich verletzte Ehre eines oder beider Kontrahenten wiederherzustellen. Als Ausgleich für eine »Kränkungserfahrung« konnte der Verursacher zum (gesellschaftlich akzeptierten, zumindest tolerierten) Duell gefordert werden.

Eine rein juristische Lösung steht überdies nicht unmittelbar zur Verfügung. Wird sie angestrebt, so kann sie oft der diffizilen Dynamik aus verletzten Gefühlen nicht adäquat Rechnung tragen. Zwar wird in manchen Fällen beleidigter Ehre auf langwierigen juristischen Wegen Recht gesprochen, aber meist kommt es zu spät. Wesentlich ist, insbesondere bei Rufschädigungen, die unmittelbare Wiederherstellung der Ehre. Die Kränkung und ihre zersetzenden Folgen für das Sozialgefüge kann durch ein wesentlich später ergehendes Urteil nicht mehr aufgehoben werden.

Den Sachverhalt irgendwann »etwas aus der Welt zu schaffen« gewährleistet darüber hinaus noch keine gegenseitige Einsatzbereitschaft oder Solidarität in Situationen, in denen, wie häufig in Unternehmen, offene Kooperation nötig ist. Das folgende Beispiel soll verdeutlichen, wie fatal sich die beschriebene Dynamik in Unternehmen auswirken kann.

> Herr A ist Vertriebsleiter. Er beobachtet seit einigen Monaten erfreut, wie Kollege B, der Technische Leiter des Unternehmens, an einem Projekt arbeitet, von dem A weiß, dass es scheitern wird.
>
> Herr A genießt diese Situation, obwohl dem Unternehmen objektiv großer finanzieller Schaden daraus erwachsen wird. Er hätte dem Technischen Leiter schon seit langem sagen können, dass dieses Projekt so nicht funktionieren kann. Herr A wollte aber nicht, weil Kollege B ihn vor Jahren in einer Vertriebsbesprechung lächerlich gemacht hat, als offenkundig wurde, dass er seine damalige Strategie überzogen geplant hatte.

Rache ist, wie der Volksmund sagt, süß

Der eigentliche Zweck eines Unternehmens, Leistung durch Zusammenarbeit besser oder schneller als andere zur Verfügung zu stellen, wird durch eine solche Kränkungs-, oder Rachedynamik oft behindert. Seit Jahren »sitzt« Kollege A auf seinem Ärger über die Kränkung, die Kollege B ihm damals durch seine Kritik zugefügt hat. Seit Jahren wartet er auf »seine« Rache.

Jetzt, endlich, kommt sie – und kostet das Unternehmen viel Geld, ganz abgesehen vom Vertrauensverlust, der entsteht, wenn Mitarbeiter und Öffentlichkeit eine angepriesene Neuentwicklung am Ende scheitern sehen.

Kleinere Unternehmen erholen sich von den Folgen solcher Eskalationen meist nicht mehr. Ein Versuch, sie zu vermeiden, bestand früher eben in der Möglichkeit des Duells.

> »Man fällt selten über seine Fehler. Man fällt meistens über seine Feinde.«
>
> Kurt Tucholsky

Damals hätte Herr A nach der erfolgten Kränkung Herrn B unmittelbar zum Duell fordern können. Schon wenige Stunden danach hätten seine Sekundanten die Forderung in schriftlicher Form überbracht. Das Ganze hätte sich dann entweder als im Vorfeld des Duells lösbar herausgestellt (Herr B hätte sich beispielsweise öffentlich entschuldigt), oder am Morgen des nächsten Tages wäre es zwischen den beiden Kontrahenten zum Duell gekommen. Der Ehre des Herrn A wäre so genüge getan worden. Deshalb hätte Herr A, nach der Entschuldigung oder dem Duell mit B, keine Veranlassung mehr dazu gehabt, diesen Jahre später ins offene Messer rennen zu lassen.

Bereinigend erweist sich in diesem Zusammenhang neben der »Veröffentlichung« der Kränkung bzw. des Konflikts auch die Unmittelbarkeit der Lösung, die durch dieses Vorgehen erreicht wird. Dies ist nur möglich, wenn die Konfliktpartner und die Gemeinschaft auf einer gemeinsamen Werte- bzw. Regelbasis, also im Kontext einer von beiden Seiten akzeptierten Streit- oder Konfliktkultur agieren.

Das Herstellen und Gewährleisten dieser Kultur ist in unseren Tagen die eigentliche Leistung der Mediation. Die dazu erforderlichen Spiel- bzw. Verfahrensregeln führt der Mediator in die Konfliktdynamik ein und achtet auch darauf, dass sie von allen Konfliktpartnern geachtet werden. Durch dieses Vorgehen wird es den Streitenden im Idealfall möglich, den Konflikt auch emotional unmittelbar aufzuarbeiten. Das funktioniert dann, wenn die Konfliktdynamik jederzeit von allen Beteiligten als Teil ihrer Kultur anerkannt und deshalb mit den Mitteln dieser Kultur offen erledigt wird, ohne eine gemeinsame Zukunft zu verbauen oder eine »Rachedynamik« in Gang zu setzen.

Riskant für ein Unternehmen sind die Konflikte, die ungelöst schwelen und dadurch allmählich das Klima verschlechtern. Eine tatsächlich gemeinsame, zielgerichtete Zusammenarbeit wird in diesen Fällen immer komplizierter.

Die Mediation weist einen spannenden Weg aus diesem Dilemma, der nicht hineinführt in die formale Stagnation altertümlich anmutender Rituale, sondern hin zu den Mitteln der Diplomatie. Damit gewinnt der Mediator die Funktion eines, von beiden Parteien akzeptierten, von beiden Parteien aber auch unabhängigen »Konfliktbearbeitungsspezialisten«. Dieser Spezialist bringt statt Duellwaffen die Kraft rationalen, professionellen Vorgehens in die jeweilige Streitkultur ein.

Neue Spielregeln werden eingeführt

Wir haben gesehen, dass das Duell eine durchaus kathartische und wiederherstellende Funktion hat. Es kommt zu einer prompten Abfuhr von Affekten, langwierige, lähmende Rache- und Vergeltungs-Dynamiken werden ausgeschaltet. Am Ende des – häufig glimpflich verlaufenden – Duells hat sich die Wunde wieder geschlossen, die Welt ist wieder heil geworden und die Kontrahenten betrachten sich als gleich und ebenbürtig. Sie sehen sich neuerlich als Mitglieder einer sozialen Schicht, deren Status und Vorrechte gesichert werden sollen. Der Riss in der sozialen Oberfläche, der durch beleidigende und kränkende Handlungen sichtbar wurde, ist gekittet.

Duelle stellen Gleichheit wieder her

Eine wesentliche Funktion im Prozess dieser Wiederherstellung haben die ausdrücklich formulierten Spielregeln des Duells. Nach der Schwere der Beleidigung kann die Waffenart und das Risiko der Auseinandersetzung gewählt werden. Die Gegenpartei kann verhandeln und bestimmte Forderungen ablehnen. Schon dieses Aushandeln mit Hilfe der Sekundanten stellt eine Art Gleichheit wieder her. Sie sind nun wieder gleichberechtigte Verhandlungspartner. Die Duellanten stellen sich in identischen Abständen von einem Fixpunkt auf, jeder hat die gleiche Zahl von Schüssen, Stößen, Hieben. Immer wird das Duell eingeleitet durch die Verlesung der Regeln. Fast immer geben sich die Duellanten vor dem Kampf die Hände. Im Duell unterwerfen sich die Beteiligten dem sozialen Prinzip der Mutualität: was von dem einen gefordert wird, muss der andere auch gewähren.

Ein ähnliches Gleichstellen der Kontrahenten leistet die Mediation. Deshalb wird sie immer beginnen mit der Benennung bzw. der Vereinbarung von neuen Spielregeln.

Dabei stellt sich die Frage: Welche Art der Verletzung von Spielregeln hat bei Konflikten in Unternehmen stattgefunden? In fast allen Unternehmen basiert ein Großteil der sozialen Dynamik auf dem Wechselspiel von offenen und geheimen Spielregeln. Jeder Unternehmensberater, jeder Trainer wird zunächst konfrontiert mit der »Schokoladenseite« des Unternehmens. Man wird ihm häufig eine Liste von Führungsprinzipien geben, wird auf Innovationsbereitschaft, Teamorientierung, auf Lean Management und das Vermeiden von verschwenderischen Prozessen hinweisen. In den Besprechungen mit den Mitarbeitern, in detaillierten Situationsanalysen wird dann bald die latente Kultur des Unternehmens sichtbar. Die wirklichen Handlungsmaximen kommen zutage, die das Verhalten der Mitarbeiter beherrschen, diesen oft aber gar nicht bewusst sind. So sind mit ihrer Aufdeckung häufig gewaltige »Aha-Erlebnisse« verbunden.

Offizielle Spielregeln

Die offiziellen Unternehmensleitlinien sprechen gern von kooperativ-situativer Führung, von der stetigen Bereitschaft zu delegieren und von der Mitarbeiterförderung. Team- und Prozessorientierung steht im Vordergrund, die Potentiale der Mitarbeiter sollen entwickelt werden, der gemeinsame Umgang wird als offen, fair und transparent gesehen, keine Machtspiele werden gespielt etc. Personalchefs, Geschäftsführer, also die Meinungsführer eines Unternehmens sind in der Regel kluge, in Seminaren geschulte Leute, mit der Neigung zur permanenten eigenen Fortbildung. Sie wissen alle, wie sie es gerne hätten, obwohl sie oft genau dem zuwider handeln.

Die latente Unternehmenskultur mit ihren verfestigten, oft sehr traditionellen Standards erschließt sich nur dem geduldigen Beobachter und Zuhörer. Er könnte beispielsweise folgende Spielregeln beobachten:

Geheime Spielregeln

- Behalte brisante Informationen für dich. Sie garantieren dir Geheimwissen. Du kannst dann gut im Intrigenspiel mitspielen.
- Jeder Gleichgestellte bzw. jeder Nachrückende ist ein potenzieller Gegner. Erkenne seine Schwachpunkte.
- Vermeide jeden Kompetenzverlust durch Delegieren. Delegiere nur, was zeitraubend ist und für den anderen keinen Leistungsnachweis darstellt.
- Entscheidend ist immer das fachliche Know-how. In deinem Fach, in deinem Spezialgebiet musst du vorankommen. Führungsqualitäten sind nur sekundär.
- Weide dich am Fehler des anderen. Übertreibe ihn. Wenn bei dir selbst etwas schief läuft, versuche sofort zu begründen, den Sündenbock außerhalb zu suchen.
- Letztlich entscheidet immer der kompetente und durchsetzungsfähige Einzelne. Gruppenentscheidungen sind langwierig und unergiebig.
- Das persönliche Vorwärtskommen basiert auf dem Bohren dicker Bretter. Suche dir rechtzeitig die richtigen Förderer. Es ist nur selten die Leistung, die zählt.
- Die offiziellen Unternehmensleitlinien sind eine Art Sonntagspredigt. Im internen Kreis sollten sie belächelt werden.
- Jedes Unternehmen ist ein Dschungel, in dem gilt: es überleben nur die Stärksten.

Aus dieser Aufstellung lässt sich ableiten, dass eine solche latente Unternehmenskultur mit ihren Haupttriebkräften der Konkurrenz, des Austricksens, der Vorteilssuche, der Selbstdarstellung die zentrale Quelle für Konflikte, Kränkungen und Rachedynamiken darstellt.

Mediation: die sanfte Variation des Duells

Im Duell wird die Ehre wieder hergestellt durch die Formulierung von Spielregeln, die Gleichheit schaffen. In der Mediation wird die Konfliktbearbeitung eingeleitet durch das Aushandeln von Spielregeln. Dies beinhaltet zunächst einmal das Verfahren. In der Regel erläutert der Mediator den Mediationsprozess. Er klärt, ob Einzelsitzungen stattfinden, wie der gesamte Verlauf sein wird, was am Ende daraus resultieren soll. Er bestimmt seine eigene Rolle und sichert allen beteiligten Parteien Vertraulichkeit zu, wann immer sie diese Vertraulichkeit wünschen (siehe Kapitel 4: Einzelgespräche mit den Parteien, Seite 75ff.).

Danach werden die Spielregeln des Miteinanderumgehens in der Mediation formuliert. Zum Teil sind diese vom Mediator vorgedacht, zum Teil werden sie zwischen den Parteien ausgehandelt. Beleidigungen werden unterbunden, der Mediator sichert sich das Recht, Einzelsitzungen zwischenzuschalten, wenn persönliche Angriffe überhand nehmen. Es werden Verkehrsformen vorgegeben wie beispielsweise Redezeit oder etwa die Auflage, zuweilen nur klärende Nachfragen zuzulassen und nicht gleich in Argumentationen einzusteigen.

Das Ziel ist, von beiden Seiten akzeptierte Spielregeln einzuführen, die den vorhergehenden subtilen Spielregeln zuwiderlaufen.

Mediation wirkt kulturbildend

Die neuen Spielregeln sollen dabei über die Mediationssituation hinausgehen: Sie sollen generell kultur- und stilbildend wirken. Eine Konfliktkultur soll verfestigt werden, die sich löst von Poker- und Machtstrategien, die auf Kooperation, Transparenz und Offenheit baut. Der Wert der neu etablierten Umgangsformen soll sich auch im späteren Alltag zeigen, ihr Nutzen den Beteiligten bewusst werden. Die Mediation ist eine Art Labor für eine neue Umgangskultur. In dieser werden die beschriebenen Diskrepanzen zwischen Schein und Sein, zwischen Fassade und realer Struktur abgebaut. Das Unternehmern soll ein Stück mehr Authentizität und Glaubwürdigkeit entwickeln.

Fazit: Die Mediation strebt ebenso wie das Duell den bewussten Bruch der Konventionen und stillschweigenden Vereinbarungen an. Die Kontrahenten sollen sich nach der Mediation wieder als gleichberechtigte und einer gemeinsamen Sache verpflichtete Partner erfahren, ihre Konfliktdynamik für kontraproduktiv erklären und eine schnelle Erledigung suchen. Sie sollen zudem die Spielregeln der Mediation als Anstoß für ein neue Kultur des Miteinanders erfahren.

Der Mediator im Unternehmen

Dominanz der Juristen

Bislang wird die deutsche Diskussion über Mediation im Wesentlichen von Juristen geführt. Dort wo sie etabliert ist (Scheidungs- bzw. Familien-Mediation), gibt es bereits eine eigene Ausbildung, die beispielsweise von der Bundesarbeitsgemeinschaft für Familien-Mediation angeboten wird. Auch in weiteren Anwendungsfeldern der Mediation dominiert zunächst die rechtliche Komponente. Dies ist der Fall in Bauprozessen, im Arbeits- und Umweltrecht, bei internationalen Geschäftsbeziehungen sowie in Auseinandersetzungen zwischen Wirtschaftsunternehmen. Viele Juristen halten aber auch in diesen Fällen das sozialpsychologische Know-how für sehr wichtig und plädieren daher für eine Ko-Mediation.

Es gibt aber bestimmte Felder, wo der sozialpsychologisch Geschulte besser geeignet ist, eine Mediation durchzuführen. Dies ist der Fall bei Schulmediationen und der im Zentrum dieses Buches stehenden Wirtschafts-Mediation: der Mediation im Unternehmen. In diesem Fall sind die sonst bedeutenden juristischen Kenntnisse eher als peripher und additiv anzusehen.

Die nebenstehende Grafik demonstriert die spezifischen Ausrichtungen eines Mediators in Unternehmen. Dabei spielt es eine Rolle, wie intensiv der Konflikt ist und ob es sich um Innen- oder Außenbeziehungen eines Unternehmens handelt. In Kapitel 4 bis 6 stellen wir dann ausführlich die notwendigen, spezifischen Kenntnisse eines Wirtschafts-Mediators vor.

Schwerpunkt der Mediation

In dieser nur auf Unternehmen bezogenen Übersicht wird deutlich, dass die Arbeit des Mediators unterschiedlich akzentuiert ist, je nach dem in welchem Feld er sich befindet. Oft wird man bei betrieblichen Außenbeziehungen den juristischen Experten hinzuziehen, häufig ihm sogar den Vortritt in der Vertretung des Unternehmens lassen. Das juristische Know-how ist nun aber immer fallbezogen: ein Arbeitsrechtler wird sich nicht um internationale Geschäftsbeziehungen kümmern, ein Spezialist für Umweltrecht wird keine Mediation in komplexen Bauprojekten durchführen. Das juristische Wissen ist immer ein zusätzliches Wissen.

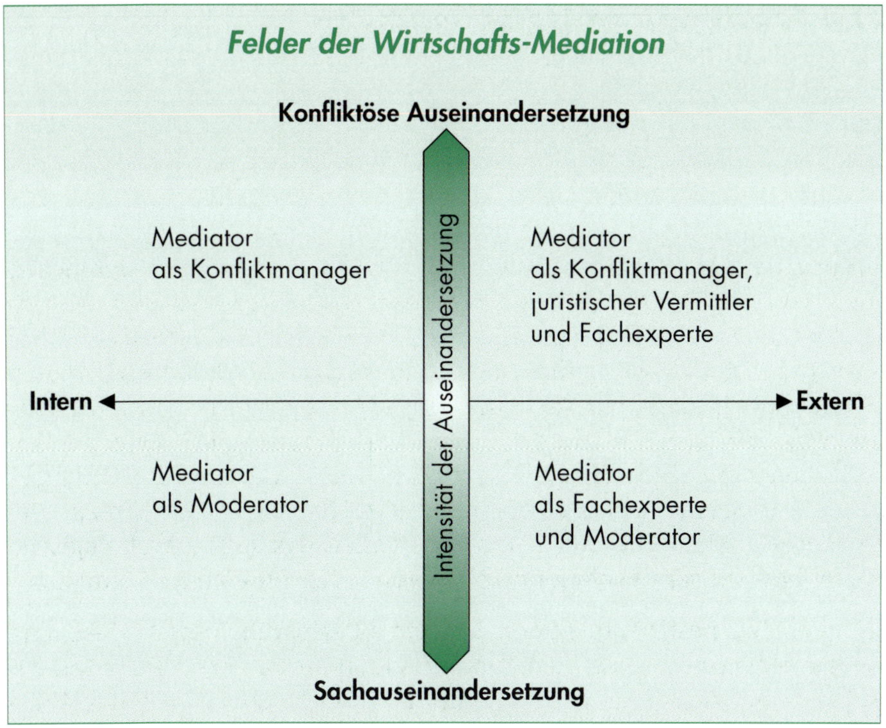

Mediator als »Spielleiter«

Von grundlegender Bedeutung sind die sozialpsychologischen Kenntnisse. Über sie muss der Mediator fast immer verfügen. Im Falle einer innerbetrieblichen Mediation sind sozialpsychologische Kenntnisse weit wichtiger als juristisches Fachwissen.

Der Mediator im Unternehmen ist ein Fachmann für Konflikte, ein Spielleiter für die Bearbeitung dieser Hindernisse im Unternehmensprozess. Der Mediator fungiert im Unternehmen als Unparteiischer. Er etabliert mit der Zustimmung der Parteien die Regeln des Spiels und er achtet darauf, dass sie eingehalten werden, zumindest während die »Mediations-Spielzeit« läuft. Im Hintergrund steht natürlich das Ziel einer Verinnerlichung dieser Spielregeln. Der Mediator will die Parteien befähigen, das Spiel auch ohne ihn mit Hilfe dieser Regeln fortzusetzen. Läuft die Mediation gut und die Parteien erzielen emotionale und sachliche Gewinne, so werden sie bereit sein, dieses Spiel auch in Zukunft aufzunehmen. Der Mediator ist also auf der einen Seite kompetenter Unparteiischer, auf der anderen Seite aber auch ein Trainer, ein Vermittler von Spielregeln.

Unternehmen werden sich natürlich mit Hilfe der Mediation nicht zu Oasen der Friedfertigkeit und Kooperation entwickeln. Es wird immer wieder zu Regelverletzungen kommen, weil Teilnehmer Regeln unterschiedlich auslegen, sie vergessen oder nicht mehr für verbindlich erachten. Der Mediator wird immer dann eingeschaltet werden, wenn die interne Lösungskapazität der Beteiligten nicht ausreicht.

Die folgende Grafik macht nun deutlich, über welche Fähigkeiten ein Mediator verfügen muss.

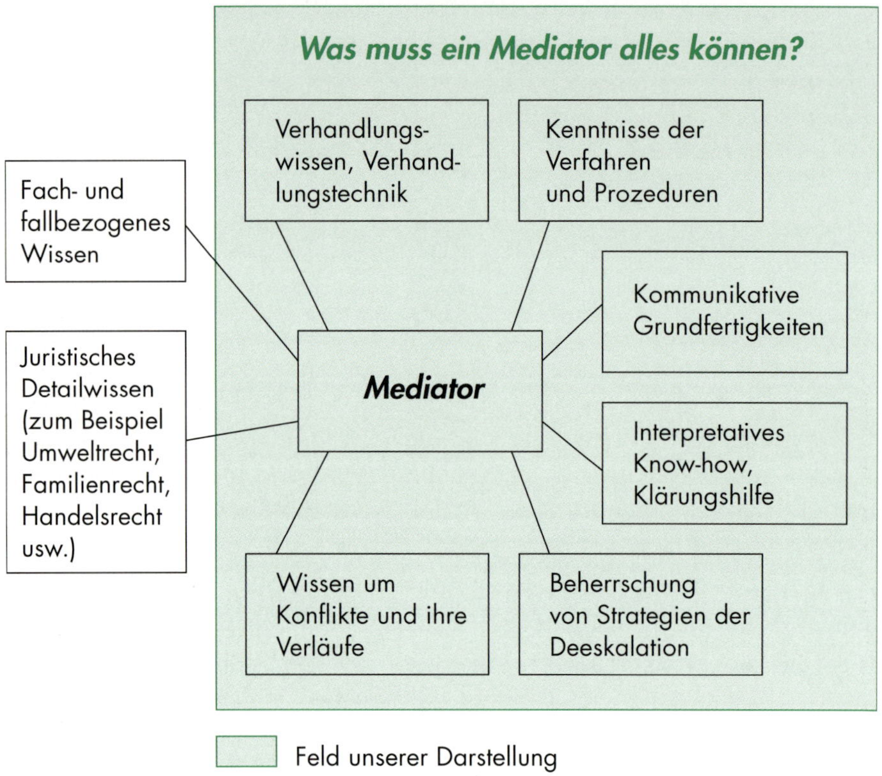

Aus dieser Übersicht wird deutlich, wo der Akzent unserer Darstellung liegt. Uns interessiert:

- das Wissen des Mediators als Verfahrensspezialist (als Spielleiter),
- als Verhandlungsführer,
- als kommunikativer und vermittelnder Experte,
- als Konfliktmanager.

4. Mediation und verwandte Verfahren

Verhandeln nach dem Harvard-Konzept

»Getting to Yes«, eine Übereinkunft erzielen, wie der Titel des in Deutschland unter »Das Harvard-Konzept« erschienenen Buches lautet, ist das Ziel von Mediation und Verhandlung gleichermaßen. Das Verhandlungskonzept, das man an der Harvard Universität für diesen Zweck entwickelt hat, bildet eine wesentliche Grundlage für die Weiterentwicklung der Mediation in Amerika zu einem strukturierten Verfahren der Konfliktlösung.

Wesentliche Aspekte und Verfahrensweisen, die als Grundlage für die Mediation dienen, stellen wir deshalb zu Beginn dieses Kapitels dar.

Hart in der Sache, weich den Menschen gegenüber

Eine Verhandlungsstrategie soll die Suche nach Kompromissen erleichtern, auch wenn Verhandlungen bereits festgefahren sind oder zu stagnieren drohen. Das Harvard-Konzept basiert auf der Idee der prinzipiellen *Trennbarkeit von Menschen und verhandelten Gegenständen*. In der Sache empfiehlt es sich, »hart« zu sein und »hart« vorzugehen, den beteiligten Menschen gegenüber aber rät es, »weich« zu sein, das heißt verbindlich und dem Menschen zugewandt.

Der Einsatz dieses Verhandlungskonzepts soll ein faires Verfahren sicherstellen. Dabei schützt es, wenn professionell vorgegangen wird, auch gegen diejenigen, die die Fairness der Gegenpartei als Schwäche begreifen.

> »Hinter Ansichten stecken Absichten.«
> Hans Peter Keller

Verhandeln nach dem Harvard-Konzept bedeutet in allererster Linie, nicht um Positionen zu feilschen, sondern die dahinterliegenden Interessen zum Gegenstand der Verhandlung zu machen. Dies ist deshalb wichtig, weil im Alltag meist nur um Positionen gefeilscht wird.

Das Stocken von Verhandlungen hat häufig damit zu tun, dass Positionen wie Rammböcke aneinander gestoßen sind und die Menschen versuchen, sich gegenseitig mit immer größerem Kraftaufwand aus ihren jeweiligen Positionen zu verdrängen. Das Feilschen um Positionen nimmt dann im Regelfall sehr viel Zeit in Anspruch. Es ist nicht effizient. Wichtige Sachfragen bleiben dabei ungeklärt. Deshalb sind auf dieser Basis erzielte »Einigungen« oft vordergründig und erweisen sich als instabil.

Interessen von Positionen trennen

Bei der Arbeit mit dem Harvard-Konzept dagegen gilt die Aufmerksamkeit nicht den Positionen, sondern den Interessen und dahinter liegenden Motiven der Parteien.

Betrachten wir ein Beispiel:

> Herr Meier, Disponent in einem Textilunternehmen, wünscht seit geraumer Zeit ein neues Büro. Nun erhält er die Möglichkeit, neue Räumlichkeiten zu beziehen. Sein Vorgesetzter, Herr Müller, genehmigt aber den Umzug nicht. Ständig wiederholt Herr Meier seinem Chef gegenüber, dass er sein neues Büro gerne bald beziehen würde. Immer wieder vertröstet ihn der Chef auf einen späteren Zeitpunkt.
>
> Genaueres Nachfragen zeigt hier die eigentlichen Motive: Das neue Büro befindet sich in einem anderen Gebäude. Herr Müller möchte nicht, dass Herr Meier, dessen Arbeitsleistung er sehr schätzt, sich so weit aus seinem direkten Einflussbereich entfernt.

Verhandeln über Positionen hilft hier nicht weiter. Wesentlicher sind die Motive, die ausgesprochen oder unausgesprochen unser Verhalten leiten. Wichtig sind Interessen, nicht Positionen!

Sachebene und Beziehungsebene

Wir sehen, dass Verhandlungen immer auf zwei Ebenen gleichzeitig stattfinden, nämlich auf einer Sach- und einer Beziehungsebene. Die Sachebene ist in unserem Beispiel das neue Büro bzw. der Umzug des Mitarbeiters Meier. Die Gefühle und Befindlichkeiten auf der Beziehungsebene fördern oder hemmen die Ansinnen auf der Sachebene.

Wichtig ist deshalb, Personen und Sachen, Menschen und Probleme getrennt voneinander zu behandeln. An die Stelle von Vertrauen oder Misstrauen tritt so ein Prozedere, das die Behandlung der Sachfragen unabhängig vom emotionalen Gehalt der Beziehungen zwischen den Menschen ermöglicht. Dadurch wird das Ringen zum gegenseitigen Nutzen möglich, statt des Ringens um gegenseitige Vernichtung. Wahlmöglichkeiten, basierend auf objektiven Kriterien, halten ins Verhandlungsgeschehen Einzug und sachbezogene Argumente ermöglichen realistische Entscheidungsfindungen.

Verhandlungspartner sind Menschen

Die Arbeit mit dem Harvard-Konzept beginnt, indem man sich darauf besinnt, dass die Verhandlungspartner zuallererst Menschen sind, die nicht nur eine Sache vertreten, sondern auch persönliche Bedürfnisse und Interessen in die Situation hineintragen und diese befriedigen möchten. So betrachtet dient das Vorgehen des Herrn Müller in unserem Beispiel eigentlich nur der Vermeidung von Angst. Er will nicht, dass Herr Meier aus seinem Bereich zu sehr entschwindet. Deshalb blockiert er die von Meier gewünschte Veränderung.

Bei der Arbeit mit dem Harvard-Konzept besteht der erste Schritt immer darin, auf die persönlichen Bedürfnisse der beteiligten Verhandlungspartner zu achten. Im Beispielfall also auf Herrn Müllers Angst. Hier hilft das »offene« Gespräch und die gemeinsame Arbeit an möglichen Lösungen. Grundlage dafür ist ein Vertrauensverhältnis, in dem sich die Beteiligten gegenseitig respektieren und sachlich klar diskutieren können.

z. B.

> »Herr Müller, was ist los?!« könnte Meier eines Tages sagen, und damit dann aus dem Postitionsgerangel aussteigen.

Ab diesem Zeitpunkt stehen dann nicht mehr die Positionen, sondern die dahinterliegenden Interessen im Mittelpunkt. Positionen sagen nämlich nichts darüber aus, was der andere oder wir selbst tatsächlich wünschen oder befürchten. Das Harvard-Konzept geht davon aus, dass ein Interesse nicht nur dadurch zu befriedigen ist, dass eine ganz bestimmte Position durchgesetzt wird. Vielmehr gibt es eine große Auswahl an Optionen zur Befriedigung dieses Interesses. Interessen, nicht Positionen zeigen Wege zur Lösung auf.

Optionen zur Befriedigung

z. B.

> Mit Hilfe zweier wichtiger Fragen kommt Herr Meier näher an den Kern des Problems: »Warum?« Und: »Warum nicht?«

Hier entscheidet natürlich die Qualität des Verhältnisses zwischen Müller und Meier bzw. die Stabilität ihrer »Beziehungsebene«. Blockt Herr Müller gleich zu Beginn den Versuch des Herrn Meier ab, zum Beispiel durch die, etwas von oben herab formulierte Bemerkung: »Seit wann stellen Sie denn hier die Fragen?« Oder legt er tatsächlich einige seiner Karten auf den Tisch? Auf jeden Fall wird es so sein, dass vor der endgültigen

Entscheidung verschiedenste Wahlmöglichkeiten entwickelt und geprüft werden können.

Erst wenn es gelingt, das Spielfeld aus Gewinnen und Verlieren zu verlassen, kann der Gewinn beider Seiten angestrebt werden. Erstaunlich oft lässt der »Kuchen« sich vergrößern, wenn die Verhandlungsparteien einander als Partner begegnen, deren Interesse an Gewinn und Profit nicht frevelhaft, sondern berechtigt ist.

Der Kuchen läßt sich vergrößern

In einem offenen Gespräch stellen Müller und Meier fest, dass sie sehr gern zusammenarbeiten und deshalb auch künftig nahe zusammenliegende Büros bevorzugen würden. Damit ist auf der Beziehungsebene eine gemeinsame Basis hergestellt. Ist dies geleistet, wird man zumindest wieder in der Lage sein, vernünftige Sacharbeit zu leisten. Grundvoraussetzung dafür ist die genaue und achtsame Analyse des Sachverhalts. Hierbei müssen nicht nur vordergründige, sondern auch weitergehende, komplexe Lösungen aufgezeigt werden (die ganze Abteilung zieht um, Neubau, usw.). Die daraus naturgemäß resultierende Vielfalt an Wahlmöglichkeiten ermöglicht dann die Diskussion einer Fülle von Verhaltensalternativen.

Das Anwenden objektiver Kriterien bewirkt, dass die Verhandlungspartner sachbezogen und fair verhandeln. Ganz einfach lässt sich das Grundprinzip des Harvard-Konzepts mit Hilfe der Vorgehensweise zeigen, mit der man ein Stück Kuchen zwischen Kindern teilt: Das eine Kind teilt mit dem Messer den Kuchen, das Zweite darf sich ein Kuchenstück aussuchen.

So ähnlich funktioniert auch das **Ein-Text-Verfahren**. Es basiert darauf, dass hinter den Positionen der Parteien gemeinsame Interessen wirksam sein können, auch wenn diese Positionen vordergründig gegensätzlich scheinen.

Ein-Text-Verfahren

Der Mediator entwickelt *einen* Text, dem alle Parteien zustimmen müssen. Zu diesem Zweck wird die Grundlage der Übereinkunft erst einer Partei vorgelegt. Diese kann nun all ihre Änderungswünsche einbringen. Der dadurch geänderte Text wird dann der anderen Partei vorgelegt. Auch die andere Partei trägt jetzt ihre Veränderungswünsche ein. Sobald keine Veränderungen mehr gewünscht werden, stimmen beide Parteien der Übereinkunft zu.

Stellen wir uns ein Ehepaar vor, dass einen Hausbau vorbereitet. Beide haben unterschiedliche Vorstellungen. Der Architekt versucht, die verschiedenen Interessen herauszufinden, die hinter den Positionen wirken. Er fasst diese Interessen in *einem* Vorschlag (Text, Bauplan, etc.) zusammen, dem (nach diversen Verhandlungsrunden) schließlich beide Parteien zustimmen.

Beide Parteien stimmen zu

Der Abgleich der unterschiedlichen Positionen findet dadurch statt, dass der Architekt sich immer wieder fragt, warum die Parteien ihre Positionen für wichtig halten. Immer wieder versucht er herauszufinden, welche Nutzenidee, bzw. welches Interesse tatsächlich vorhanden ist. Durch dieses Vorgehen wird gewährleistet, dass allmähliche Annäherungen unterschiedlicher Positionen eskalationsfrei möglich werden.

Die Mediation

Der Mediations-Prozess

Die Verfahrensweisen die in den USA als Mediation bezeichnet werden, sind nicht immer völlig identisch. Insbesondere die Ziele, die der Mediator verfolgt, können sehr unterschiedlich sein. Während manche ihr gesamtes Handeln der Erreichung einer Übereinkunft unterordnen, sehen andere die Einigung als das Endprodukt des Mediations-Prozesses.

Wie sich der Mediator orientiert, welche Intentionen er verfolgt, ist sicherlich davon abhängig in welchen Rahmen die Mediation stattfindet. Innerhalb einer Organisation wird der Mediator während des Mediations-Prozesses, sein Handeln nicht allein am Ergebnis, der Übereinkunft der beiden Parteien, ausrichten. Vielmehr ist er sich der **Prozesshaftigkeit** der Mediation bewusst und der damit verbundenen wechselseitigen Einflüsse. Der Mediator nutzt diesen Prozess und wirkt auf die Parteien ein. Gleichzeitig weiß er auch um seine eigene Emotionalität, die seine Reaktionen beeinflusst.

Die **Ziele**, die der Mediator bei einer Mediation innerhalb von Organisationen während des gesamten Mediations-Prozesses verfolgt sind:

- das persönliches Wachstum der Parteien zu fördern,
- das Verständnis und die Akzeptanz für die anderen Parteien zu erhöhen,
- die Beziehungen der Parteien untereinander zu verbessern.

Das **abschließende Übereinkommen** ist ein wesentliches Produkt des Prozesses. Es schließt die Vergangenheit ab und weist in die Zukunft. Es ist der Ausgangspunkt für das zukünftige Handeln. Übereinkünfte dürfen jedoch nicht statisch sein, sie müssen sich mit den betrieblichen und persönlichen Bedürfnissen immer wieder in Einklang bringen lassen.

Wesentliche Elemente der Mediation

Trotz der unterschiedlichen Absichten, die mit der Mediation verfolgt werden, lässt sich ein Muster erkennen, dessen wesentliche Elemente immer wieder auftauchen. Der Ablauf einer Mediation erfolgt in einer bestimmten Reihenfolge. Dabei sind einige Phasen nicht generell vorgegeben, andere sind dafür typische Elemente, die in jeder Mediation vorkommen. So ist beispielsweise das **Eröffnungstreffen** immer vorgesehen. Hier stellt der Mediator seine Rolle vor und die Parteien haben die Gelegenheit ihre Sicht des Konflikts zu erläutern. Im Gegensatz dazu gehen dann die Meinungen darüber auseinander, ob man generell **Einzelgespräche** mit den Parteien durchführen soll oder nicht. Kritiker von Einzelgeprächen sind der Meinung, dass diese das Vertrauen der Parteien in die Mediation stören können, weil der Verlauf des Prozesses durch Einzelgespräche an Transparenz verliert.

Eine sehr gute übersichtliche Darstellung der wichtigsten Mediations-Elemente bietet Slaikeu in seinem Buch »When Push Comes to Shove« (1996). Sein Modell der Mediation hat fünf Schritte.

Modell einer Mediation in fünf Schritten

- Erster Kontakt – Vorbereitungen
- Das Eröffnungstreffen
- Einzelgespräche mit den Parteien
- Gemeinsame Sitzungen und Wechseldiplomatie
- Abschlusstreffen

nach Slaikeu 1996

Bevor wir auf diese fünf Schritte näher eingehen, stellen wir das **Konfliktraster** vor, das ebenfalls ein zentrales Element in der Konzeption Slaikeus darstellt. Denn bevor der Mediator in den Prozess der Mediation einsteigt, sollte er sich zunächst über die Situation so weit wie möglich im Klaren sein. Das Konfliktraster ist ein gutes Hilfsmittel, um sich den notwendigen Überblick zu verschaffen.

Das Konfliktraster

Neben den sachlichen Konfliktursachen verschärfen Gefühle, Wünsche, Verhaltensmuster, Loyalitäten gegenüber Gruppen und Personen, Einstellungen und Werthaltungen, strukturelle Gegebenheiten usw. den Konflikt. Sie machen ihn zu einer komplexen Mischung, die von den Parteien nicht mehr überblickt und verstanden wird, und deshalb auch nur schwer gelöst werden kann.

Das Konfliktraster hilft, die wesentlichen Aspekte des Konflikts zu identifizieren

Gleichermaßen steht der Mediator vor dieser Mischung aus wenigen Tatsachen und vielen subjektiven Aussagen und Verhaltensweisen der einzelnen Parteien. Er muss versuchen, sich ein Bild über den Konflikt zu verschaffen. Seine **Position des Außenstehenden** ermöglicht ihm, Dinge zu erfragen, wahrzunehmen und zu klären, die den Parteien selbst nicht zugänglich sind. Darauf gestützt kann er neue Impulse geben, die das Geschehen in eine andere Richtung bewegen können.

Der Mediator nimmt die vielen Informationen aus Gesprächen, Beobachtungen und anderen Quellen auf. Er ordnet und analysiert sie, kombiniert sie eventuell neu, um so mit den Parteien zusammen Schritt für Schritt einer Lösung näher zu kommen. Das Sammeln und Ordnen der Informationen beginnt mit dem ersten Kontakt zu den Parteien. Der Mediator muss sich also schon von Anfang an darüber bewusst sein, auf was er zu achten hat. Das Konfliktraster erleichtert ihm die Orientierung während des gesamten Mediations-Prozesses.

Im **Konfliktraster** hält der Mediator alle wichtigen Einzelheiten des Konfliktes aus der Sicht der verschiedenen Parteien fest. Es ist somit *die Visualisierung der bereits gefundenen Daten*. Die Leerräume machen bewusst, welche Gesichtspunkte des Konflikts noch bearbeitet werden müssen, um der Lösung näher zu kommen. Im Konfliktraster werden die gesammelten Informationen, die unterschiedlichen Interpretationen, Wünsche, Interessen und Vorstellungen darüber, wie der Konflikt zu lösen ist, nebeneinander gestellt und so deutlich sichtbar gemacht. Fehlende Informationen versucht der Mediator im Laufe der Mediation zu ergänzen.

Konfliktraster

Aspekte des Konfliktes	Partei A	Partei B	Partei C	Partei D
Interne Daten: Interessen und wunde Punkte				
Externe Daten: andere Fakten, die in Zusammenhang mit dem Konflikt stehen				
»Beste Alternative« zur Mediation				
Mögliche Lösungen				

(Vgl. Slaikeu 1996, S. 25)

Interne Daten: Interessen und wunde Punkte sind interne, nicht direkt beobachtbare Daten. Es handelt sich dabei um: Motive, Wünsche, Hoffnungen, erlernte Verhaltensmuster und Reaktionsweisen der Parteien, die den Konflikt antreiben. Sie sind den Parteien oft nicht verständlich und noch viel weniger werden sie durch die andere Seite verstanden. Auch für den Mediator sind sie nicht unmittelbar zugänglich. Sie erschließen sich erst im Laufe der Mediation und sind in der Regel der Schlüssel zur Vermittlung.

Interessen sind Wünsche, Motive und Hoffnungen der Parteien, die hinter den Forderungen stecken. Folgende Interessen, die auch bei der abschließenden Übereinkunft beachtet werden sollten, kommen häufig vor:

- Die Beziehung aufrecht erhalten.
- Pläne für eine gemeinsame Zukunft.
- Eine Angelegenheit abschließen.
- Vermeiden von Kosten durch Rechtsstreitigkeiten.
- Vermeiden von Stress und Erhaltung von Gesundheit.
- Anerkennen der Kränkung durch Entschuldigung.
- Die andere Partei strafen.
- Das Gesicht wahren.
- Zeit sparen.
- Der Wunsch nach Gerechtigkeit.
- Schaden ersetzt bekommen.
- Anerkennen von Leistungen.
- Behandlung als Gleichberechtigter.

Interesse und wunde Punkte sind die nicht beobachtbaren Aspekte eines Konflikts

Wunde Punkte sind Verhaltensweisen und Reaktionen in Konflikten, die auf frühere Erfahrungen zurückzuführen sind. Unter Umständen reichen sie bis in die Kindheit zurück. Meistens sind sie den Parteien selbst nicht bewusst, können den Konflikt jedoch zusätzlich anheizen. Der Mediator kann und soll nicht die Arbeit des Psychotherapeuten übernehmen, aber das Wissen über das mögliche Vorhandensein schärft seine Aufmerksamkeit. Folgende wunde Punkte können Konflikte beeinflussen:

- Frühkindliche Kränkungen.
- Negative Erfahrungen von Zurücksetzung und Missachtung.
- Erfahrung, dass Machtausübung die einzige Chance ist, die eigenen Interessen zu wahren.
- Ängste auf Grund früher erfahrener Willkürmaßnahmen.
- Erlebte Ohnmachtsgefühle.
- Arroganz, Schroffheiten lösen sofortige Abwehrreaktionen hervor.

Externe Daten: Weitere Fakten, die für die Entwicklung und Lösung des Konfliktes von Bedeutung sind, sind die externen Daten. Dazu gehören:

Beobachtbare Aspekte eines Konflikts

- Der bisheriger Verlauf des Konfliktes:
  Wer hat was, wann getan? Gibt es schriftliche Unterlagen darüber? Welche Beschreibungen liefern die Parteien? Was lässt sich im Verhalten der Parteien beobachten?
- Bisherige Lösungsversuche:
  Welche Lösungsversuche wurden von wem mit welchem Resultat durchgeführt? Warum haben sie zu keiner dauerhaften Lösung geführt? Gab es Versuche durch einseitige Machtausübung den Konflikt zu lösen? Kam es zu Drohungen oder Gewaltanwendungen?
- Materielle Schäden:
  Hat der Konflikt zu Kosten und Verlusten geführt?
- Organisatorischer Kontext:
  Welche Regelungen und Normen zur Lösung von Konflikten gibt es? Mögliche Lösungen müssen sich an diesen orientieren.
- Objektive Standards:
  Existieren bereits objektive, von außen gesetzte Standards, an die man sich bei der Lösung des Konflikts halten kann?
- Anwendbare Gesetze:
  Welche Rechte der Parteien sind betroffenen? Die rechtliche Seite des Konfliktes müssen die Parteien mit ihrem Rechtsanwalt abklären.

»Beste Alternative« zur Mediation: Der Mediator versucht hier herauszufinden, was die Parteien machen würden, falls eine kooperative Lösung durch Mediation nicht möglich ist. Neben kooperativen Lösungen durch Mediation oder Verhandeln gibt es weitere Alternativen des Konfliktverhaltens: das *Vermeiden*, das *Einschalten einer höheren Instanz*, sei es einen Vorgesetzten oder ein Gericht, sowie den *Machtkampf*. Eine Mediations-Lösung wird für die beteiligten Parteien nur dann akzeptabel sein, wenn sie Vorteile gegenüber der jeweiligen »Besten Alternative« bietet.

Mögliche Lösungen: Diese werden in der Regel von den Parteien selbst erarbeitet. Der Mediator spricht aber während der Mediation, insbesondere auch in den Einzelsitzungen Lösungsvarianten immer wieder an.

Die fünf Schritte einer Mediation

1 **Erster Kontakt – Vorbereitungen**

Der Mediator gibt Informationen über die Mediation als Verfahren der Konfliktlösung und sammelt erste Informationen über den Konflikt. Er bereitet die äußeren Rahmenbedingungen vor.

2 **Das Eröffnungstreffen**

Der Mediator stellt seine Rolle und Verantwortlichkeit sowie die Spielregeln einer Mediation dar. Die Parteien erläutern ihre Sicht der Dinge.

3 **Einzelgespräche mit den Parteien**

Der Mediator sammelt im vertraulichen Gespräch weitere Informationen, die zur Lösung des Konfliktes beitragen können. Er bereitet die Parteien auf gemeinsame Sitzungen vor.

4 **Gemeinsame Sitzungen und Wechseldiplomatie**

Der Mediator treibt die Annäherung der Parteien durch gemeinsame Sitzungen und/oder Einzelgespräche voran.

5 **Das Abschlusstreffen**

Der Mediator testet mit den Parteien mögliche Schwachstellen eines Übereinkommens. Die Parteien treffen eine Übereinkunft, einigen sich über einen Teil der Streitpunkte oder brechen die Mediation ab, ohne eine Einigung erzielt zu haben.

(nach Slaikeu 1996)

1. Erster Kontakt – Vorbereitungen

Beim ersten Kontakt mit dem Auftraggeber einer Mediation steht die Übereinkunft über die Lösung des Konfliktes noch ganz im Hintergrund. Es geht vor allem darum die Basis für die spätere Arbeit zu legen. Wenn es ungelöste Probleme innerhalb von Abteilungen, Streitigkeiten zwischen Abteilungen, Konflikte zwischen Vorgesetzten und Angestellten oder andere Unstimmigkeiten innerhalb eines Unternehmens gibt, wird sich vermutlich die Personalabteilung oder aber eine andere Führungspersönlichkeit mit dem Mediator in Verbindung setzen.

Da Mediation in Deutschland, ein relativ neues, für viele Personen weitgehend unbekanntes Verfahren ist, gilt es zunächst diese *Personen über die Möglichkeiten der Mediation im Hinblick auf die Konfliktlösung zu informieren.* Der Mediator muss also darauf vorbereitet sein, seinem Gesprächspartner eine kurze und prägnante Zusammenfassung zu geben, was Mediation ist und welche Rolle der Mediator dabei spielt. Eine kurze schriftliche Zusammenfassung dieser Informationen, dient dem Mediator als zusätzliches Mittel, die Parteien mit seiner Arbeitsweise vertraut zu machen.

Informationen über die Mediation geben und über den Konflikt sammeln

Im ersten Kontaktgespräch versucht der Mediator herauszufinden welche Parteien Einfluss auf den Konflikt haben. Im weiteren Verlauf seiner Vorbereitungen wird er mit diesen Parteien persönlich in Kontakt treten und alle mit den gleichen Informationen versorgen. Der Mediator muss während dieser ersten Kontakte durch seine Aufklärungsarbeit alle Parteien für die Mediation gewinnen. Er demonstriert auf diese Weise von Beginn an seine Position als unvoreingenommener und fairer Vermittler.

Die ersten Kontakte zu den Konfliktparteien dienen aber nicht nur dazu die Parteien über die Arbeitsweise zu informieren. Sie sind auch ein wichtiger Schritt, um erste Informationen über den Konflikt zu erhalten. Er sollte dabei folgende Fragen im Auge behalten:

Fragen, die helfen, wesentliche Aspekte eines Konflikts zu klären

- **Welche Probleme haben die Beteiligten?**
  - Fühlen sich die Angestellten ungerecht behandelt?
  - Werden wichtige Informationen nicht weitergegeben?
  - Reagieren Untergebene nicht auf Anregungen und Kritik?
  - Werden Neue in der Abteilung grundsätzlich erst einmal nicht für voll genommen?
  - Wird immer nur der Marketing-Abteilung die Schuld daran zugeschoben, dass ein Produkt nicht wie erwartet verkauft wird?
  - usw.
- **Welche Parteien entscheiden den Konflikt und wer gehört zu diesen Parteien?**
  - Gibt es neben den Personen oder Parteien, die bereits bekannt sind, noch weitere Parteien die den Konflikt beeinflussen?
  - Wer hat außer den direkt am Konflikt beteiligten Parteien ein Interesse, dass der Konflikt gelöst wird oder aber dass er weiter aufrecht erhalten wird?
  - Gibt es Personen oder Organisationen außerhalb des Unternehmens, die zur Lösung des Konflikts beitragen können, die Lösung verhindern können oder aber nicht übergangen werden dürfen?
  - usw.
- **Was wurde bisher unternommen, um das Problem zu lösen?**
  - Welche Lösungsmöglichkeiten hat man ins Auge gefasst?
  - Wurde bereits darüber diskutiert, einen Mediator einzusetzen?
  - usw.

Mediation ist ein Verfahren, das die **aktive Beteiligung aller Parteien** fordert. In der Regel funktioniert eine Mediation also nur dann, wenn die Parteien **freiwillig** an der Mediation teilnehmen. Das heißt allerdings nicht, dass man eine Mediation nicht durchführen sollte, wenn Parteien zunächst eine eher skeptische Haltung einnehmen. Aber die Skepsis sollte ernst genommen und darauf eingegangen werden. Selbst wenn die Geschäftsleitung drängt, das Problem schnellstmöglich zu beseitigen und die Parteien auf eine Mediation zwangsverpflichten möchte, wird der Mediator schon im Vorfeld sicherstellen, dass die Parteien wirklich bereit sind, sich auf die Mediation einzulassen.

Den ersten gemeinsamen Termin vereinbart der Mediator, wenn er alle **Voraussetzungen für ein Eröffnungsgespräch** geschaffen hat:

- Er hat genügend Informationen über den Konflikt gesammelt, um sich ein erstes Bild vom Konflikt zu machen.
- Alle Parteien wurden über die Mediation als Verfahren der Konfliktlösung informiert.
- Das nötige Engagement wurde bei allen beteiltigten Parteien gefördert. Zumindest besteht die Bereitschaft, sich auf ein erstes Treffen einzulassen.

Das erste Treffen vorbereiten

Wo und unter welchen Bedingungen das erste Treffen stattfindet, wird vom Mediator unter Absprache mit den Parteien festgelegt. Der Termin sollte allen Parteien gelegen sein und auch genügend Zeit lassen das geplante Programm durchzuführen. Die *gute Vorbereitung der äußeren Bedingungen* trägt zum Gelingen des Zusammenkommens bei.

Das Treffen sollte möglichst an einem »neutralen« Ort stattfinden. Das kann ein Konferenzraum im Unternehmen sein, manchmal ist es jedoch von Vorteil einen anderen Ort außerhalb des Unternehmens zu wählen. So wird eine neue, ungewohnte Situation geschaffen, die die Parteien eher dazu animiert, sich aufeinander zuzubewegen, als dies beispielsweise im Konferenzraum der Fall ist, in dem man sich schon häufiger getroffen hat, ohne Ergebnisse zu erzielen.

Wenn der Mediator für die erste Begegnung neben dem Eröffnungstreffen auch Einzelgespräche mit den Parteien vorgesehen hat, müssen genügend Räume vorhanden sein, in die sich der Mediator ungestört mit den einzelnen Parteien zurückziehen kann.

Für das Eröffnungstreffen bei dem die Parteien nacheinander ihre Sicht der Dinge darlegen, wird das Sitzarrangement so gestaltet, dass sich die Parteien nicht in Konfrontationsposition gegenüber sitzen. Ein runder Tisch ist dazu ein geeignetes Mittel. Sitzecken mit Sofas können für weitere gemeinsame Sitzungen oder bei Einzelgesprächen zu einer Entspannung der Atmosphäre beitragen. Ein Wechsel der Sitzpositionen, ein Spaziergang zum Einzelgespräch, ein gemeinsames Essen oder andere Aktivitäten können Spannungen, die während der Sitzungen zwischen den Parteien auftreten, abbauen helfen. Welche Aktivitäten der Mediator im Einzelnen plant und welche Arrangements er trifft, hängt natürlich sehr von der Intensität der Probleme und den damit verbundenen Spannungen ab. Wenn sich die Parteien kaum mehr gegenseitig ins Auge sehen können, wird das erste Zusammentreffen vielleicht nur aus der Eröffnung bestehen. Eine gemeinsame Sitzung wird dann erst zu einem späteren Zeitpunkt möglich sein.

Der Mediator sorgt gleichzeitig dafür, dass die *notwendigen technischen Hilfsmittel bereitgestellt* sind. Ein Flipchart sollte unbedingt vorhanden sein, das für alle gut sichtbar aufgestellt ist. Ebenso sollte es möglich sein, die Aufzeichnungen aufzuhängen. Wenn ein Treffen mit vielen Beteiligten geplant ist oder umfangreiche Materialien für die Präsentation notwendig sein sollten, muss der Mediator im Vorfeld klären, welche anderen Hilfsmittel notwendig sind.

2. Das Eröffnungstreffen

Einen guten Start ermöglichen

Der Mediator nimmt während des Eröffnungstreffens die **Rolle des Gastgebers** ein, er hat den Raum ausgewählt und das Arrangement für die Mediation gestaltet. Er führt die Konfliktparteien durch dieses erste »offizielle« Treffen. Er erläutert die Regeln und überwacht deren Einhaltung, ermuntert die Parteien sich aktiv zu beteiligen, verstärkt kooperatives Verhalten und achtet auf die Befindlichkeit der Teilnehmer. Diese werden vermutlich nervös, angespannt, ärgerlich, ängstlich, verletzt oder arrogant sein, zumindest befinden sie sich nicht in ihrer normalen, alltäglichen Stimmung. Der Mediator muss auch beachten, dass manche Parteien versuchen werden, ihn auf ihre Seite zu ziehen, seine Stellung als neutraler Vermittler anzuzweifeln oder sich selbst in eine stärkere Position zu bringen.

Der Mediator begleitet die Personen durch die Mediation

Der Mediator sollte die Parteien in einem Vorraum empfangen, sich selbst bei den Parteien vorstellen und Personen die sich noch nicht kennen miteinander bekannt machen. So übernimmt er ganz selbstverständlich den Part, die **Parteien durch den Prozess zu begleiten**. Gleichzeitig gewinnt er einen ersten Eindruck von der Stimmung der Beteiligten und kann sich darauf einstellen. Der Mediator bittet dann die Parteien gemeinsam in den Raum zum Eröffnungstreffen. (Auf diese Weise kontrolliert er den Raum, und dominanten Konfliktparteien gelingt es nicht, sich als Herr im Haus zu etablieren.)

Wenn sich die Parteien in der vorher arrangierten Weise gesetzt haben, ergreift der Mediator das Wort. Seine **Einführung schafft den Rahmen**, durch sie muss er das Vertrauen in seine Person als Vermittler und für den Vermittlungs-Prozess gewinnen. Der Mediator eröffnet die Sitzung mit einer Begrüßung und fasst den Zweck der Zusammenkunft kurz zusammen. Falls ihn die Parteien noch nicht gut kennen, kann er auf seinen beruflichen Hintergrund eingehen, der ihn für seine Rolle als Vermittler für diesen Konfliktfall prädestiniert.

Anschließend geht er noch einmal kurz darauf ein, was unter Mediation verstanden wird, wie sie abläuft, welchen Sinn die einzelnen Schritte haben und welche Rolle er als Mediator während des Verfahrens spielt. Auch wenn die Parteien bereits eine Zusammenfassung der Vorgehensweise zugesandt bekommen haben und schon einiges über Mediation wissen, ist dies sinnvoll. Denn es ermöglicht den Parteien noch einmal Fragen zu unklaren Punkten zu stellen.

Der Mediator erklärt seine Rolle

Die Rolle des Mediators

Der Mediator ist eine neutrale dritte Partei, die den Parteien hilft, miteinander zu verhandeln, um zu einer Übereinkunft zu gelangen.

Er achtet darauf, dass die Parteien die Regeln der Mediation einhalten, die es ermöglichen ein faires Gespräch zu führen. Darüber hinaus hilft er Kommunikationsprobleme zwischen den Parteien abzubauen.

Der Mediator ist neutral, er vermittelt zwischen den Parteien und geht auf die Bedürfnisse aller Parteien ein.

Der Mediator behandelt die ihm anvertrauten Informationen vertraulich. Informationen, die er in den gemeinsamen Verhandlungen bekommen hat, werden nicht weitergegeben. Die Informationen, die er in den Einzelgesprächen zusätzlich erhält, verwendet er nur, um eine Lösung für das Problem zu erarbeiten. Er gibt sie nur dann weiter, wenn die entsprechende Partei auch damit einverstanden ist.

In einer Mediation wird es jedoch nicht immer zu einer Konfliktlösung kommen. Der Mediator fällt dann kein Urteil, die Parteien entscheiden selbst, ob sie einer gemeinsam gefundenen Lösung zustimmen oder nicht.

Bevor die Parteien ihre Sicht der Probleme darlegen, wird sie der Mediator auf die **Spielregeln** hinweisen. Die Parteien sollen ihre Sicht des Konflikts kurz zusammenfassen, die Streitgegenstände und Fakten schildern, ohne die andere Partei persönlich zu beleidigen oder bereits in irgendwelche Verhandlungsstrategien zu verfallen. Erst wenn beide Parteien ihr kurzes Statement abgegeben haben, ist es ihnen erlaubt, gegenseitig Fragen zu den Fakten und Streitgegenständen zu stellen.

Der Mediator macht sich während des gesamten Verlaufs der Mediation Notizen, die vertraulich behandelt werden. Er kann die Parteien auch dazu auffordern, sich selbst Notizen zu machen, weil es ihnen helfen kann, sich einzelne Punkte besser zu merken und sich dieser bewusst zu werden. So gelingt es unter Umständen leichter, die anderen Parteien ausreden zu lassen und erst anschließend gezielte Fragen zu stellen (vergleiche Vorgehensweise bei Konfrontations-Sitzungen, Seite 115ff.).

Den Parteien ein Forum verschaffen, ihre Sicht darzulegen

Im Eröffnungstreffen geht es zunächst nur darum, **die unterschiedlichen Sichtweisen des Konfliktes zu klären**. Vielleicht waren einige der Fakten nicht allen bekannt oder es sind neue Detailprobleme aufgetaucht.

Für den weiteren Verlauf der Mediation hat dieses **Statement der Parteien** eine sehr wichtige Funktion. Oftmals ist es die erste Gelegenheit einmal ohne unterbrochen zu werden, alles darstellen zu können, überhaupt von der anderen Partei mit der man nicht mehr gesprochen hat, angehört zu werden oder die Kränkungen, die man erfahren hat auszusprechen. Unter Umständen werden der anderen Partei manche Probleme, Verletzungen oder Tatsachen jetzt erst bekannt oder bewusst.

Dies kann schon der erste Schritt zum gegenseitigen Verständnis sein. Man wusste ja gar nicht so genau, was den anderen gestört hat. Die Fakten, die der andere anführt, waren einem fremd oder man wollte sie nicht wahrnehmen. Sind sie erst einmal bekannt, bieten sie einen neuen Anknüpfungspunkt zur Lösung des Konfliktes.

> »Die Menschen können nicht sagen, wie sich eine Sache zugetragen, sondern nur wie sie meinen, dass sie sich zugetragen hatte.«
> Georg Christoph Lichtenberg

Die abweichenden Darstellungen der Parteien vom Konfliktverlauf, den individuellen Verletzungen und Empfindlichkeiten machen die unterschiedliche Konflikt-Wahrnehmung deutlich. Auch dies kann ein Anknüpfungspunkt für die weitere Vorgehensweise sein. Machen diese auseinander liegenden Sichtweisen nicht zumindest für beiden Seiten verständlicher, dass es zur Auseinandersetzung kam? Vielleicht lässt sich so das Verhalten der anderen Partei besser verstehen und akzeptieren.

Sind alle Fragen in Bezug auf den Mediator, die Vorgehensweise während der Mediation und die Streitpunkte geklärt, kann man gemeinsam die **Punkte festlegen, über die man verhandeln will**. Am Ende dieser Phase versichert sich der Mediator noch einmal, dass alle Parteien einwilligen, entsprechend der Regeln, die strittigen Punkte zu behandeln. Ist es eine Mediation zwischen verschiedenen Firmen so wird hier üblicherweise ein Mediationsvertrag unterzeichnet. Innerhalb eines Unternehmens sollten alle Beteiligten zumindest ausdrücklich ihre Zustimmung zur Mediation bekunden.

Der Mediator kann danach die weitere Vorgehensweise mit den Parteien abstimmen. Zusammen wird festgelegt, wer sich als erstes zu einer Einzelsitzung zurückzieht und wo sich die anderen Parteien in der Zwischenzeit aufhalten können. Falls für die erste Zusammenkunft nur das Eröffnungstreffen vorgesehen war, klärt der Mediator ab, wann man sich zu den Einzelgesprächen treffen wird. Sicherheitshalber erläutert der Mediator den Parteien noch einmal kurz den Sinn der Einzelgespräche. Er weist darauf hin, dass es keine Rolle spielt, wer als erster daran teilnimmt, weil jeder die Gelegenheit hat, dieses zu führen. Folgen mehrere Einzelsitzungen hintereinander, legt der Mediator Zeit und Ort fest, wo man sich wieder trifft.

3. Einzelgespräche mit den Parteien

Der Mediator hat durch das Eröffnungstreffen bereits den Rahmen für die Mediation geschaffen. Der Ablauf der Mediation ist den Parteien ebenso klar geworden wie die Rolle des Mediators in diesem Prozess. Trotzdem verdeutlicht der Mediator immer wieder aufs Neue wie der Prozess voranschreitet und auf welche Weise die Parteien sich aktiv einbringen können. Durch diese Transparenz sollen die Parteien Vertrauen in den Prozess und den Mediator gewinnen.

Durch vertrauliche Gespräche Hintergründe erhellen

Der Mediator beginnt die Einzelgespräche mit den Parteien, indem er noch einmal auf die **Vertraulichkeit** dieser Gespräches hinweist. Er wird keine Informationen aus den jeweiligen Gesprächen an die andere Partei weitergeben. Es sei denn, dass die Partei dies ausdrücklich wünscht oder aber mit der Weitergabe bestimmter Information einverstanden ist. Die Vertraulichkeit ermöglicht es, Informationen zu erhalten, die die Parteien nicht offenbaren würden, wenn die andere Partei zugegen ist. Dies können Informationen, Tatsachen oder Wünsche in Bezug auf die Lösung des Konfliktes sein, die man nicht weiter geben will, weil man sonst seine eigene Position schwächen würde. Auch Kränkungen und Demütigungen werden viele nicht im Eröffnungstreffen preisgeben, weil die Erfahrungen zu schmerzhaft waren und man sich gegenüber der gegnerischen Partei keine Blöße geben will. Insbesonders werden Gewalt, Drohungen und Einschüchterungsversuche der anderen Partei normalerweise erst in einem vertraulichen Gespräch dem Mediator mitgeteilt.

Der Mediator wird die Parteien zu Beginn der Einzelsitzung noch einmal darauf hinweisen, dass er sich Notizen macht, die lediglich ihm selbst dazu dienen, sich einzelne Punkte zu merken. Vertraulichkeit ist die Voraussetzung dafür, dass der Mediator fehlende Informationen erlangt, die es ihm ermöglichen, weitere Aspekte der komplexen Realität zu erfassen. Hier kann er die Interessen, wunden Punkte, Schilderungen des Konfliktverlaufs, Alternativen der Parteien und Lösungsmöglichkeiten herausfinden, die ihm noch fehlen, um sich ein umfassendes Bild zu machen.

Mit offenen Fragen an die Gesprächsparteien fährt der Mediator fort:

- Haben Sie irgendwelche Anliegen, die Sie in der Eröffnungssitzung noch nicht geäußert haben?
- Was wollen Sie durch diese Mediation erreichen?
- Welche Forderungen sind für sie persönlich besonders wichtig?

Siehe »kommunikative Grundfertigkeiten«, Kapitel 6, Seite 138ff.

Im Laufe des Gespräches wird der Mediator durch aktives Zuhören, gezieltes Fragen und Zusammenfassen des Gehörten das **Bild nach und nach vervollständigen**. Das Konfliktraster, das dem Mediator schon in den vorhergehenden Schritten ein Hilfsmittel zur Sammlung und Strukturierung der vielfältigen Informationen war, kann dann systematisch vervollständigt werden.

In den Einzelsitzungen geht es dem Mediator neben der Sammlung von Informationen auch darum, eine persönliche **Vertrauensbasis zu den Parteien herzustellen** und so das Engagement für die Mediation zu steigern. Der Mediator wird zum Berater, der Verständnis für die Lage des Gesprächspartners hat. Er hilft ihm seine Schwächen und Stärken zu erkennen, sich selbst über seine Wünsche klar zu werden, die Situation und das Denken des Anderen zu verstehen. Er gibt bisweilen auch Anregungen, sich anders zu verhalten, um nicht immer wieder bestimmte Reaktionen des anderen herauszufordern usw.

In Kapitel 6 werden diese sowie weiterführende Methoden ausführlich dargestellt.

Dazu stehen dem Mediator einige Methoden zur Verfügung, die wir hier skizzieren, um Ihnen einen ersten Überblick zu geben.

Fragen, wie der Gesprächspartner die anderen Parteien wahrnimmt

Der Mediator gewinnt dadurch eine gute Einschätzung, wie realistisch die Parteien selbst die Situation einschätzen können. Dies kann ihm in seiner weiteren Vorgehensweise helfen. Denn die Parteien nehmen oftmals an, dass die andere Seite völlig andere Ziele verfolgt, überzogene Forderungen stellt, zu keinerlei Kompromissen bereit sei, usw. – obwohl dies in Wirklichkeit nicht der Fall ist. Durch den gezielten Austausch von Informationen zwischen den Parteien, kann der Mediator in den folgenden Gesprächen eine realistischere Einschätzung der Situation bei den Konfliktbeteiligten erreichen und damit zu der gewünschten Annäherung beitragen.

Die Fragen könnten folgendermaßen formuliert sein:

- Was wollen die Anderen Ihrer Meinung nach wirklich erreichen?
- Warum wollen die Anderen dies Ihrer Meinung nach erreichen?
- Was müsste man Ihrer Meinung nach tun, um eine Übereinkunft zu erzielen?

Konfrontation der Parteien

Verfahrensweisen, die den Mediationsprozess voranbringen können

Hat der Mediator während des Einzelgesprächs eine Vertrauensbasis geschaffen, die ihm auch kritische Äußerungen erlaubt, so ist die Voraussetzung für eine Konfrontation geschaffen. Diese wird der Mediator einsetzen, um die Parteien mit den Verhaltensweisen zu konfrontieren, die zu den Auslösern des Konfliktes gehören oder zur Aufrechterhaltung und Verschärfung des Konfliktes beitragen.

Dazu gehören: nicht ausreden lassen, nicht zuhören, der Gebrauch von Schimpfwörter, ein herablassender Tonfall und Gesten, Nichtbeachten der anderen Partei und viele andere Verhaltensweisen.

Diese sind den Konfliktbeteiligten nicht immer bewusst. Der Mediator sollte sich in der Konfrontation, auf solche Verhaltensweisen beschränken, die er selbst beobachtet hat, und die er auch konkret benennen kann.

Den Parteien Stärken und Schwächen ihrer Vorschläge aufzeigen

In den USA basieren manche Modelle der Mediation auf dieser Technik. Ein Kenner der rechtlichen Seite der Materie, oftmals ein pensionierter Richter, fungiert als Berater und teilt den Parteien mit, wie der Fall seiner Meinung nach vor Gericht entschieden würde. Dies kann für die Parteien sehr hilfreich sein, weil sie auf diese Weise schnell und kostengünstig erfahren, ob es sich lohnt vor Gericht zu ziehen oder ob ein Ausgleich in der Mediation nicht vernünftiger wäre. Der Mediator begibt sich dadurch jedoch in die Nähe einer Richterposition. Er nimmt den Parteien einen Teil der Entscheidung ab und kann sehr leicht als parteiisch angesehen werden.

Interessen aufzeigen, die sich widersprechen

Parteien haben zumeist nicht nur ein Interesse bei einem Konflikt, manchmal widersprechen sich diese Interessen geradezu. Durch das Aufzeigen dieser Widersprüche kann man häufig eine Lockerung in der Haltung der Parteien erreichen.

Es kann beispielsweise eine Werthaltung, die man als sehr wichtig ansieht, völlig im Gegensatz zu einer Forderung stehen, die man an die andere Partei richtet.

So erwartet ein neuer Abteilungsleiter von seinen Mitarbeitern großes Engagement. Er möchte, dass alle wie ein gutes Team zusammenarbeiten und verkündet dies auch. Die Mitarbeiter sind motiviert, bringen Vorschläge ein und möchten für sie wichtige Fragen mit ihrem Chef diskutieren. Gleichzeitig ist der Abteilungsleiter sehr beschäftigt und lehnt Bitten seitens der Mitarbeiter nach Gesprächen häufig ab, weil er nicht dauernd in seiner Arbeit gestört werden will.

Das eingeforderte Engagement der Mitarbeiter nimmt schnell ab. Der Abteilungsleiter ärgert sich darüber. Aus seiner Sicht hat er den Mitarbeitern viel Freiheit gelassen, selbst Dinge zu entscheiden. Die Mitarbeiter sehen die Sache ganz anders. Der Chef hat nie Zeit und kümmert sich zu wenig um wichtige Fragen. Das anfangs sehr gute Verhältnis kühlt schnell ab. Hier kollidieren die vom Abteilungsleiter geschätzten Werte, die man mit Teamgeist verbindet, mit seiner Forderung nicht dauernd mit Kleinigkeiten belästigt zu werden.

Zusammenfassen und mögliche kooperative Lösungen antesten

Der Mediator fasst während der Einzelgespräche mit den Parteien das bisher Erreichte immer wieder zusammen. So schafft er Klarheit über den Fortschritt des Prozesses. Die Zusammenfassung ist darüber hinaus ein guter Anknüpfungspunkt, mögliche Schritte in Richtung auf die Lösung des Konflikt anzusprechen und zu testen, ob sie in Frage kommen könnten. Diese Schritte sollten nicht zu umfassend und möglichst konkret formuliert sein, um sich ein möglichst genaues Bild machen zu können.

Folgende Fragen können dabei hilfreich sein, diese könnten beispielsweise so formuliert sein:

- Wenn sich Ihr Angestellter bereit erklärt, eine Schulung mitzumachen, könnte das helfen für die nächste Zeit ihre Ungeduld zu vermeiden?
- Wenn sich Ihr Kollege dafür entschuldigen würde, dass er Sie gegenüber anderen als »blöd« bezeichnet hat, würde Ihnen das helfen?

Beendigung der Einzelgespräche

Wenn der Mediator die wichtigsten Informationen gesammelt hat und der Klärung der Situation näher gekommen ist, beendet er die Sitzung mit der ersten Partei. Er erinnert die Partei daran, dass er alles vertraulich behandeln wird. Eine letzte offene Frage, ob die Partei noch etwas Wichtiges auf den Herzen hat oder etwas noch einmal ganz besonders betonen will, gibt dem Mediator die Gelegenheit, noch einmal neue Nuancen des Konflikts zu erfahren. Die Frage, ob er der anderen Partei etwas mitteilen soll oder sie etwas fragen soll, was zur Lösung des Konflikts beitragen kann, bildet den Abschluss der Einzelsitzung. Anschließend führt er das nächste Einzelgespärch mit der anderen Partei.

4. Gemeinsame Sitzungen und Wechseldiplomatie

Sich durch gemeinsame Sitzungen oder Wechseldiplomatie einer Lösung annähern

Nachdem der Mediator nacheinander mit jeder der Parteien zusammen getroffen ist, geht es darum, sich einem **Übereinkommen** anzunähern. Am Ende der Einzelgespräche hat er einen Großteil der relevanten Daten über den Konflikt, der »Besten Alternative« zur Mediation sowie über die Lösungsmöglichkeiten gesammelt und geordnet. Als nächstes versucht der Mediator aus diesen Daten eine erste Annäherung zur Konfliktlösung zu entwickeln.

Der Mediator kann bei seiner weiteren Vorgehensweise das bereits beschriebene **Ein-Text-Verfahren** (siehe Seite 59) anwenden. Ein Aktionsplan, in dem der Mediator, die Schritte der Konfliktparteien festhält, die seiner Meinung nach notwendig sind, um den Konflikt zu lösen, ist ein nützliches Hilfsmittel.

Aktionsplan

Ein Hilfsmittel für die Planung des weiteren Fortgangs der Mediation ist der Aktionsplan. Mit Hilfe des folgenden Beispiels zeigen wir Ihnen wie der Aktionsplan eingesetzt wird.

In einer Abteilung haben sich zwei Personen A und B darüber zerstritten, wie bestimmte Arbeiten durchzuführen sind. A verletzt B im Laufe einer Auseinandersetzung durch seine aggressive Ausdrucksweise. B versucht daraufhin A aus dem Weg zu gehen und boykottiert, soweit es ihm möglich ist, die Zusammenarbeit. Eine dritte Person C, die ebenfalls der Arbeitsgruppe angehört, ist durch den Konflikt insofern betroffen, dass sich die Arbeitsergebnisse der Gesamtgruppe verschlechtern.

Der Aktionsplan, den der Mediator aufstellt, könnte folgendermaßen aussehen:

Ein Aktionsplan vereinfacht die Übersicht

Aktionsplan

Schritt	Partei	
1	A	A entschuldigt sich bei B für seine aggressive Ausdrucksweise.
2	B	B erklärt sich bereit, wieder mit A zusammenzuarbeiten.
3	A und B	A und B treffen sich gemeinsam, um die kontroverse Frage zu diskutieren, an der sich der Konflikt entzündet hat.
4	A und B, C	A, B und C entscheiden, wie die Arbeit in Zukunft gestaltet werden soll.
5	A und B, C	A, B und C vereinbaren regelmäßige Arbeitstreffen.
6	A und B, C	A, B und C treffen eine Übereinkunft, wie sie in Zukunft mit Konflikten innerhalb der Gruppe umgehen wollen.

Die im Aktionsplan formulierten Schritte sollten folgenden Anforderungen genügen:

- Keine entscheidenden individuellen und gemeinsamen Interessen dürfen verletzt werden!
- Die Schritte müssen mit den vorgegebenen Regeln und Normen der Organisation sowie mit der Rechtslage übereinstimmen.
- Die Lösung muss besser als die »Beste Alternative« sein.

So entwickelt der Mediator für sich einen ersten Entwurf einer möglichen Einigung. Bei der Planung seiner weiteren Vorgehensweise in Hinblick auf mögliche Übereinkommen steht er jetzt vor der Frage: »Kann ich zu gemeinsamen Sitzungen übergehen, was sinnvoll ist, um die Parteien an der Arbeit zur Einigung weitgehend zu beteiligen, oder müssen noch Einzelgespräche eingeschaltet werden?«

Weitere Einzelgespräche sollten in folgenden Fällen durchgeführt werden:

- Parteien benötigen Coaching.
- Die Kontrahenten stehen sich so feindlich gegenüber, dass sie nicht in der Lage sind, einzelne Schritte der geplanten Lösung so durchzuführen, wie es nötig wäre. Es ist zum Beispiel vorauszusehen, dass sich eine Partei zwar entschuldigen wird, aber der Tonfall der Entschuldigung dem Inhalt völlig widerspricht.
- Die Parteien sind unfähig, konstruktive Verhandlungen zu führen.
- Wichtige Punkte erscheinen nach der Durchsicht der Aufzeichnungen wieder unklar oder wurden nicht geklärt.
- Parteien, die Einfluss auf die Durchführung der geplanten Übereinkunft haben, sind noch nicht in den Prozess eingebunden.
- Abmachungen in gemeinsamen Sitzungen sind aus zeitlichen oder örtlichen Gründen nur schwer zu erzielen.

Der Mediator arbeitet alle Punkte seines ersten Entwurfes einer möglichen Einigung durch. Er entscheidet für jeden der geplanten Schritte, ob die Parteien in der Lage sind, sofort ohne weitere Vorbereitung in eine gemeinsame Sitzung zu gehen oder ob es besser ist, noch Einzelgespräche mit den jeweiligen Parteien durchzuführen, um sie auf gemeinsame Sitzungen vorzubereiten.

Auf diese Weise hat sich der Mediator einen Fahrplan für den weiteren Ablauf der Mediation zurechtgelegt. Ein **Ablaufplan**, in dem der Fortgang des Mediations-Prozesses festgelegt ist, kann als zusätzliches Hilfsmittel erstellt werden. In ihm werden die zur Umsetzung der Aktionen notwendigen Treffen und die daran teilnehmenden Parteien festgehalten.

Im Ablaufplan sind alle weiteren Treffen zusammengefasst

Ablaufplan für den weiteren Fortgang der Mediation

Treffen	**Teilnehmende Parteien**	**Tagesordnung** Schritte des Aktionsplans die behandelt werden
1. Einzelgespräch	A	Schritt 1 – Coaching für A – Vorbereitung sich auf vernünftige Art und Weise zu entschuldigen.
2. Einzelgespräch	B	Schritt 1 – Coaching für B – Verhandlungstraining.
3. Gemeinsame Sitzung	A und B	Schritt 1, 2 und 3
4. Gemeinsame Sitzung	A, B, C	Schritt 4, 5 und 6

Wenn eine völlige Übereinkunft nicht möglich erscheint, versucht der Mediator verschiedene Optionen zu entwickeln, die wenigstens teilweise zu einer Einigung führen können. Die Parteien stimmen in einzelnen Punkten überein und stimmen zu, dass sie zu anderen Punkten unterschiedliche Meinungen haben. Einige Maßnahmen können sofort ergriffen werden, während man über andere später entscheidet. Strittige Punkte können unter Umständen an eine übergeordneten Instanz weitergeleitet werden, die darüber entscheidet.

Wenn sich die Parteien sehr feindselig gegenüber stehen, kann es sinnvoll sein, eine **Mediation in Abfolge von Einzelgesprächen** durchzuführen, bis ein Übereinkommen oder Teilübereinkünfte erzielt werden.

Unter diesen Bedingungen geht es darum, immer wieder neue Informationen, Lösungsvorschläge und Annäherungen in die Sitzungen einzubringen, um den Prozess voranzutreiben.

Der Mediator beginnt die Einzeltreffen, indem er stets die wesentlichen Punkte zusammenfasst, die er mit der anderen Partei besprochen hat. Er übermittelt die Vorschläge der anderen Partei und arbeitet mit der Partei im Wesentlichen wie wir dies im Abschnitt über das Einzeltreffen bereits besprochen haben. Selbstverständlich achtet er auf die Vertraulichkeit und gibt nur die Informationen weiter, die die andere Partei offenbaren will.

Die Rolle des Mediators in den gemeinsamen Sitzungen

In den **gemeinsamen Sitzungen** übernimmt der Mediator im Wesentlichen die Rolle eines Moderators und Coaches, der die Parteien durch das Treffen zu einer Problemlösung führt. Der Mediator hat in der Zwischenzeit eine Menge von Informationen erhalten, hat sie geordnet und sich das Konzept für die weitere Vorgehensweise erarbeitet. Er hat wesentlich mehr Informationen als jede der einzelnen Parteien und nutzt diese, um den Prozess der Annäherung und Verhandlung zwischen den beiden Parteien in Gang zu setzen.

Je nach Konfliktfall und persönlich geprägter Arbeitsweise leiten Mediatoren die **gemeinsame Sitzung** unterschiedlich ein. Eine eher direktive Einleitung kann darin bestehen, dass der Mediator erst kurz zusammenfasst, was er mit den Parteien bisher besprochen hat. (Er hat sich vorher die Erlaubnis von den Parteien geben lassen, bestimmte Punkte aus den Einzeltreffen offen legen zu dürfen, die er als wichtig erachtet.) Danach schlägt er eine Tagesordnung für das gemeinsame Treffen vor. Wenn sich die Parteien mit der Tagesordnung einverstanden erklären oder verschiedene Änderungen aufgenommen wurden, kann mit den Verhandlungen zu den einzelnen Punkten begonnen werden.

Wenn der Mediator die Parteien stärker in den Prozess einbinden möchte und eine offenere Vorgehensweise bevorzugt, kann er die Parteien auffordern, wesentliche Informationen aus den Einzelgesprächen selbst der anderen Partei mitzuteilen. Dies können Aussagen über das Konfliktgeschehen, über die eigenen Gefühle oder auch Lösungsvorschläge sein.

Der Mediator achtet auf das Einhalten der Spielregeln

Der Mediator wird dabei stets auf das **Einhalten der Spielregeln achten**. Die Parteien lassen sich gegenseitig ausreden und können nacheinander ihre Meinung zu den einzelnen Punkten erläutern. Sie interpretieren jedoch nicht die andere Seite. Emotionale Ausbrüche werden zugelassen,

solange sie im Rahmen bleiben, um Spannungen zu lösen. Aber persönliche Angriffe, Beleidigungen und Drohungen sind, wie während des gesamten Mediations-Prozesses, nicht erlaubt und werden vom Mediator sofort unterbunden. Die Gefühlsäußerungen können den Mediator als Ansatzpunkt dienen, die Parteien dazu anzuregen, Verhaltensweisen wie zum Beispiel Entschuldigungen oder das Eingestehen von Fehlern als Mittel einer Konfliktlösung in Betracht zu ziehen und anzuwenden.

Der Umgang mit Emotionen

Trotzdem kommt es immer wieder vor, dass **emotionale Ausbrüche** der Parteien ein sachliches Verhandeln miteinander völlig unmöglich machen. Manchmal wird es notwendig sein, das Treffen zu unterbrechen, um **Einzelsitzungen einzuschieben**. In diesen kann der Mediator mehr darüber erfahren, warum es zu diesen starken emotionalen Reaktionen kam: So kann er eine Strategie entwickeln, wie er die Parteien für weitere gemeinsame Treffen vorbereitet. Möglicherweise reicht es jedoch aus, wenn der Mediator den Prozess, der sich nicht mehr im Rahmen von sachlichen Verhandlungen bewegt, unterbricht und die Parteien gemeinsam anleitet, wieder in sachgerechte Verhandlungen einzutreten.

Während der gemeinsamen Verhandlungen werden die Parteien unterschiedliche Interpretationen des Geschehens und Vorschläge zur Lösung der einzelnen Punkte einbringen. Die leicht zu behandelnden Punkte können zuerst angegangen werden, um schneller zu Teilergebnissen zu gelangen. Der Mediator fokussiert die Verhandlungen auf die Interessen der Parteien und auf die noch zu behandelnden Fragen. Er vermeidet eine Diskussion um die kontroversen Positionen der Parteien. Der Mediator fasst das Erreichte immer wieder zusammen und betont jeden Schritt in Richtung auf eine kooperative Lösung. Er ermutigt die Parteien, nach unterschiedlichen Lösungen für die Probleme zu suchen. Er zergliedert größere komplexe Fragen in kleinere Probleme, die leichter zu lösen sind.

Sobald irgendwelche Übereinkünfte erzielt werden, hält er sie für die Parteien fest. Hier kann ein Flipchart hilfreich sein, um die bereits erreichten Ergebnisse für die Parteien deutlich sichtbar zu machen.

Der Flipchart-Einsatz

Mit dem Flipchart können die **Interessen der Parteien** visualisiert werden, die ein späteres Übereinkommen berücksichtigen soll. Die **Tagesordnung** und bereits erreichte **Übereinstimmungen** können so schriftlich festgehalten werden. Die Positionen der Parteien sollten **nicht** auf dem Flipchart notiert werden. Die Parteien sollen durch die optische Präsens ihrer Positionen, die es aufzuweichen gilt, nicht zusätzlich immer wieder auf ihre Ausgangsposition hingewiesen werden. Der Mediator sollte selbst alles notieren. Dadurch behält er das Geschehen in der Hand und keine der Parteien kann stärkeren Einfluss auf das festgehaltene Ergebnis gewinnen.

Auch beim Sammeln von Optionen für gemeinsame Lösungen durch Brainstorming sowie bei den später vorgestellten Verfahren »Interessen-orientiertes-Verhandeln« und »Partnering« ist der Flipchart-Einsatz zu empfehlen.

Bei gemeinsamen Sitzungen mit vielen Teilnehmern ist es günstiger, wenn ein Ko-Mediator als Schreiber fungiert. So ist für einen fließenden Ablauf des Prozesses gesorgt. Er notiert die wichtigsten Diskussionspunkte und baut damit das »Gruppengedächtnis« auf. Die Aufzeichnung sollten unter den Augen der gesamten Gruppe simultan zur Diskussion erfolgen. Das »Gruppengedächtnis« sollte Ideen, Optionen, Wertungen und Übereinkünfte enthalten, auf die sich die Gruppe im Verlauf des Meetings beziehen kann. Wenn ein Konsens erreicht ist, sollte er notiert und hervorgehoben werden. Aktionen, Durchführungspläne, Zeitrahmen und verantwortliche Parteien sollten ebenso im »Gruppengedächtnis« aufgezeichnet werden. Die Notizen des Treffens stellen für die Gruppe den Fokus dar. Sie minimieren außerdem die Notwendigkeit für die Teilnehmer, sich Notizen zu machen.

Einige Vorschläge zur Aufzeichnung:

- Jede Idee sollte so kurz wie möglich abgefasst werden.
- Schlüsselbegriffe und -sätze möglichst in der Terminologie der Teilnehmer notieren.
- Korrekturen sollten nur dann vorgenommen werden, wenn keine Abwehrhaltung seitens der Betroffenen zu erkennen ist.
- Der Schreiber sollte leserlich, groß und schnell schreiben, um den Diskussionsverlauf nicht zu stören oder zu hemmen.
- Mit Markern in verschiedenen Farben können Schlüsselbegriffe und Übereinkommen hervorgehoben werden.
- Alle Blätter sollten nacheinander nummeriert und an den Wänden des Raumes befestigt werden.

Literaturhinweis
Langner-Geißler/Lipp: Pinwand, Flipchart und Tafel

Wenn es sehr schwierig ist, eine Übereinkunft zu den einzelnen Punkten zu erzielen, fasst der Mediator den Fortgang des Prozesses zusammen. Er betont die positiven Seiten des Prozesses, beispielsweise so:

»Wir haben während der Verhandlungen erreicht, sachlich miteinander zu verhandeln. Wir haben ein Verhandlungs-Klima geschaffen, in dem sich jeder traut seine Gefühle und Interessen vor der anderen Partei offen zu legen.«

Den Mediationsprozess voranbringen

Damit will er die Parteien ermutigen mit ihren Bemühungen fortzufahren. In diesem Wechselspiel, von Zusammenfassen des bereits Erreichten durch den Mediator und Vorschlägen der Parteien, werden die zu behandelnden Punkte nacheinander diskutiert und gemeinsame Lösungen erarbeitet.

Festgefahrene Situationen, Punkte, an denen die Verhandlungen stokken, müssen von vornherein ins Kalkül gezogen werden. Jede Mediation kann damit enden, dass die Parteien zu keinem Übereinkommen gelangen, aber ebenso gut kann es dem Mediator gelingen, die Parteien über diesen toten Punkt hinauszuführen.

Zunächst wird der Mediator versuchen, eine Erklärung dafür zu finden, warum sich die Parteien gerade jetzt nicht mehr aufeinander zu bewegen. Ist es nur eine Verhandlungsstrategie, mit der man die andere Partei bewegen will, Zugeständnisse zu machen? Oder versprechen sich die Parteien andere Vorteile davon? Sind wichtige Interessen der Parteien nicht durch die Lösungsvorschläge abgedeckt? Oder ist die »Beste Alternative« besser als die bisherigen Lösungsmöglichkeiten? Je nach Einschätzung der Lage wird der Mediator verschiedene Strategien anwenden, um die Verhandlungen wieder in Gang zu bringen.

Kann der tote Punkt trotzdem nicht überwunden werden, wird der Mediator das Scheitern der Verhandlungen erklären. Er wird das Bemühen beider Parteien hervorheben zu einer Übereinkunft zu gelangen und erläutern, warum dies im konkreten Fall augenblicklich nicht möglich erscheint. Der Mediator wird auch darauf hinweisen, dass es den Parteien jederzeit möglich ist, wieder in den Mediations-Prozess einzusteigen.

In **persönlichen Konflikten**, die oft emotional aufgeladen sind, kann es notwendig sein, den Parteien noch einmal ein Forum zu bieten, ihre Sichtweise des Konflikts darzustellen und ihre Gefühle zu erläutern. Die Parteien stellen nacheinander ihre Version des Konfliktes in der Ich-Form dar und interpretieren nicht, das was die andere Seite gedacht, gewollt und gefühlt hat. Die andere Partei hört zunächst nur zu, kann sich Notizen zu den Aussagen machen und später Fragen zu der Darstellung machen. Da es im Nachhinein kaum möglich ist, eine objektive Rekonstruktion des Konfliktes zu erstellen, arbeitet der Mediator daraufhin, dass es den Parteien möglich wird, die beiden Darstellungen nebeneinander stehen zu lassen. Nebeneinander stehen lassen bedeutet, nicht mehr nach einer objektiven Wahrheit zu suchen, sondern beide Darstellungen als die Schilderung eines Geschehens aus verschiedenen Blickwinkeln zu betrachten (vergleiche Konfrontations-Sitzungen Seite 115ff.).

Diese sehr unterschiedlichen Schilderungen des Geschehens und die Klärung der Gefühle, die dieser Konflikt hervorgerufen hat, kann es den Parteien erleichtern, Verständnis dafür zu gewinnen, warum es zum Konflikt gekommen ist.

Strategien für den Umgang mit festgefahrenen Situationen

Folgende Fragen, die die Ausgangsposition betreffen, wie sie im Konfliktraster festgehalten wurde (siehe Seite 52ff. Konfliktraster), sind dabei zu beachten:

- Wurden Parteien, die Einfluss auf die Lösung haben, nicht in die Mediation einbezogen?
- Hat eine außenstehende Partei ein Interesse die Übereinkunft zu behindern?
- Wurden wesentliche Interessen übersehen? Gibt es vielleicht ein Interesse den Streit aufrecht zu erhalten?
- Wurden wesentliche Fakten nicht beachtet?
- Ist die »Beste Alternative« vielleicht besser als die Mediations-Lösung?
- Sind wesentliche Interessen und Fakten die in Zusammenhang mit den Konflikt stehen in den Übereinkünften nicht beachtet worden?
- Ist eine Entschuldigung, Wiedergutmachung oder ein Vergeben notwendig, um der emotionalen Seite des Konflikts gerecht zu werden?

Folgende Handlungsweisen und Methoden haben sich bewährt:

- Die Situation durch Humor auflockern.
- Eine Pause einlegen.
- Einen Spaziergang machen.
- Den Sitzplatz tauschen.
- Eine Einzelsitzung einschalten.
- Andere Parteien miteinbeziehen.
- Konfrontation der Parteien.
- Unterstützung, Coaching der Parteien.

Die Übereinkunft verändern:

- Teilübereinkünfte abschließen.
- Punkte, über die keine Einigung erzielt werden kann, an eine höhere Instanz zur Entscheidung übergeben.
- Die zukünftige Verfahrensweise vom aktuellen Problem trennen. Möglicherweise können sich die Parteien über Verhaltensweisen und Pläne in der Zukunft einigen, aber das aktuelle Problem nicht lösen. Das aktuelle Problem kann vielleicht später gelöst oder durch eine höhere Instanz entschieden werden.
- Kompromisse schließen.

5. Das Abschlusstreffen

Die Übereinkunft gemeinsam prüfen

Wenn die Parteien im Verlauf der Mediation, nach einer Reihe von gemeinsamen Sitzungen und Einzelsitzungen, zu einem für alle Seiten annehmbaren Ergebnis gelangt sind, wird dieses festgehalten. Der Mediator hilft den Parteien bei der Reflexion: Er prüft mit ihnen, ob das Übereinkommen in Zukunft tragfähig ist, und berät bei der endgültigen Formulierung der Übereinkunft.

Die Übereinkunft wurde während der Sitzungen entwickelt und auf dem Flipchart notiert. Somit ist sie für alle Beteiligten sichtbar. (Oder sie liegt dem Mediator nach einer Reihe von Einzeltreffen in Form seiner Aufzeichnungen vor.) Der Mediator versucht zunächst, selbst alle Punkte der Einigung zu durchdenken und wird dann die Parteien in diese **Prüfung der Verhandlungsergebnisse** miteinbeziehen.

Eine Reihe von Schlüsselfragen helfen dem Mediator und den Parteien diesen Test auf die zukünftige Tragfähigkeit der Übereinkunft durchzuführen:

- **Haben die Parteien irgendwelche Anmerkungen und Kritik zum Übereinkommen?**
  Der Mediator wird die Parteien immer dazu auffordern, sich zu den einzelnen Punkten der Einigung zu äußern. Ob sie sich vorstellen können mit dieser Übereinkunft zu leben? Ob sie irgendwelche Probleme sehen? Welche Punkte darüber hinaus in das Übereinkommen eingebaut werden sollten, um sie tragfähiger zu machen? Ob sie der Meinung sind, dass die andere Partei die Abmachungen gut findet?
- **Sind alle entscheidenden Interessen der Parteien berücksichtigt?**
  Das zu Beginn erstellte Konfliktraster kann darüber Auskunft geben. Der Mediator wird die Parteien noch einmal direkt darauf ansprechen, wenn er irgendwelche Zweifel hat. Eine eigene Erläuterung der Parteien, warum sie das Übereinkommen gut finden, hilft ihnen, Zweifel auszuräumen und die Einigung gegenüber Dritten zu begründen.
- **Widerspricht das Übereinkommen irgendwelchen äußeren Gegebenheiten?**
  Geht die Einigung konform mit den Gesetzen? Widerspricht sie keinen betrieblichen Regelungen? Sind die nötigen finanziellen Mittel vorhanden?

- **Gibt es Personen, die mit dem Übereinkommen möglicherweise nicht übereinstimmen?**
  Wurden wichtige Parteien nicht in den Mediations-Prozess eingeschaltet? Werden die Interessen von anderen berührt? Könnten sich irgendwelche Personen übergangen fühlen? Haben die an der Mediation Beteiligten sich mit denen abgestimmt, die sie vertreten? Gibt es außenstehende Parteien, die Einfluss auf die Parteien haben und mit der Übereinkunft nicht einverstanden sein könnten?
- **Ist es abzusehen, dass das Übereinkommen langfristig gesehen nicht durchzuhalten ist?**
  Können die Parteien die Abmachungen auch im Alltag einhalten? Sind zusätzlich Punkte auszuhandeln, die eine längere Dauer der Übereinkunft wahrscheinlich machen?

Ein Übereinkommen schließen, wenn alle Zweifel ausgeräumt sind

Sind alle Zweifel an der Einigung geäußert, durchdacht und soweit wie möglich ausgeräumt, kann das Übereinkommen geschlossen werden. Manchmal wird eine mündliche Abmachung genügen, wenn die Parteien die Probleme in ihrer Beziehung erkannt haben, sich entschuldigen, der anderen Partei verzeihen und versuchen in Zukunft persönliche Defizite in ihrem Verhalten abzustellen. In vielen Fällen wird allerdings ein schriftliches Abkommen notwendig sein, um die weiteren Schritte zur Konfliktlösung und für die zukünftige Zusammenarbeit genau festzulegen.

Die Übereinkunft fixieren

Die Übereinkunft sollte in möglichst klarer und einfacher Sprache abgefasst sein. Sie sollte die Ausdrucksweise der Parteien aufgreifen. In ihr werden die konkreten Schritte festgehalten, die der Konfliktlösung dienen, außerdem wie zukünftige Konflikte angegangen werden und wie die weitere Zusammenarbeit geregelt ist. Wird das Übereinkommen in Form der Wechseldiplomatie erstellt, wird der Mediator das »Ein-Text-Verfahren« anwenden, bis alle Parteien mit dem Resultat einverstanden sind.

Übereinkommen nach dem »Ein-Text-Verfahren«

Das Übereinkommen wird vom Mediator schriftlich an die Parteien weitergeleitet. Die Parteien überprüfen und besprechen sie mit ihren Rechtsanwälten, Beratern oder Mitgliedern ihrer Gruppe. Die Einigung enthält:

- Eine einleitende Zusammenfassung der diskutierten Probleme und des gemeinsamen Interesses an deren Lösung.
- Eine Liste der Verpflichtungen, geordnet nach den Parteien, die festhält, wer verantwortlich für welche Schritte ist.
- Eine Konfliktlösungs-Vereinbarung, die festlegt, wie zukünftige Konflikte von den Parteien behandelt werden.
- Nachfolgetreffen, bei denen die Umsetzung des Übereinkommens überprüft wird, wann diese stattfinden und wer sie einberuft.
- Wenn das Übereinkommen zahlreiche Parteien umfasst und viele Schritte notwendig sind, kann eine zusätzliche Aktionsliste beigefügt werden.

Am Ende der Mediation, wenn eine Einigung erreicht ist, wird der Mediator noch einmal die Chance nutzen, um sich an die Parteien zu wenden. Einige abschließende Worte über die Zusammenarbeit während der Mediation und ein Ausblick auf die Zukunft runden den Prozess ab.

Verfahren mit präventivem Charakter

In den USA werden Mediation und andere Verfahren der alternativen Konfliktlösung seit vielen Jahren zur Lösung innerbetrieblicher und zwischenbetrieblicher Konflikte eingesetzt. In den letzten Jahren wurden zudem vermehrt Instrumente zum präventiven Einsatz entwickelt. Wir stellen hier zwei Verfahren vor, in denen eine außenstehende dritte Partei dazu beiträgt, potenziell konfliktträchtige Verhandlungen zu entschärfen und gute Beziehungen für eine zukünftige Zusammenarbeit aufzubauen:

- »Interest Based Negotiation« (Interessen-Orientiertes-Verhandeln) sowie
- »Partnering«.

In den USA wird die dritte Partei in solchen Verfahren als »facilitator« bezeichnet. Wir verwenden im Folgenden weiterhin den Begriff Mediator, da wir der Meinung sind, dass alle vorgestellten Verfahren einen gemeinsamen Kern haben: Sie dienen der Vermittlung zwischen sich kontrovers gegenüber stehenden Parteien und sollten deshalb als Gesamtkomplex betrachtet werden.

Die Rolle der außenstehenden dritten Partei in kooperativen Verfahren

Die Rolle des Mediators in den verschiedenen Verfahren

Vergleicht man die Rolle der dritten Partei in Interest Based Negotiation (IBN) und Partnering mit der in der Mediation, so verschiebt sich diese etwas. Die dritte Partei definiert sich nicht mehr in erster Linie als Vermittler in einem bereits ausgebrochenen Konflikt, sondern ist sehr viel stärker Coach und Moderator für schwierige Verhandlungssituationen sowie Trainer in Verhandlungs- und Teamentscheidungs-Techniken im Vorfeld von schwierigen Verhandlungen. Letztendlich hat sie aber immer die Aufgabe, bei den eher kontrovers gegenüberstehenden Parteien, kooperative Verhaltensweisen zu fördern.

Von besonderer Relevanz sind hier die Instrumentarien der Moderation (siehe Seite 130ff.).

Die grundlegenden kommunikativen und interpretatorischen Fähigkeiten über die die dritte Partei verfügen muss, ist bei allen Verfahren, sei es nun Mediation, Interessen-Orientiertes-Verhandeln, Partnering oder ähnlichen Verfahren identisch.

In Hinblick auf betriebliche Probleme halten wir es für sinnvoll, Konfliktlösung und Konfliktvermeidung als eine Einheit zu betrachten. Ein umfassend ausgebildeter Mediator für Unternehmen wird so zum Spezialisten für

- Konfliktlösungen durch Vermittlung
- Konfliktprävention durch Moderation und Coaching in schwierigen Verhandlungen sowie durch Training von Verhandlungs- und Teamentscheidungs-Techniken vor problematischen Verhandlungen
- die Entwicklung von Konfliktlösungssystemen.

Das Interessen-Orientierte-Verhandeln

Grundlagen

Das »Interessen-Orientierte-Verhandeln« wurde in den USA speziell für Verhandlungen zwischen Arbeitgebern und Arbeitnehmern entwickelt. Es wird als »Interest Based Negotiation« (IBN) bezeichnet und baut auf dem »Harvard-Konzept« von Fisher, Ury und Patton auf. IBN wurde vom Amerikanischen Arbeitsministerium (Departement of Labor) und vom Service für Mediation und Schlichtung (Federal Mediation and Conciliation Service) ausgearbeitet. In einem Modellversuch wurden 1993 mit der Hilfe von IBN zwei Artikel des Tarifvertrages im öffentlichen Dienst zwischen den Tarifpartnern ausgehandelt.

IBN ist ein Konzept, dass es ermöglichen soll, schwierige Verhandlungen zwischen einer größeren Anzahl von Vertretern zu führen, die aus sich traditionell eher feindlich gegenüberstehenden Lagern kommen. Im Gegensatz zur Mediation setzt IBN bereits im Vorfeld von schwierigen Verhandlungen an. Es soll Konflikte vermeiden helfen, die fast regelmäßig in solchen Verhandlungen auftauchen. Die Parteien sollen während des Prozesses lernen, aufeinander zuzugehen und miteinander zu verhandeln. IBN ist nicht nur an einem konkreten Verhandlungsresultat interessiert, sondern soll gleichzeitig dazu beitragen, Beziehungen grundlegend zu verbessern. Kurz gefasst verfolgt IBN vier Ziele, dies sich gegenseitig stützen:

- Die Kommunikation zwischen den Parteien soll verbessert und ausgeweitet werden.
- Das Verständnis der Parteien füreinander soll gefördert werden.
- Vernünftige Argumente sollen sich in der Verhandlung durchsetzen.
- Die Eskalation von Konflikten soll vermieden werden.

IBN orientiert sich wie die Mediation an den Interessen und Bedürfnissen der Parteien und nicht an vorher festgelegten Positionen. Mit Hilfe von IBN soll eine große Anzahl unterschiedlicher Lösungsmöglichkeiten für Probleme entwickelt und bewertet werden, um so den Interessen aller Parteien besser Rechnung zu tragen. Durch das gemeinsame Herausarbeiten der Lösungen wird eine frühzeitige Fixierung auf Positionen vermieden, die zu kontroversen Verhandlungstaktiken führt und die Beziehungen belastet.

Die Übersicht auf Seite 98 zeigt den traditionellen Verhandlungsstil, der sich an Positionen orientiert im Gegensatz zum Harvard-Konzept, das sich an den Interessen der Parteien orientiert.

Vergleich des Harvard-Konzeptes mit an Positionen orientierten Verhandlungsstilen

Traditioneller Verhandlungsstil	Das Harvard-Konzept
An Positionen orientierter Verhandlungsstil.	An Interessen orientierter Verhandlungsstil.
Fokus auf Rechte und Positionen und vorher festgelegte Ergebnisse.	Fokus auf Interessen und Bedürfnisse. Die Parteien untersuchen, was hinter ihren Positionen steht. Warum sie ein bestimmtes Ergebnis wollen.
Austausch von Vorschlägen und Positionen, die häufig unrealistisch sind.	Parteien legen ihre Probleme (Anliegen) und Interessen dar und klären sie gemeinsam.
Von der anderen Seite werden Konzessionen verlangt und die eigenen Positionen mit aller Kraft verteidigt.	Entwicklung von Optionen, die dem gemeinsamen Interesse dienen. Aufstellung von Standards für die Bewertung der Optionen.
Je mehr man seine Position verteidigt, desto stärker ist man ihr verpflichtet, desto schwerer wird es alternative Lösungen zu finden.	Es besteht die Möglichkeit verschiedene Lösungen zu entwickeln, die beiden Seiten und der Gesamtorganisation entgegen kommen.
Ergebnis wird durch eine Serie von Machtkämpfen, Drohungen und Ultimaten erzielt. Dies führt zu kontroversen Beziehungen, da regelmäßig eine oder beide Parteien der Meinung sind, dass sie über den Tisch gezogen wurden.	Lösungen werden durch alle Parteien gemeinsam erarbeitet und durch sie gestützt. Sie sind dauerhafter, weil sie Machtverschiebungen weniger stark ausgesetzt sind. Die Beziehungen werden verbessert.

Die vier Phasen des »Interessen-Orientierten-Verhandelns«

Das Modell von IBN, das für die Tarifverhandlungen entwickelt wurde, sieht einen Prozess vor, der sich in vier Phasen gliedern lässt:

1. Vorbereiten der Verhandlung
2. Eröffnen der Verhandlung
3. Die Verhandlung mit Problemlösung in sechs Schritten
4. Kommunikation der Ergebnisse

1. Vorbereiten der Verhandlung

In der Vorbereitungsphase stecken die Verhandlungsteams zusammen mit dem Mediator (oder einem Unterstützungsteam) den Rahmen für die später folgenden Verhandlungen ab. Die Verhandlungsteams, also die Vertreter der Parteien, werden auf die besondere Art und Weise der Verhandlungsführung vorbereitet. Im Vorfeld werden Teamentscheidungs- und Verhandlungstechniken trainiert wie zum Beispiel: Brainstorming, Verfahren zur Unterscheidung von Positionen und Interessen, aktives Zuhören und Einengen der Optionen. Die Vertreter der Parteien werden dabei gemeinsam trainiert, damit sie sich bereits im Vorfeld der Verhandlungen kennen lernen können und um ein gemeinsames Verständnis der Verhandlungsmethoden zu gewinnen.

Die Verhandlungsteams sammeln und analysieren Informationen über die zu verhandelnden Punkte sowie die Interessen, der von ihnen vertretenen Parteien. Sie klären vor Beginn der Verhandlungen, über welche Punkte und Interessen verhandelt werden soll.

Gleichzeitig versuchen die Parteienvertreter ihre Partei für eine kooperative Verhandlungsführung zu gewinnen, bei der man keine Maximalforderungen aufstellt, von denen man dann im Verlauf der Verhandlungen nur noch unter großen Schwierigkeiten abrücken könnte. Sie informieren die Betroffenen darüber, warum dieses Verfahren angewendet wird, wie es funktioniert und welche Art von Ergebnissen damit gewonnen werden kann.

Vorbereitungsphase: Verhandlungsteams trainieren, Informationen sammeln, Außenstehende informieren

Bereits in der Vorbereitungsphase zu den Verhandlungen wird mit Hilfe des Mediators eine Übereinkunft zwischen den Vertretern der Parteien über die **Grundregeln der Verhandlungsprozedur** und die Entscheidungsverfahren getroffen. Diese Grundregeln vermitteln den Parteien, wie der Verhandlungsablauf aussehen und welches Verhalten von den Teilnehmern der Verhandlungen erwartet wird. Die Grundregeln werden klar und verständlich für alle Teilnehmer formuliert. Für die eigentlichen Verhandlungen ist hierdurch bereits eine erste gemeinsame Grundlage geschaffen.

2. Eröffnen der Verhandlung

Die Eröffnungsphase schafft die Grundlagen der Verhandlung

Die Eröffnungsphase hat das Ziel, ein Diskussionsklima zu schaffen, das das Engagement der Verhandlungsteams für eine kooperative Zusammenarbeit stärkt. Der Mediator hat hier die Aufgabe, den Parteien zu helfen, nicht in kontroverse Verhaltensweisen zu verfallen, denn bereits hier sollen erste Übereinkünfte erzielt werden.

Die Verhandlungsteams beginnen das Treffen mit einem **Eröffnungsstatement**, in dem sie erklären, warum man gerade dieses kooperative Verfahren gewählt hat.

In der anschließenden Diskussion werden nochmals die Probleme und Anliegen angesprochen, die behandelt werden sollen. Diese werden vorgestellt und wenn nötig noch ergänzt. Alle Verhandlungspunkte und Interessen sollten vor Beginn der Problemlösungsphase bekannt sein, um den Verhandlungsablauf, der ein schrittweise aufeinander aufbauender Prozess ist, nicht zu stören. Neue Punkte und Interessen zu einem späteren Zeitpunkt führen oft zu Missverständnissen und behindern meist den Verhandlungsablauf. Gleichzeitig werden die Annahmen, die die Parteien in den Verhandlungspunkten verbinden frühzeitig geklärt, damit Uneinigkeiten über Formulierungen und Einzelheiten den späteren Verlauf des Prozesses nicht beeinträchtigen. Es sollte aber unbedingt festgelegt werden, wie Uneinigkeiten, die auftauchen können, zu behandeln sind.

Die Diskussion möglichst informeller **Verhaltensregeln** für die Verhandlungen stellt die erste Möglichkeit dar, Entscheidungen gemeinsam zu treffen. Die Verhaltensregeln dienen dazu, eine aktive und offene Beteiligung der Teilnehmer zu erreichen. Sie werden zu Beginn der Verhandlungen von allen gemeinsam entwickelt und während der Verhandlungen immer wieder überprüft. In ihnen werden die Erwartungen an das individuelle Verhalten festgelegt, die erlauben, dass alle Meinungen gehört und in Erwägung gezogen werden. Auch die Rolle des Mediators wird klar definiert.

3. Die Verhandlung mit Problemlösung in sechs Schritten

Interessenorientiertes Verhandeln

In der Problemlösungsphase werden die Entscheidungstechniken, die die Verhandlungsteams bereits in der Vorbereitungsphase kennen lernten, mit Hilfe des Mediators angewandt. Die Teams sollen gemeinsame Lösungen für die anstehenden Probleme finden, die für beide Parteien zufrieden stellend sind, um dadurch langfristige kooperative Beziehungen aufzubauen. Ausgedehnte Einzelsitzungen, in denen die Verhandlungspunkte und Interessen nach Beginn der Verhandlungen geklärt werden können, sind während der »Interessen-Orientierten-Verhandlung« nicht vorgesehen.

Der Ablauf der Verhandlungen basiert auf dem Harvard-Konzept und erfolgt in sechs aufeinander folgenden Schritten:

- Erkennen und Darstellen der Probleme.
- Diskussion aller Interessen, die hinter den Problemen stecken.
- Erarbeiten von Optionen, die den Interessen entgegenkommen.
- Aufstellen von objektiven Standards.
- Bewerten der Optionen anhand der Standards.
- Entwickeln von Lösungen und Festlegung in schriftlicher Form.

4. Kommunikation der Ergebnisse

Die Ergebnisse der Verhandlung werden kommuniziert

Die Kommunikationsphase spielt eine wichtige Rolle im Gesamtkonzept des »Interessen-Orientierten-Verhandelns«: In dieser Phase müssen die Verhandlungsteams die Ergebnisse den Betroffenen ihrer Partei mitteilen. Denn eine breite Zustimmung der Betroffenen ist die Voraussetzung dafür, dass auch in Zukunft Verhandlungen in kooperativer Art und Weise geführt werden können.

Der Mediator hilft den Mitgliedern der Verhandlungsteams Mittel zur Kommunikation der Ergebnisse zu entwickeln. Beispielsweise können die Verhandlungsteams die Schulung von Gewerkschaftsmitgliedern oder Arbeitgebervertretern zusammen mit dem Mediator vorbereiten und die dazu notwendigen Seminarunterlagen erstellen. In den Unterlagen werden dann zunächst die grundlegenden Prinzipien kooperativer Verhandlungen dargestellt. Anhand eines Punktes der Verhandlung kann dann erläutert werden, wie man zum Ergebnis gelangt ist. Als Abschluss wird das gesamte Verhandlungsergebnis erläutert.

Wie lassen sich die Aussichten auf einen Erfolg erhöhen?

Wichtig ist also, dass sowohl die Ergebnisse der Verhandlungen den Betroffenen klar werden als auch die besondere Art der Entscheidungsfindung.

Das »Interessen-Orientierte-Verhandeln« steckt selbst in den USA noch in den Kinderschuhen. Daher traten bei dem Modellversuch auch immer wieder Schwierigkeiten auf. Es stellt sich nun die Frage, wie sich die Aussichten auf Erfolg verbessern lassen.

Betrachten wir das »Interessen-Orientierte-Verhandeln« als Modell, das durch den Mediator flexibel an die jeweilige Situation angepasst werden muss. Einige Faktoren lassen sich auf jeden Fall benennen, wie solche kooperativen Verhandlungen weiterentwickelt und erfolgreich durchgeführt werden können:

Die Rolle des Mediators klar definieren

Der Mediator ist eine neutrale Partei, die die Parteien durch den Verhandlungsprozess führt. Er ist nicht in die Inhalte der Verhandlungen verwickelt. Er richtet sein Augenmerk nur auf den Prozess. Er hält die Gruppe in der Spur. Das bedeutet: er hilft, die Teilnehmer auf ihre Ziele, Zwecke und spezifischen Aufgaben, die sie erfüllen sollen, zu fokussieren. Er trägt darüber hinaus dazu bei, die volle und offene Teilnahme aller Beteiligten sicherzustellen.

Alle Parteien sollten sich auf die Rolle des Mediators einigen. In welchem Maße der Mediator in den Ablauf eingreift, ob er hauptsächlich beobachten soll und nur beratend tätig wird, oder stärker an der Lenkung des Prozesses beteiligt sein sollte. Das Maß des Eingreifens verringert sich in der Regel im Laufe des Verhandlungsprozesses, da sich die Teilnehmer an den veränderten Umgang miteinander gewöhnen.

Vertrauen bilden

Der Erfolg des »Interessen-Orientierten-Verhandeln« ist davon abhängig, dass die Beteiligten Vertrauen in den Prozess, in den Mediator und in die anderen Teilnehmer gewinnen. Das gemeinsame Überwinden von stürmischen und konfliktreichen Perioden während der Verhandlungen hilft das Vertrauen aufzubauen. Gleichzeitiges Abstimmen von Bewertungen durch Handzeichen führt dazu, dass Verhandlungsteams nicht mehr als Blöcke erscheinen, die sich immer kontrovers gegenüber stehen.

Einzelgespräche unter Mitgliedern eines Teams können allerdings zu Irritationen führen, die die Vertrauensbildung stören, weil sie als Taktik verstanden werden könnten, zum Beispiel um Informationen zurückzuhalten. Sie sollten daher vermieden werden.

Die schriftliche Übereinkunft ist nicht das alleinige Resultat

Teilnehmer an Verhandlungen haben das Bedürfnis ein sichtbares Resultat zu erzielen. Erfolg kann aber verschiedene Bedeutungen haben und ist nicht unbedingt mit einer schriftlichen Übereinkunft gleichzusetzen. Ein besseres Verständnis für die verhandelten Punkte und Interessen, das Erreichen eines Konsens bei einer strittigen Frage sowie die Verbesserung der Kommunikationsfähigkeit sind ebenfalls sehr wesentliche Resultate. Die kleinen Erfolge addieren sich zu großen Erfolgen und stellen wichtige Meilensteine für die Verbesserung der Beziehungen dar.

Mit den Betroffenen während des gesamten Prozesses kommunizieren

Offenheit schafft die Grundlage für die Akzeptanz der Lösungen

Wenn die Betroffenen der Parteien vor, während und nach den Verhandlungen eingebunden werden, indem man sie immer wieder befragt und über den Verhandlungsverlauf unterrichtet, ist es wahrscheinlicher, dass sie das Ergebnis akzeptieren und umsetzen.

Die Betroffenen sollten über die folgende Punkte informiert werden:

- Den Verhandlungsprozess als solchen.
- Welche der einzelnen Aspekte während der Verhandlung angesprochen wurden.
- Vorgebrachte Lösungsvorschläge, die jedoch nicht übernommen wurden, weil sie den Bedürfnissen der Parteien nicht entsprachen.
- Lösungen die angenommen und schriftlich fixiert wurden.
- Wie die akzeptierten Lösungen mit den Interessen der Parteien in Verbindung stehen.

Gemeinsam durchgeführte Trainingsmaßnahmen zur Umsetzung der erreichten Ergebnisse, können den Geist der Verhandlungen und die kooperative Natur der Bemühungen vermitteln. Beispielsweise könnten Vertreter der Arbeitgeber und der Gewerkschaft, die an den vorhergehenden Verhandlungen teilgenommen haben, zusammen Schulungen für Gewerkschafter vor Ort über neue Regelungen im Tarifvertrag durchführen.

Eine Dokumentation erstellen

Eine gute Dokumentation des Ablaufs und des verhandelten Inhalts hilft, den Verhandlungsprozess kontinuierlich zu verbessern. Die Dokumentation sollte gemeinsam verabschiedet werden, um diese später auch zu nutzen. Die gemeinsame Dokumentation des Prozesses und die Trainingsmaßnahmen im Anschluss an die Verhandlungen sollen dazu führen, dass weniger Konflikte über die Interpretation der Ergebnisse auftreten.

Partnering

Partnering als Teil des Produktmanagements

Partnering ist wie IBN in den USA im Umfeld der alternativen Konfliktlösungsverfahren entwickelt worden. Es handelt sich dabei um ein Verfahren, das Konflikte bei Bauprojekten vermeiden soll. In der US-Bauindustrie wurde bereits seit vielen Jahren Mediation und Schlichtung eingesetzt, um die Flut von ungelösten Konflikten, die zwischen Bauherr, Architekt, Unternehmer und Subunternehmern während und nach dem Abschluss von Bauprojekten auftrat, kostengünstig und schnell zu lösen. In den letzten Jahren hat man sich jedoch auch in diesem Bereich verstärkt damit beschäftigt, wie man potenzielle Konflikte bereits im Vorfeld identifizieren und dadurch vermeiden kann.

Partnering steht unserem Projektmanagement sehr nahe, die Betonung liegt hier allerdings stärker auf dem kommunikativen Bereich. Der Mediator gestaltet hier ein positives Umfeld. Es sollen langfristige Beziehungen und Konfliklösungssysteme aufgebaut werden. Partnering ist ein kooperatives Management-Verfahren mehrerer Parteien zur Nutzung von Synergie-Effekten, um ein Projekt möglichst effektiv durchzuführen, indem man:

- gemeinsame Ziele setzt,
- Kommunikationslinien aufbaut und aufrechterhält und
- Probleme gemeinsam löst, sobald sie auftauchen.

Der Partnering-Prozess soll den erfolgreichen Abschluss eines Bauprojektes garantieren, indem man die Stärken der einzelnen Partner auf ein gemeinsames Ziel konzentriert. Dies soll dadurch erreicht werden, dass man im Verlauf des Projektes das Verständnis für die gegenseitigen Erwartungen und Werte erhöht und derart eine Vertrauensbasis zwischen den Partnern aufbaut. Partnering ist aber keine vertragliche Beziehung, die einklagbare Rechte und Pflichten definiert, sondern ein Prozess, bei dem das Augenmerk auf eine gut funktionierende persönliche Beziehung gerichtet wird. Es ersetzt daher keinen Vertrag zwischen den Parteien. Es soll dazu dienen, die rechtlich bestehenden gegenseitigen Verpflichtungen, durch eine gut funktionierende persönliche Beziehung zu ergänzen.

Die Partnering-Beziehung

Der Aufbau einer Partnering-Beziehung sollte so früh wie möglich eingeleitet werden und alle Parteien miteinbeziehen, die in diesem Stadium am Projekt beteiligt sind. Sobald der Auftrag erteilt wurde, treffen sich Bauherr und Unternehmer und planen gemeinsam einen »Partnering-Workshop«. Dieser Workshop erstreckt sich über einen oder mehrere Tage. Er sollte auf neutralen Boden stattfinden, um für alle Beteiligten die gleiche Ausgangslage zu schaffen.

Der Partnering-Workshop

Der Partnering-Workshop als Start für ein erfolgreiches Projekt

Ein Mediator, der neben seinem Fachgebiet auch die Baubranche gut kennt, steht den Parteien zur Verfügung, um den Workshop erfolgreich durchzuführen. Der Mediator untersucht gemeinsam mit den Parteien die Bedingungen für einen erfolgreichen Workshop. Er klärt die Bedürfnisse und Interessen der Partner ab und trägt dazu bei, das notwendige Wir-Gefühl zu erzeugen. Er schafft eine Atmosphäre in der kreatives und innovatives Denken gefördert wird, in der der Blick auf die Probleme fokusiert wird und nicht auf die persönlichen Stärken oder Schwächen. Auf diese Weise wird es möglich, die Projektziele umfassend zu erkennen und zu definieren.

Der Workshop dient dazu, die für das Projekt notwendige offene Kommunikation zwischen den Parteien zu entwickeln, persönliche Beziehungen aufzubauen und das Engagement der Parteien zu stärken. Während des Workshops werden die Ziele des Projektes und die Abhängigkeiten der Ziele voneinander untersucht. Die Teilnehmer überprüfen die Vertragspunkte, begutachten die Baupläne und diskutieren potenzielle Konfliktpunkte, die während der Ausführung auftauchen könnten.

So wird der Grundstein für die Zusammenarbeit aller am Projekt Beteiligten gelegt, das Vertrauen innerhalb des Teams gebildet, um die gemeinsamen Ziele zu erreichen. Darüber hinaus wird ein System zur Konfliktvermeidung und Konfliktlösung aufgebaut.

Zusammengefasst sollten neben dem Aufbau des Teamgeistes folgende konkrete Resultate als Ergebnis des Workshops vorliegen:

- Eine Partnering-Charta.
- Ein Mechanismus zur schnellen Lösung von Konflikten (Konfliktlösungssystem).
- Ein Evaluations-Prozess, der die Fortschritte am Projekt misst.
- Verständnis für die verschiedenen individuellen Rollen und Interessen der Teammitglieder.

Weil Partnering eine Veränderung der Haltung der Parteien und der Perspektiven erfordert, unter denen sie sich gegenseitig betrachten, ist die Rolle des Mediators von ausschlaggebender Bedeutung. Die Parteien von der traditionellen, kontroversen Beziehung hin auf eine kooperative Beziehung zu bewegen, hängt von den Fähigkeiten des Mediators ab. Er muss die Diskussion so leiten, dass die Parteien die Vorteile der Kooperation selbst entdecken.

Der Mediator unterstützt die Parteien bei

- der Entwicklung des Verständnisses für den Prozess,
- der Durchführung des Workshops,
- der Ausarbeitung der Partnering-Charta,
- Aufbau eines Konfliktlösungssystems,
- der Durchführung von Nachfolgetreffen und der Evaluation des Partnering-Prozesses
- und eventuell bei der Lösung von Konflikten, falls nicht vorgesehen ist einen anderen Mediator in solchen Fällen einzuschalten.

Der Ablauf des Workshops

Nachdem sich alle Teilnehmer kurz vorgestellt haben, beginnt der Mediator mit seinen einleitenden Ausführungen. Er stellt zunächst seine Qualifikationen vor, die ihm als »Empfehlungen« für die Durchführung des Workshops dienen. Damit jeder die Funktion des Mediators versteht, erklärt er seine Rolle, seine **Verantwortlichkeiten und Verhaltensmaximen**. Daran anschließend erläutert er den Zweck des Workshops, der darin besteht, die Probleme und Interessen der Beteiligten zu untersuchen und gemeinsam einen Konsens zu erzielen.

Der Mediator erläutert seine Rolle und die Grundregeln

Verantwortlichkeiten und Verhaltensmaximen eines Mediators

- *Rolle als Katalysator*: Der Mediator unterstützt die Parteien produktiv in der Auseinandersetzung zu arbeiten.
- *Kein Machtanspruch*: Die Probleme, die zur Diskussion stehen, entscheidet nicht der Mediator, sondern die Gruppe.
- *Neutralität:* Der Mediator verhält sich während des Prozesses neutral, er verzichtet auf Parteilichkeit.
- *Keine Beziehungsverflechtung*: Es sollten keine früheren Beziehungen zu den beteiligten Personen, Firmen oder Organisationen bestehen.
- *Keine persönliche Meinungsäußerung*: Weder eine persönliche Meinung, noch eine Wertung der Ideen, die zur Diskussion stehen, sollten vom Mediator geäußert werden.
- *Interessen stehen im Mittelpunkt*: Der Mediator soll Verhandlungen ermöglichen, die sich an den Interessen und nicht an Positionen orientieren.
- *Gute Atmosphäre schaffen*: Der Mediator ermuntert zu Interaktionen und versucht die Diskussionen auszubalancieren.

Der Mediator erläutert anschließend die **Grundregeln für den Workshop**. Diese dienen dazu, einen übereinstimmenden gemeinsamen Rahmen zu schaffen. Die Mitglieder der Gruppe diskutieren diese Regeln, ändern bzw. ergänzen diese und unterzeichnen eine Verpflichtung, dass sie von allen akzeptiert und eingehalten werden.

Grundregeln für den Workshop

Folgende Regeln für den Workshop sollten unbedingt beachtet werden:

- Die Teilnehmer dürfen Ideen nicht voreilig bewerten.
- Die Teilnehmer müssen sich gegenseitig als Partner betrachten und ihre Stellung außerhalb des Meetings beiseite lassen.
- Der Beitrag eines jeden hat gleichen Wert.
- Unterbrechungen eines Redners sind nicht erlaubt.
- Ausbrüche von Emotionen und persönliche Angriffe sind nicht erlaubt.

Wurden die Regeln von allen Teilnehmern akzeptiert, fasst der Mediator die Zielsetzung nochmals kurz zusammen. Die Teilnehmer legen dann ihre Erwartungen an den Workshop dar. Dies hilft dem Mediator, alle Ansichten und Interessen zu verstehen und ermöglicht ihm, den Workshop so zu gestalten, dass die Erwartungen erfüllt werden. Die Gruppe wird aufgefordert, eine **Tagesordnung** festzulegen, die die Aktivitäten auflistet, die Prioritäten zu benennen und einen ersten Diskussionspunkt als Ausgangspunkt zu wählen.

Eine Tagesordnung für einen Workshop könnte folgendermaßen aussehen:

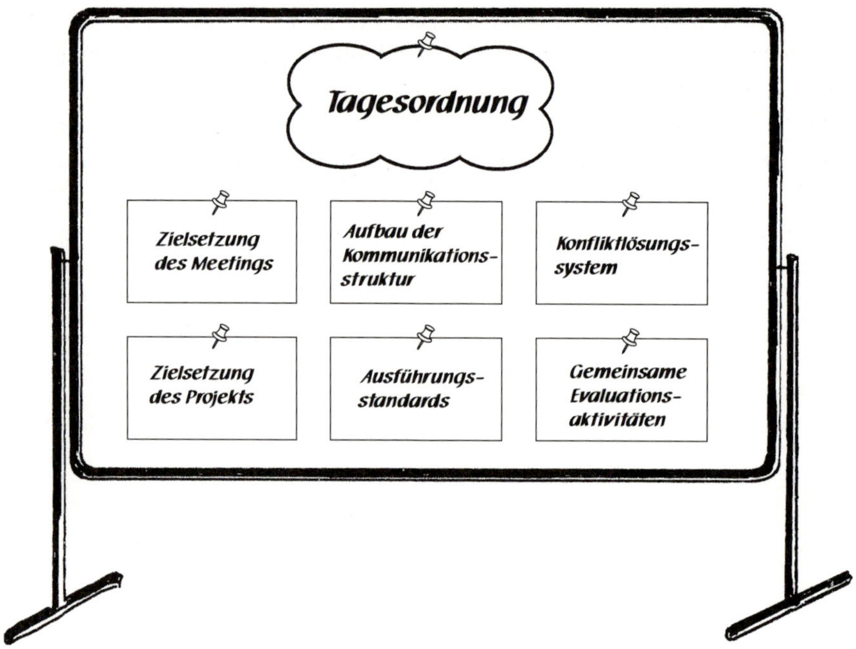

Die Parteien müssen schon vorab entscheiden, ob das Treffen mit der Verabschiedung der Tagesordnung beendet sein soll. Das Haupttreffen findet dann später statt und muss sich nicht mehr mit dem Rahmenbedingungen befassen, die bereits durch die Festlegung der Grundregeln und der Tagesordnung vorgegeben sind.

Nach der Verabschiedung der Tagesordnung beginnt der **Hauptteil des Workshops**. Die Gruppe legt nun fest, wie sie vorgehen will. Der Mediator gestaltet das Tempo der Diskussion. Falls sich die Gruppe nicht innerhalb relativ kurzer Zeit auf ein Thema einigen kann, ergreift er die Initiative, den Prozess vorwärts zu treiben. Offene Fragen, zum Beispiel: »Was wollen sie durch das Projekt erreichen?« – »Welche Probleme müssen wir ansprechen, um Verzögerungen des Projektes zu vermeiden?« können den Teilnehmern helfen, ihre Gedanken in Bezug auf das Projekt zu formulieren und bringen die Diskussion in Gang.

Die Rolle des Mediators während des Workshops

Ist die Aussprache erst einmal gestartet, übernehmen die Teilnehmer einen Großteil der Wortbeiträge. Der Mediator hört zu, macht sich Notizen und fördert den Gedankenaustausch. Er versucht alle Teilnehmer ins Gespräch zu ziehen, ermutigt die Parteien auch ungewöhnliche Ideen zu äußern und integriert verschiedene Perspektiven. Er muss jedoch während einer lebhaften Diskussion stets darauf achten, dass es allen Teilnehmern möglich ist, den Anderen zu verstehen. Der Mediator hält ab und zu inne, um mit der Gruppe das Fortschreiten der Verhandlungen zu überprüfen. Er kann dies durch Fragen an die Gruppe, wie »Orientieren wir uns am Ziel?« oder »Ist es Zeit zu einem anderen Punkt überzugehen?« erreichen. Er steuert so die individuelle Teilnahme und die Notwendigkeit, die Diskussion in Richtung auf das Ziel zu bewegen.

Die Diskussion zielgerichtet führen

Eine Diskussion zielgericht zu lenken, erfordert Folgendes:

- Das Gesagte zusammenfassen, um die Aufmerksamkeit der Gruppe wieder auf die Aufgabe zu lenken.
- Die Aufzeichnungen nutzen, um die Aufmerksamkeit auf ein bestimmtes Problem zu richten und Wiederholungen zu vermeiden.
- Von einem Thema oder einer Aktivität zur anderen überleiten, die vorhergehende Arbeit zusammenfassen und erklären, was als Nächstes folgt.
- Die Diskussion kontrollieren. Bei einer großen Anzahl von Personen ist eine Rednerliste sinnvoll, die für alle sichtbar ist.
- Lange Reden abbrechen, aber nicht »abwürgen« und mit einem zusammenfassenden Statement und Fragen an eine andere Person fortfahren.
- Andere Teilnehmer einbeziehen, um eigensinnigen Personen zu helfen, eine bestimmte Ansicht zu verstehen.
- Wenn die Gruppe sich an einem Punkt festbeißt, die Aufzeichnungen nutzen, um die Aufmerksamkeit wieder zu fokussieren. Vorschlagen das Problem aus einer anderen Perspektive zu betrachten, zu einem anderen Punkt überzugehen, das Problem in kleinere Einheiten zu teilen oder eine kleine Pause zu machen.

Der Mediator achtet stets auf die Gruppendynamik, die dominanten Teilnehmer, Destabilisatoren, Zurückgezogene und Meinungsführer. Er versucht die Interessen jedes Einzelnen zu erkennen. Er legt Pausen ein, um sich selbst über die Stimmungen innerhalb der Gruppe bewusst zu werden, die er an den verbalen und nonverbalen Reaktionen erkennen kann. Der Mediator vermindert Konflikte zwischen den Parteien, indem er die Interessen der Parteien klärt, die hinter fest gefügten Positionen stehen und die Probleme analysiert, die zu Konfrontationen führen. Wenn Teilnehmer unterbrochen werden oder persönliche Angriffe erfolgen, erinnert der Mediator die Parteien an die Grundregeln, denen sie zu Beginn des Treffens zugestimmt haben (vergleiche Moderationstechniken, Seite 128ff.).

Konsens und kreative Problemlösung

Um eine Übereinstimmung und eine kreative Problemlösung zu erreichen, stehen dem Mediator folgende Methoden und Verhaltensweisen zur Verfügung:

- Das Problem so benennen, dass die Gruppe das Augenmerk auf die Lösung richtet.
- Brainstorming nutzen, um Alternativen zu entwickeln.
- Modelle oder alternative Sichtweisen suchen, um neue Perspektiven des Problems zu erlangen.
- Das wirkliche Problem erkennen.
- Die Teilnehmer ermutigen, gegenseitig auf ihren Ideen aufzubauen.
- Gruppieren von Ideen in Kategorien, um den Evaluations-Prozess zu organisieren.
- Die Anliegen annähern, beispielsweise wichtige und zu vernachlässigende Punkte auflisten, den Blick auf Nichtübereinstimmungen richten, inakzeptable Alternativen ausscheiden.
- »Was wäre wenn« Fragen stellen, um Perspektiven zu erweitern.
- Prioritäten setzen oder Rangfolgen aufstellen (von Anliegen, Ideen und Optionen).
- Neubewerten von Bedürfnissen und Prioritäten.
- Durch Nachfragen die Annahmen der Beteiligten auf ihre Stichhaltigkeit prüfen.
- Die Gruppe zur Übereinstimmung bringen, an welchen Kriterien die Alternativen gemessen werden sollen, indem man zwischen unverzichtbaren und wünschenswerten Kriterien unterscheidet.
- Zeitlimits setzen.
- Der Gruppe die Konsequenzen aufzeigen, die entstehen, wenn kein Übereinkommen erzielt wird.

Ziel des Workshops ist es, eine gemeinsame Übereinkunft über die weitere Vorgehensweise zu erreichen. Diese erreicht man nicht durch Abstimmung oder durch Aufzwingen einer Lösung, durch ein Diktat über einen Beschluss oder indem man starke Überzeugungen durch Kompromisse übergeht. Um ein Übereinkommen zu erreichen, diskutiert die Gruppe die einzelnen Verhandlungspunkte, sie untersucht die Interessen der Parteien, tauscht Ideen aus, äußert Bedenken, sucht nach Alternativen, bewertet die Optionen, stellt Prioritäten auf und zieht daraus gemeinsame Schlüsse.

Die Formulierung der Ergebnisse

Wenn in einem Punkt Übereinstimmung erzielt wurde, formuliert der Mediator präzise, worin die Übereinkunft besteht. Er rückversichert sich bei der Gruppe, dass diese seine Formulierung teilt. Das Ergebnis wird für alle sichtbar notiert. So werden alle Aktivitäten in einem Aktionsplan festgehalten:

- Welche Maßnahmen durchgeführt werden müssen,
- zu welchen Zeitpunkt sie abgeschlossen sein müssen und
- wer dafür verantwortlich ist.

Der Workshop stellt jedoch nicht das Ende der Partnering-Bestrebungen dar. Er verschafft den Betroffenen eine Einführung – eine Möglichkeit sich zu treffen, kennen zu lernen und das Projekt auf den Weg zu bringen. Der Partnering-Prozess setzt sich bis zur Vollendung des Projektes fort. Periodisch angesetzte Folgetreffen dienen der Evaluation des Projektfortschritts. Zusätzliche Meetings werden notwendig, wenn die gemeinsam aufgestellten Ziele neuen Gegebenheiten angepasst werden müssen oder Konflikte auftreten, die durch die Beteiligten nicht selbst gelöst werden können.

5. Varianten und ergänzende Verfahren zur Mediation

Die folgenden Verfahren entstammen der Tradition des betrieblichen Konfliktmanagements. Ihre Verwandschaft mit der Mediation liegt auf der Hand. Die Mediation ist keine Creatio ex nihilo (keine Schöpfung aus dem Nichts). Beispielweise lassen sich Moderationstechniken problemlos in Mediationsprozesse integrieren. Das Sammeln von Ideen und Optionen, das Gewichten und das transparente Gestalten von Entscheidungen sind mit Moderationsmethoden oftmals ideal zu lösen.

- **Konfrontations-Sitzungen** erhöhen das Risiko in der Mediation, denn ihr Ziel besteht in der schnellen Aufdeckung der Streitpunkte. Die Arrangements sind bewusst so gestaltet, dass am Anfang Erlebnisse der Irritation, der brüsken Gegenüberstellung stehen. Diese Erfahrung ist aber in diesen Sitzungen ein wichtiges Mittel im Heilungsprozess des Konflikts.
- Die **Rekonstruktion des Konflikts** ist eine Art Geschichtsschreibung. Auch hier sollen die verschiedenen subjektiven Wirklichkeiten durchschaubar werden. Die Rekonstruktion orientiert sich dabei an einem schlüssigen vorgegebenen Schema. Dieses Schema wird zum Ausgangspunkt für eine gemeinsame konstruktive, in die Zukunft gedachte Anstrengung: Wie können die Partner aus der Gegnerschaft in die Kooperation zurückfinden?
- Die **Moderation** hat viele Parallelen zur Mediation: Das Selbstverständnis des Moderators, die Techniken und Instrumentarien können nahtlos in der Mediation einfließen.

Konfrontations-Sitzungen

Die beiden Verfahren »Fishbowl-Sitzung« sowie »Selbstbild-Fremdbild-Konfrontation« eignen sich ideal, um Wahrnehmungsverzerrungen und -täuschungen zu bearbeiten, die oft für Konfliktsituationen so charakteristisch sind. In der Konfliktsituation überwiegen bei den beteiligten Parteien Fantasien über Motive und Absichten der Gegner. Diese Fantasien verbinden sich häufig zu einem fast wahnhaften Gesamtbild, in das jede noch so unscheinbare oder mehrdeutige Handlung der Gegenpartei eingefügt wird. Ein Lachen wird dann prompt als Auslachen gedeutet, ein separat geführtes Vier-Augen-Gespräch wird als intrigantes Ränkespiel überbewertet.

Ziel beider Verfahren ist es, von dieser Konzentration auf eigene Ängste und Fantasien abzurücken, um mehr über Ziele, Motive und Ansichten der Gegenpartei zu erfahren.

Fishbowl-Sitzung

Bezeichnung: Warum Fishbowl?

Ein Fishbowl ist das allseits bekannte runde, bauchige und transparente Aquarium, in dem bevorzugt Goldfische gehalten werden. Die Bezeichnung wurde für das Verfahren übernommen, da das Arrangement der Sitzung vergleichbar ist mit der Situation am Aquarium, wo in der Mitte ein unbekümmerter Akteur, der Fisch, sich seines Daseins erfreut, während um ihn herum staunende, schweigende und aufmerksame Beobachter stehen.

Das Arrangement der Konfliktsitzung sieht folgendermaßen aus:

In einem großen Raum sitzen sich die Konfliktparteien in zwei geschlossenen Kreisen gegenüber. Bei Auseinandersetzungen zwischen größeren Abteilungen oder Gruppen werden häufig nur Repräsentanten eingeladen. Die Größe der Gruppen schwankt zwischen drei und sieben Personen. Die Gruppe im inneren Kreis hat zur Ausarbeitung ein Flipchart oder eine Pinwand zur Verfügung, für die Teilnehmer im äußeren Kreis genügen Notizblöcke.

Der Mediator benennt vor der Sitzung die Verfahrensweisen und Spielregeln. Die wichtigsten Vorgaben sind dabei:

Spielregeln der Sitzung

- Betonung von Offenheit und Klarheit.
- Die Forderung Ross und Reiter zu nennen, das heißt ad personam zu sprechen.
- Persönliche Herabsetzungen und Injurien sollen vermieden werden.

Das Einhalten dieser Spielregeln ist die wesentliche Kontrollfunktion des Spielleiters (Mediators). Wichtig für das Verständnis des Verfahrens ist, dass zunächst immer nur eine Gruppe agiert, nämlich die im Innenkreis, während die andere Gruppe zuhört, wahrnimmt und sich um Klärung bemüht.

Im ersten Schritt wird nun die Gruppe gebeten, vom Mediator vorbereitete Fragen für alle sichtbar zu bearbeiten. Die Fragen des Mediators ergeben sich in der Regel aus den Vorbesprechungen.

Perspektivenwechsel eingebaut

Sie enthalten meist folgende Elemente:

- Kritik an den Aktivitäten der anderen Gruppe.
- Benennung des Positiven an der anderen Gruppe.
- Reflexion über den eigenen Anteil an der Konfliktsituation.
- Zukunfts- und verbesserungsorientierte Überlegungen.

Diese Auflistung macht deutlich, dass auch in solch einer vermeintlich privilegierten Situation (man selbst darf reden, klagen, kritisieren!) Perspektivenwechsel eingebaut sind: die Wendung zum eigenen Anteil, die Benennung des Positiven am Gegenüber usw.

Comelli (1985) schlägt für eine Fishbowl-Sitzung folgende Fragen vor:

Beliebte Standardfragen

- Welche Aktivitäten der Gruppe B (im äußeren Kreis) verursachen Probleme bzw. behindern uns in unserer Effektivität?
- Was gefällt uns an der anderen Gruppe?
- Welche Dinge tun wir, die der anderen Gruppe Probleme bereiten?
- Was könnte die andere Gruppe bei sich ändern, um die Zusammenarbeit zu verbessern?
- Was können wir dazu beitragen ?

Selbstverständlich sind diese Fragen nicht verpflichtend, ihre situationsbezogene Formulierung ergibt sich aus den Vorgesprächen. Die Gruppe im Innern hat nun für die Ausarbeitung je nach inhaltlichem Umfang 45–120 Minuten Zeit. Am Ende dieser Bearbeitung ist es der äußeren Gruppe gestattet, Fragen (aber eben nur Fragen) zu stellen zur Klärung, zur weiterführenden Information und zur Präzisierung.

Zwangsläufig kommt es im zweiten Schritt zum Wechsel der Fishbowl-Situation. Die schweigsame Gruppe kann nun ihre Position und ihre Perspektiven formulieren. Die Fragevorgaben sind identisch, die zunächst agierende Gruppe zieht sich in den äußeren Kreis zurück, kann nur klärende und informierende Rückfragen stellen, darf nicht kommentieren, sich rechtfertigen oder gar polemisieren.

Am Ende dieser ersten beiden Schritte versucht der Mediator Argumentationslinien und Positionen der beiden Parteien noch einmal kurz darzustellen.

Die dritte Etappe, die nun anstehende Pause, ist sehr bedeutsam. Je nach Arrangement und Situation kann sich diese über eine Mittagspause (etwa zwei Stunden) oder auch über eine Woche erstrecken (wenn man die Schritte eins und zwei als ersten Teil eines Konflikt-Workshops ansieht, der nach einer Woche fortgesetzt wird). Der Zweck ist: die unvermeidlichen Reaktionen der Rechtfertigung, des Schlagabtauschs, der Bezichtigung des anderen sollen umgangen werden. Gelassenheit und Nachdenklichkeit sollen einsetzen, die zusätzlichen Informationen über die Gegenpartei sollen ins Bewusstsein einsickern können.

In der eigentlichen Bearbeitungsphase, im vierten Schritt, werden im Plenum mit Hilfe des Mediators und der Gewichtungsverfahren aus dem Repertoire der Moderation die zentralen Reibungspunkte und Probleme bestimmt. Analog zu Lösungsverfahren in der Moderation werden dann zu den einzelnen Schwerpunkten der Auseinandersetzung Arbeitsgruppen eingesetzt, die zukunftsorientiert folgende Frage beantworten: »Was können wir konkret tun bzw. vereinbaren, damit dies und jenes ... in Zukunft nicht mehr passiert?«

Im letzten, fünften Schritt werden die hier entwickelten Vereinbarungen in einem schriftlichen Kontrakt besiegelt.

Vergleicht man das Fishbowl-Verfahren mit einer Mediationssitzung, so ergeben sich neben einer Reihe von Gemeinsamkeiten durchaus auch Unterschiede. Der Akzent liegt hier auf der relativ brüsken Konfrontation und der ihr folgenden Verunsicherung. Die ersten beiden Phasen des Fishbowl ähneln dem Eröffnungstreffen der Mediation. Allerdings wird im Fishbowl die in der Mediation zunächst nur vage vorgezeichnete Parteien-Darstellung präziser, durch Fragen vorstrukturiert. In diese Fragen sind zudem permanente Perspektivenwechsel eingebaut.

Die spezifischen Anwendungsprobleme der Fishbowl-Sitzung:

Anwendungsprobleme

- Die Methode steht und fällt mit der Kompetenz und dem kommunikativen Geschick des Mediators. Gelingt es ihm ein positives Gesprächsklima zu schaffen? Vermag er es, Manager, die es gewohnt sind zu reden und prompt zu entscheiden, zu einer abwartenden und aufnehmenden Haltung zu verpflichten? Stellt er die richtigen, die entscheidenden Fragen? Kann er die Selbstverpflichtung der Teilnehmer, Gehässigkeiten und Ausfälle zu vermeiden, wirklich kontrollieren? Durchbricht er den Zyklus von Schuldzuweisung und Rechtfertigung? Häufig bietet es sich als Hilfsmittel an, die entwickelten Spielregeln zu visualisieren, um damit eine Art Selbstzensur für die Teilnehmer zu ermöglichen.

- Der Anwendungsbereich dieses Verfahrens ist umstritten. Oft wird behauptet, ein solches Konfrontationsverfahren sei nur praktikabel bei hierarchischer Gleichrangigkeit der Akteure. Es ließe sich also nur innerhalb eines Führungskreises anwenden, also beispielsweise in der Auseinandersetzung zwischen Abteilungen. Dort, wo eine nachträgliche Sanktionsmacht bestehe, werde eine solche Konfrontation kaum offen geführt werden. Wir bezweifeln dies allerdings.

Alle erwähnten Verfahren stehen in Wechselbeziehung zu einer bestimmten Unternehmenskultur. Sie sind abhängig davon und sind zugleich Bausteine einer neuen Unternehmenskultur. Sie müssen also gewagt werden – mit all den Beschränkungen und Reserviertheiten, die ihnen entgegenstehen. Es muss somit durchaus möglich sein, Sitzungen dieser Art durchzuführen, wenn die Kontrahenten aus unterschiedlichen Ebenen stammen. Auch Auseinandersetzungen zwischen Betriebsrat und Geschäftsführung sind ein geeignetes Einsatzfeld.

In Konfrontations-Sitzungen mit Ungleichgewichten wird zunächst immer die schwächere Partei die eigene Position vorbringen dürfen.

- Die aufgestellte Spielregel »ad personam zu sprechen und Verantwortungen zu formulieren« wendet sich gegen die Tendenz, vage und allgemein zu lamentieren und zu kritisieren. In ihr steckt zugleich die Hauptgefahr dieses Verfahrens. Personen werden benannt und können zu Sündenböcken gemacht werden. In ihrer Reaktion werden sie dann gerne ebenfalls austeilen. Die Eskalation, die vermieden werden sollte, stellt sich nun erst recht ein. Dieser Gefahr kann zunächst nur entgegengewirkt werden mit dem Verweis auf die Spielregeln der konstruktiven Kritik. Einer Kritik also, die sich auf Verhalten in Beispielsituationen bezieht und nie in die persönliche Verunglimpfung abgleitet. Bei persönlichen Eskalationen muss der Mediator fähig sein Beziehungsstörungen in Einzelsitzungen anzugehen.

Selbstbild-Fremdbild-Konfrontation

Selbsterkenntnis als Ausgangspunkt

Im therapeutischen Alltag – besonders in der Gruppentherapie – sind Selbstbild-Fremdbild-Konfrontationen eines der beliebtesten Instrumente zur Selbsterkenntnis. Das Selbstbild: die Vorstellung von der eigenen Person ist häufig genährt von erworbenen Grundhaltungen, Grundängsten und Wunschbildern. Persönliches Wachstum kann immer nur dann einsetzen, wenn diese persönlichen Vorstellungen mit Fremdbeurteilungen und Fremdeinschätzungen konfrontiert werden. Die Meinung von der eigenen Person muss der Wirkung auf andere gegenübergestellt werden.

»Deutlich werden uns die Anderen durch das Eigene. Das Eigene aber wird uns deutlich durch die Anderen. Ohne Spiegel gibt es keine Erkenntnis.«
Friedrich Georg Jünger

In diesem Prozess kann schrittweise ein realitätsgerechtes Selbstbild entfaltet werden. Der zaghafte und unsichere Mensch lernt seine Attraktivität, seinen Charme und seine Lösungskompetenz kennen. Der selbstherrliche Mensch erfährt Zurückweisungen, die es ihm ermöglichen, die eigenen Begrenzungen zu akzeptieren und starre, wenig erfolgreiche Verhaltensmuster abzubauen.

Es ist eine psychologische Maxime, dem an Selbsterkenntnis Interessierten zu raten, sich bewusst und gezielt Feedback und Kritik einzuholen. Diese Maxime gilt gleichermaßen für Gruppen im Konflikt. Wir haben angeführt, dass in der Konfliktsituation Fantasien überhand nehmen und die Realität nur getrübt wahrgenommen wird. Die eigene Position wird verabsolutiert, eigene Schwächen und Defizite werden ausgeblendet.

Eine Selbstbild-Fremdbild-Konfrontation, die diesen Realitätsverlust thematisiert und Gruppen-Selbstbilder den Gruppen-Fremdbildern gegenüberstellt, nimmt in der Regel folgenden Verlauf:

- In einem **ersten Schritt** werden die beteiligten Gruppen (Fraktionen, Abteilungen) gebeten, in einer separaten Sitzung das Selbstbild sowie die Konzeption der anderen Gruppe auszuarbeiten: »Wie sehen wir uns? Wie sehen wir die andere Gruppe?« Die Fragestellung darf hier durchaus vage formuliert sein, da es das Ziel ist, auch unterschwellige emotionale Voreinstellungen zu ermitteln. Allein die schriftliche Ausarbeitung garantiert, dass bislang nicht verbalisierte Rechtfertigungen, Selbsteinschätzungen und Schuldzuweisungen vorgebracht werden. Bereits dieses Veröffentlichen des sonst Unausgesprochenen erweist sich normalerweise als großer Gewinn.
- Im **zweiten Schritt** werden die Ergebnisse dieser Ausarbeitungen im Plenum präsentiert. Das Plenum setzt sich aus den beiden Gruppen zusammen bzw. einer angemessenen Anzahl von Repräsentanten. Wie schon beim Fishbowl-Verfahren werden nun nicht Argumente und Standpunkte ausgetauscht. Auch hier ist eine Art Puffer eingebaut. Die jeweiligen Gruppen dürfen nur ergänzende und präzisierende Informationen bei den »Beobachtern« und »Feedback-Gebern« einholen. Am Ende dieser Phase hat jede Gruppe ein ausgearbeitetes Selbstbild und eine differenzierte Fremdeinschätzung in der Hand. Die Diskrepanzen zwischen den beiden Sichtweisen sind häufig eklatant.

Diskrepanzen als Motor des Nachdenkens

- Die nächste Phase – der **dritte Schritt** – erfordert nun wieder eine getrennte Bearbeitung. Jede Gruppe versucht in einer intensiven Sitzung Gründe für die Diskrepanz zwischen Selbstbild und Fremdbild zu finden. Der Fokus wird also auf das gerichtet, was man als den eigenen Beitrag zum Konflikt bezeichnen könnte. Nicht die wohl wollende Selbsteinschätzung ist relevant, sondern die Wirkung auf die anderen. Die Gruppe schlüpft aus der eigenen Haut und betrachtet sich von außen. Selbstverständlich wird sie für manche Strategien gute Gründe finden und Fremdinterpretationen als Fehleinschätzungen deuten. Selbstbezichtigungen und Selbstanklagen sind fehl am Platz.

Bei einem normalen Verlauf des Verfahrens wirken diese ersten Schritte entemotionalisierend auf die Konfliktparteien. Der Boden ist nun bereitet für eine sachliche Bearbeitung des Konflikts.

- Der **vierte Schritt** benennt und gewichtet die einzelnen Konfliktpunkte. Dies geschieht im Plenum mit Hilfe des Moderationsverfahrens.
- **Abschließend** werden in Arbeitsgruppen Lösungsszenarien entwickelt. Die Konfliktursachen werden benannt, Lösungsalternativen werden diskutiert und ein konkreter Maßnahmenplan wird erarbeitet. Diese einzelnen Aktivitätenpläne fließen ein in ein schriftliches Abschlussabkommen mit verbindlichem Charakter.

Auch hier gilt, dass die konkrete Ausgestaltung der Konfliktsitzung abhängig ist von den Ergebnissen der Vorbesprechungen und den Überlegungen des Mediators.

Variante

Eine interessante Variante der Selbstbild-Fremdbild-Konfrontation besteht darin, dass die Konfliktparteien in der Ausgangssituation, neben der Selbst- und Fremdbild-Beschreibung eine Art Vorhersageliste entwickeln. Diese enthält die vermutlichen Fremdbeschreibungen, also Bilder, die wir beim anderen, bei der anderen Partei über unsere Gruppe vermuten. Die Unterschiede zum realen Ergebnis sind oft beträchtlich und fördern die Nachdenklichkeit.

Die Rekonstruktion des Konfliktes

Zunächst gehen wir auf das bekannte Beispiel ein, in dem zwei Schwestern um eine Orange streiten:

Winner-Winner-Games

Zwei Schwestern streiten um eine Orange. Im Normalfall wird diejenige die Orange erhalten, die schneller, entschlossener, weniger zaudernd ist. Die andere wird leer ausgehen, verärgert und sicher auch nachtragend sein. Bei der nächstbesten Gelegenheit wird sie versuchen, einen Vorteil für sich zu erhaschen, die Schwester zu übervorteilen und sich so für die erlittene Frustration zu entschädigen. Ein Zyklus beginnt, der eskalieren oder versanden kann.

Egalitäts-Prinzip

Verhandlungsbereite Menschen werden den Kompromiss in einer vernünftigen Teilung suchen. Das Prinzip des gerechten Tausches geht ihnen über alles (beispielsweise: Du bekommst diese Orange, dafür erhalte ich dann aber den einzigen Pfirsich). Die beste Antwort auf den beschriebenen Verteilungskonflikt wird man wohl erhalten, wenn man nach den möglichen Interessen fragt, die mit dem Besitz der Orange verbunden sind. Im Idealfall will die eine Schwester die Orange wegen der Schale, die sie zum Backen eines Kuchens verwenden will, während die andere die Frucht selber essen möchte.

Interessen nachfragen

Genau dies wird bei der spielerisch-rekapitulierenden Konfliktbearbeitung gemacht: Es geht hier nicht ums Haben-wollen, ums Recht-haben und Sich-durchsetzen-wollen, sondern um die Benennung und Konkretisierung der realen Interessen. Was verteilt werden soll, ist nicht das knappe Gut, das der eine haben und das dem Anderen fehlen wird, sondern ein Gut, das vielfältig genutzt werden kann.

Dies gilt auch auf der betrieblichen Ebene. Ein bestimmter Posten, bestimmte Privilegien werden aus einer Vielzahl von Motiven gesucht: Status, disponible Zeit, intellektuelle Herausforderung, Kontaktmöglichkeiten, Zugänge zu Informationen und vieles andere mehr. Diese Ziele können erreicht werden, ohne dass man zugleich die Position, die nur einmal vergeben werden kann, einnehmen wird. Die Position erscheint leider häufig als der einzige Weg zu den konkreten Interessen und Bedürfnissen. Auch in Verteilungskonflikten empfiehlt es sich, die konkreten Nutzenüberlegungen der Beteiligten zu ermitteln, also die spezifischen Interessen. Zwischen ihnen gilt es einen Ausgleich auf neuen, nicht vorgedachten Wegen zu schaffen. Die Entwicklung geht weg von den frustrierenden Nullsummenspielen, wo der Gewinn der einen Partei aufgewogen wird durch den Verlust der anderen, hin zu interessensbestimmten Ausgleichsverhandlungen. In der Sprache der Konflikttheorie von den Winner-Loser-Games hin zu den Winner-Winner-Games.

Szenario des Konflikts

Diese grundsätzlichen Überlegungen lassen sich einbauen in eine spielerische Rekonstruktion von Konfliktverläufen – in ein Szenario des Konflikts. Die Teilnehmer der Mediationssitzung werden gebeten, sehr differenziert den bisherigen Konfliktverlauf mit Verhaltensweisen und vermuteten Gefühlen zu rekonstruieren und den Status quo, den Ist-Zustand zu beschreiben. Jede Partei entfaltet dabei ihre spezifische Perspektive. Als Raster zur Orientierung bietet sich ein Schema der Konfliktverläufe an, das Anstöße für eine komplexere Darstellung des anstehenden Falls liefert (siehe Seite 125).

In der Mediation sind Konflikte fast zwangsläufig in einer verhärteten, versteinerten und eskalierten Form gegeben. Häufig sind sie begleitet von vielen latenten Indikatoren wie den Strategien des Vermeidens, der Denunziation und der versteckten Intrige. In unserem Schema verbleiben wir also zunächst ausschließlich bei den Prozessen auf der linken Seite.

Ein erster Erkenntnisfortschritt wird in der Regel erzielt durch die Notwendigkeit, die differierende Sichtweise der anderen Partei aufzunehmen. Will man dieses Schema darüber hinaus nutzbar machen, muss versucht werden, eine beidseitig akzeptable Konfliktlösung zu konstruieren.

Schema der Konfliktverläufe

Verläufe von Konfliktregelungen

Konflikt = Sachproblem x Beziehungsproblem

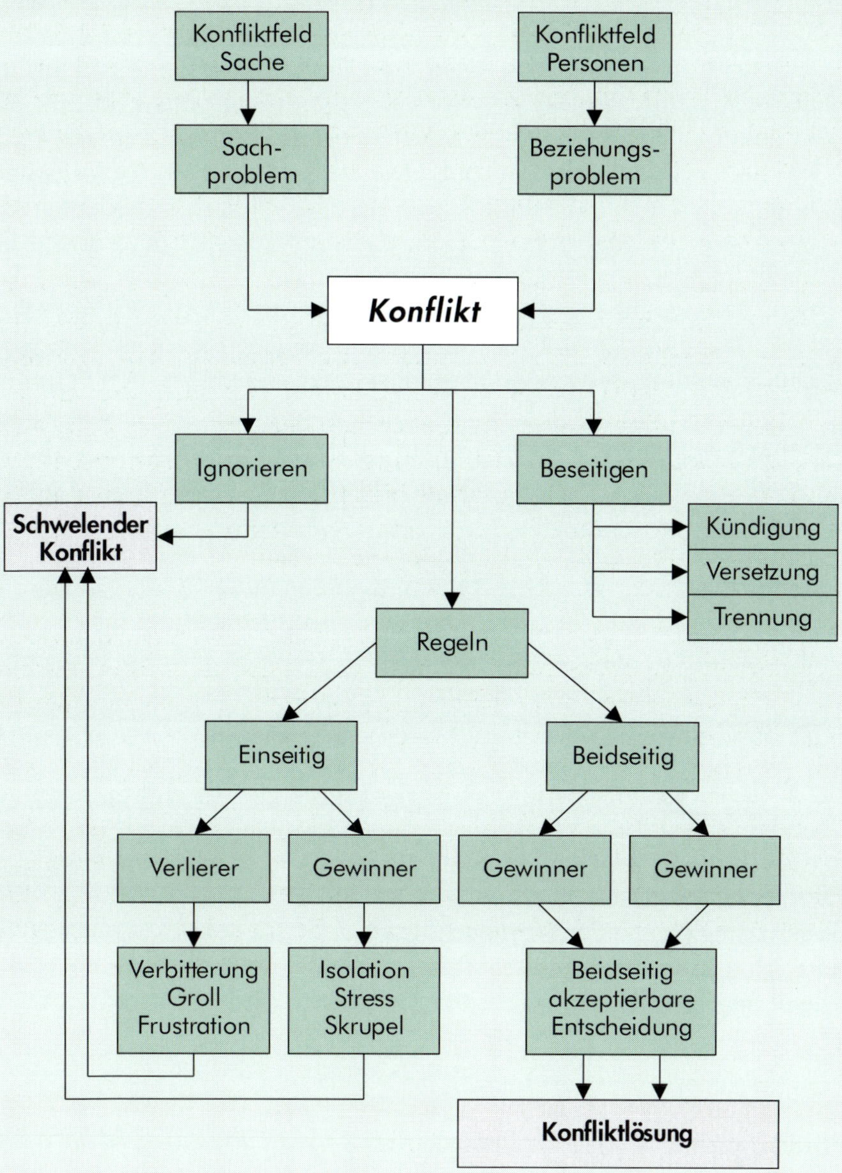

Konstruktives Vorgehen

- **1. Schritt:** Zunächst wird die Beziehungsauseinandersetzung, die den Konflikt auflädt, genau beschrieben. Dann wird diese in einem Klärungs- und Konfrontationsgespräch aufgearbeitet. Wenn die emotionale Aufladung, die die rationale Auseinandersetzung erschwert, reduziert werden kann, dann setzt der zweite Schritt ein: das interessenbezogene Aushandeln.
- **2. Schritt:** Im interessenbezogenen Aushandeln werden die ursprünglichen Machtpositionen aufgegeben. Es geht nicht mehr darum, wer in dem Machtspiel gewinnt. Machtspiele sind immer geprägt durch bestimmte Grundeinstellungen: »Mir (uns) soll es auf jeden Fall am Ende besser gehen als dir (euch)!«. In der Extremform bedeutet das: »Und wenn es uns am Ende allen schlechter geht, so gehts euch (dir) noch dreckiger als uns (mir).«
  Beim interessenbezogenen Aushandeln wird der Gedanke des Wettbewerbs verabschiedet, der Interessensausgleich steht im Zentrum. Die Teilnehmer entwickeln möglichst präzise die jeweiligen Partei-Interessen mit den Fragen »Was wollen Wir?« »Welches Ziel, welchen Nutzen wollen wir erreichen?« Danach treten die Parteien in Verhandlungen ein, und versuchen ein Übereinkommen zu erreichen (Was ist der erreichbare Optimalnutzen für beide Parteien?). Es werden alternative Lösungen ersonnen und bewertet (»Gibt es irgendwelche Haken, etwas, das aus bestimmten Gründen nicht realisiert werden kann?«). Am Ende dieser Sitzung wird die Entscheidung für eine Option getroffen. Beide Seiten müssen sich zu dieser Lösung bekennen. Die ausformulierte Lösung wird in einem schriftlichen Kontrakt niedergelegt.

Die weiteren Aktionsschritte sind bekannt: es gibt einen Maßnahmenplan, der festlegt, was bis wann von wem getan werden soll, um einen zukunftsorientierten, kooperativen Bewusstseinswandel zu erreichen. Nach einer gewissen Erprobungszeit wird die Lösung in einer Plenumssitzung von beiden Gruppen ausgewertet. Natürlich kann es hier zu einer Modifizierung und Realitätsanpassung der ursprünglichen Entscheidung kommen.

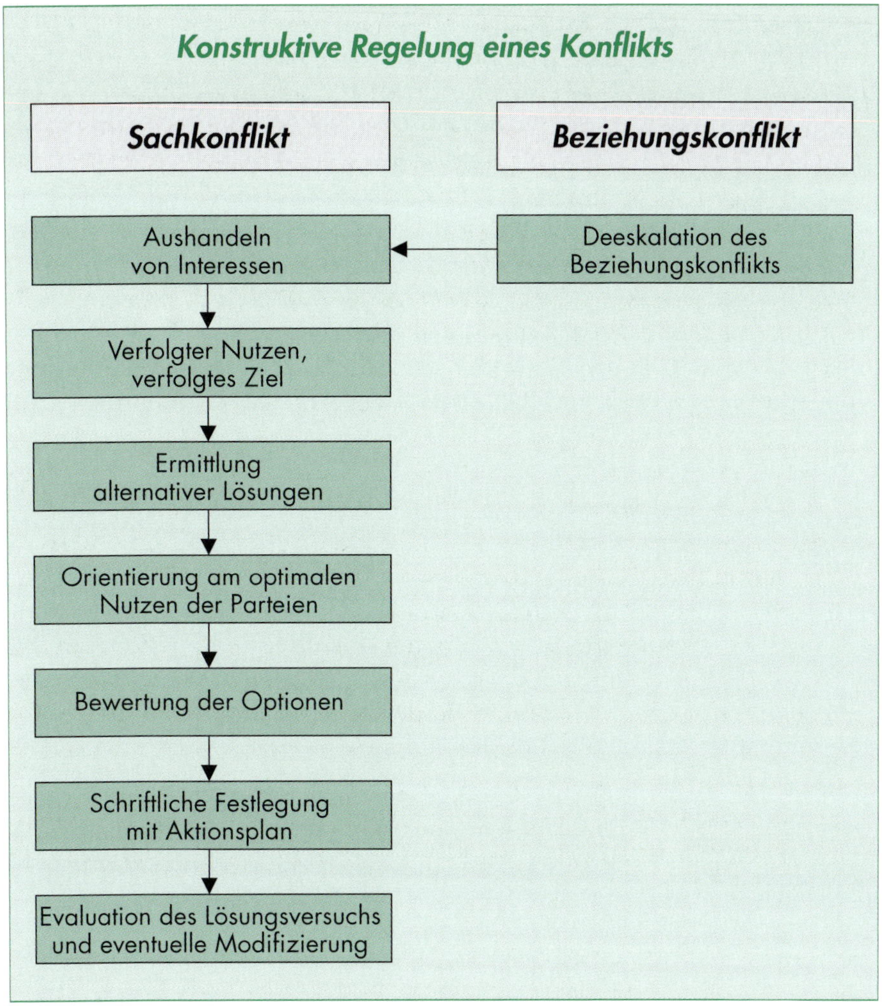
Konstruktive Regelung eines Konflikts
Sachkonflikt
Beziehungskonflikt
Aushandeln von Interessen
Deeskalation des Beziehungskonflikts
Verfolgter Nutzen, verfolgtes Ziel
Ermittlung alternativer Lösungen
Orientierung am optimalen Nutzen der Parteien
Bewertung der Optionen
Schriftliche Festlegung mit Aktionsplan
Evaluation des Lösungsversuchs und eventuelle Modifizierung

Moderationstechniken

Literaturhinweis
Hartmann/Rieger/Pajonk: Zielgerichtet moderieren, 1997

Die vielfältigen und erprobten Techniken der Moderation sind ein wichtiges Instrumentarium in Mediationsprozessen. Wir geben hier einen kurzen Überblick über Rollenverständnis, Ethik, Techniken und Ziele der Moderation, die nahtlos in Mediationsprozesse einfließen können.

Rolle und Rollenverständnis des Moderators sind auch maßgeblich für den Gestalter von Mediationssitzungen. Der Mediator ist zum einen verantwortlich sowohl für das Gruppenklima wie für die Effektivität der Vorgaben, in denen die Beziehungs- und Klärungsarbeit stattfindet. Der Mediator hat wie der Moderator Ohr und Auge für das, was unausgesprochen ist und nur angedeutet in den Auseinandersetzungen mitschwingt. Er kann es veröffentlichen und verbalisieren (Klimaexperte).

Moderation und Mediation: Ergänzung und Unterschiede

Zum anderen ist er der Antriebsmotor für den gesamten Prozess der Konfrontation und Versöhnung (Initiator).

Unterschiede in der Rollenkonzeption ergeben sich aus den unterschiedlichen Zielrichtungen von Moderation und Mediation: Die Moderation zielt zunächst auf die Effektivierung der Arbeit von Gruppen und Teams, die Mediation zielt auf die Verbesserung der Beziehungen zwischen Gruppen und Teams. Die in der Moderation formulierte primäre Prozessverantwortung, mit der das Terrain bereitet werden soll für selbstbestimmte effektive inhaltliche Arbeit, ist hier erweitert: der Mediator schafft ein neues Arrangement zwischen den Gruppen. Seine Leistung wird gemessen an der zukünftigen Kooperation. Die in Moderationsprozessen abgelehnte Inhaltsverantwortung (die *Gruppe* ist verantwortlich für die erreichten Ergebnisse – unabhängig von der Qualität) wird in der Mediation eingefordert. Die Sachfragen und Sachauseinandersetzungen müssen dem Mediator im Kern vertraut sein. Selbst bei der Unterstützung durch einen Fachexperten muss der Mediator in der Lage sein, eigene inhaltliche Vorschläge, originelle Auswege entwickeln zu können. Er ist somit anders, prinzipieller gefordert als der Moderator.

Mediation und Moderation fußen in ihren gruppendynamischen Grundüberlegungen auf der Themenzentrierten Interaktion von Ruth Cohn. »Lebendiges Lernen« soll ermöglicht werden, Sach- und Beziehungsebene stehen gleichwertig nebeneinander. Störungen der Interaktionen sind wichtige ernst zu nehmende Seismographen. Die Ziele der Interaktion (in der Mediation: der Konfrontation) entwickeln und verschieben sich im Prozess der Erörterung. Daraus ergeben sich die wesentlichen Qualifikationsanforderungen für Mediatoren und Moderatoren:

Was müssen gute Moderatoren können?

- Sie müssen zahlreiche Arbeitstechniken und -methoden beherrschen und variieren können.
- Prozess- und teilnehmerorientiert sollten sie über eine hohe soziale Sensibilität verfügen.
- Sie müssen gruppendynamische Prozesse erkennen und steuern können.
- Und last but not least müssen sie schnell situationsbezogene Fragen stellen können.

Das Instrumentarium der Moderation

Sammlungsverfahren

Zur Auflistung von Sachverhalten, Sammlung von Problemaspekten, Meinungen und Ansichten können diverse **Sammlungs-Strategien** eingesetzt werden:

- Kartenabfragen, Zuruflisten,
- das vielseitig verwendbare Brainstorming
- sowie andere Kreativitätstechniken.

Bei diesen Verfahren ist das Ziel möglichst schnell viele Ideen, Meinungen, Problemansichten, Perspektiven etc. zu gewinnen. Kartenabfragen werden bevorzugt dann eingesetzt, wenn Anonymität gewährleistet werden soll, damit sonst tabuisierte und verschwiegene Problemsichten vorgebracht werden. Diese Strategien der Ideensammmlung sind manchmal stärker rational und zielorientiert, mitunter aber originell und verrückt, um eben kreative Möglichkeiten hervorzubringen. Sie bauen auf den befruchtenden und stimulierenden Effekt der Gruppe.

Gewichtungsverfahren

Will der Mediator Entscheidungen innerhalb eines Plenums herbeiführen, so wird er gerne auf die **Gewichtungsverfahren** der Moderation zurückgreifen (insbesondere Mehrpunktfragen). In den Gewichtungsverfahren der Moderation werden schnelle, demokratische und allen transparente Entscheidungen getroffen. Jeder Beteiligte hat die gleiche Stimme bzw. Punkte-Anzahl. Die getroffenen Entscheidungen sind klare Gruppenentscheidungen. Viele Entscheidungsprozesse (wie zum Beispiel das Ranking, die Beurteilung von Optionen, die allgemeine Prioritätensetzung, die Favorisierung bzw. Hintanstellung von Themen) können effektiv und konsensfähig mit diesen Gewichtungsverfahren durchgeführt werden.

Bearbeitungsverfahren

Geht es an die **Bearbeitung von Konflikten in Arbeitsgruppen**, können eine Fülle von bekannten Verfahren integriert werden, die den Bearbeitern kompatible Lösungsmuster zur Verfügung stellen wie zum Beispiel:

- Szenarien und Fadenkreuz,
- Netzbilder/Netzwerke, Ablaufpläne,
- Ursachen-Wirkungs-Diagramme, Aktionspläne
- Störungsanalysen und Matrizes.

In diesen Verfahren werden Konflikte bzw. ihre Indikatoren (Störungen im Betriebsablauf, häufig wiederkehrende Fehler) analysiert. Die Differenzen zwischen einem Soll- und dem realen Ist-Zustand werden erforscht, die maßgeblichen Ursachen benannt. Lösungsvorschläge werden erörtert und konkrete erste Schritte vorgeschlagen. Es wird über die möglichen Widerstände Dritter sowie andere hemmende Faktoren nachgedacht. Bearbeiten mehrere Gruppen Einzelprobleme, so erwartet man Bearbeitungs-Methoden, die es erlauben, separate Lösungsvorschläge in einen Katalog von Maßnahmen (Aktionsplan) umzuformulieren.

Die Moderation ist ein sehr ergebnis- und zielorientiertes Verfahren. An ihrem Ende stehen immer eindeutige Handlungsaufforderungen an die Beteiligten. Der Handwerkskasten der Moderation enthält eine Fülle von Möglichkeiten, die auch der Mediator im Unternehmen nutzen sollte.

Transparenz-Verfahren

Für die Interventionen auf der Beziehungsebene, aber auch im Hinblick auf die Qualität der Problembearbeitung und Konfrontation werden **Transparenz-Verfahren** eingesetzt, zum Beispiel:

- Einpunktfragen,
- Bewertungsskalen,
- Stimmungsbarometer
- sowie das (intensivere) Blitzlicht.

Transparenz-Verfahren sind Methoden, die sowohl das Gruppenklima als auch den Arbeitsprozess beleuchten. Es sind Interventionen des Moderators, wenn dieser sich nicht sicher ist, ob die Gruppe mit ihrer Problembearbeitung, mit der Vorgehensweise bzw. mit den informellen Beziehungen untereinander zufrieden ist.

Verantwortung für den Prozess

In den Transparenz-Verfahren spiegelt sich die Prozess-Verantwortung des Moderators. Er muss stets am Puls der Gruppe bleiben, muss ein Gespür für latente Störungen und Unzufriedenheiten haben. Diese Interventionen, die die Gesamt-Befindlichkeit der Gruppe durchleuchten, können am Ende von Sitzungen stattfinden (wie das Blitzlicht), können aber zu jeder Zeit in den Bearbeitungsprozess eingefügt werden (beliebt ist hier vor allem das Stimmungs-Barometer). Die Handhabung dieser auf den Gruppenprozess bezogenen Interventionsverfahren sind ein Gütekriterium für das Handeln des Moderators. Ihr geschickter Gebrauch wird auch für jeden Mediator von großem Nutzen sein.

Die Attraktivität der Moderationsverfahren hängt eng zusammen mit den Erneuerungsprozessen in Unternehmen. Der Gruppen- und Teamgedanke soll gestärkt werden. Fehler- und Störungssuche werden auf die ausführenden Arbeitskräfte (als Experten ihrer Situation) rückverlagert. Der einzelne Mitarbeiter erhält mehr Gestaltungsfreiräume und Mitbestimmung. Fehler dürfen gemacht werden, wenn sie Stimulanz für die Fortentwicklung sind. Die Leistungsvorteile heterogen zusammengesetzter Gruppen sollen vor allem in innovativen Bereichen genutzt werden. Hemmende Hierarchien werden verringert oder gänzlich abgebaut.

Die wesentlichen Ziele der Moderation gelten auch für Mediation:

Ziele der Moderation

- **Visualisierung und Veröffentlichung:** Die Moderation pocht auf Sichtbarkeit, Einsehbarkeit und Veröffentlichung latenter Gefühle, Wünsche und Prozesse. Indem sie – wenn es gewünscht wird – Anonymität gewährt, soll das in der normalen Auseinandersetzung Ungesagte ohne Sanktionen vorgebracht werden. Alles Erarbeitete – vom ersten Einstieg bis zu den abschließenden Aktionsplänen – liegt allen Teilnehmern jederzeit vor. Entscheidungen können nachvollzogen werden. Es gibt keine ausschließende, machtbildende Informationspolitik.
- **Demokratisierung:** Dieses Ziel ist eng mit dem ersten verwoben. In Moderations- und Mediationsprozessen sind Hierarchien aufgehoben. One man – one vote. One woman – one vote. Die Stimme des Montagearbeiters gilt gleich der Stimme des Abteilungsleiters. Entscheidungen und Prioritätensetzungen werden geheim und demokratisch durchgeführt. Einfluss gewinnt die Kraft der Argumentation, nicht die Positionsmacht und die Lautstärke, in der etwas vorgetragen wird. Abschlussfestlegungen sind Gruppen- bzw. Plenums-Beschlüsse, sie werden von allen getragen als das erreichbare Agreement.
  Diese Devisen gelten auch für Mediations-Sitzungen. Offenheit wird gefordert, die Angst vor Sanktionen wird sukzessive überwunden, latente Beziehungskämpfe werden verbalisiert, die Parteien suchen die klärende Information.
- **Integration:** Gruppen und Fraktionen sollen erfahren, dass durch Isolierung und Separatismus keine Erfolge für die Gesamtheit erzielt werden können. Der Reiz der Auseinandersetzung mit der differierenden Ansicht, die kontinuierliche Erweiterung und Bereicherung der eigenen Perspektive sind das höchste Gut in der Moderation und in der Mediation. Erst die Vielfalt schafft Synergie, der wirkliche Fortschritt entsteht in der Einbindung des Fremden und Gegensätzlichen. Moderations- wie Mediationsverfahren zielen auf den Konsens, der sich aus dem fairen Austausch, der fairen Verhandlung ergibt.

6. Methoden und Strategien des Mediators

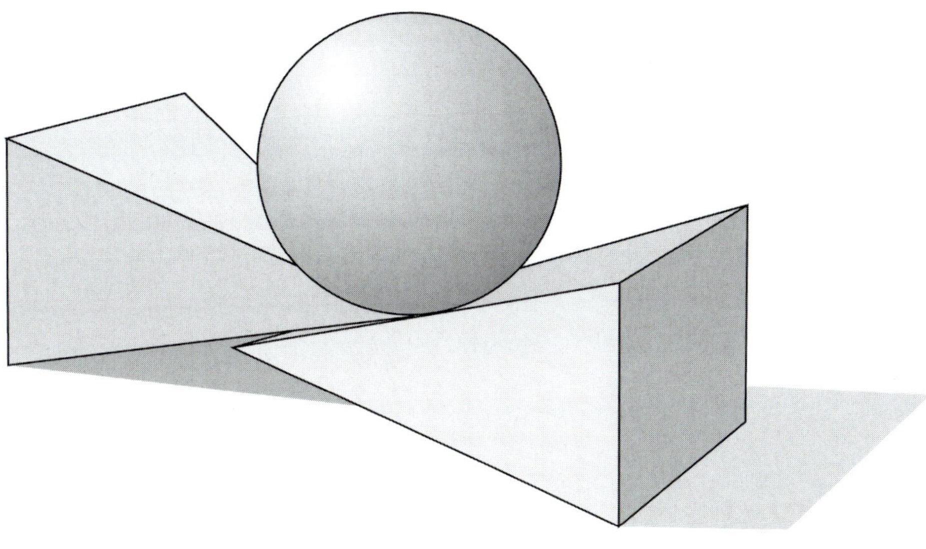

In den beiden letzten Kapiteln sind wir von oft selbstverständlichen Annahmen über die Befähigung des Mediators ausgegangen:

- Er soll wunde Punkte diagnostizieren können.
- Er soll ein guter, aktiver Zuhörer sein.
- Er soll geschickt verhandeln können.
- Er soll die richtigen Fragen zur rechten Zeit stellen.
- Er soll die Parteien moderieren und mäßigen können.
- Er soll Konflikte deeskalieren und entkrampfen.
- Er soll latente Botschaften heraushören und interpretieren.
- Er soll die Parteien immer unterstützen und motivieren.
- Er soll eine warme, akzeptierende Atmosphäre schaffen.

Hinter diesen Maximen und Forderungen steht die Frage, was der Mediator an grundlegendem kommunikativen und interpretativen Know-how in den Mediationsprozess einzubringen hat. Die Mediation steht und fällt mit dem kommunikativen Geschick des Vermittlers. Fehlt es, so helfen auch ausgeklügelte, auf Partizipation und Respektierung fußende Verfahren und Vorgehensweisen nicht weiter. Im Folgenden stellen wir die wesentlichen kommunikativen Fähigkeiten des Mediators detailliert vor.

- **Verhandlungsgeschick:** Der Mediator muss zwischen den Konfliktparteien vermitteln und austarieren können.
- **Kommunikative Grundfertigkeiten:** Er muss die Fähigkeit besitzen, eine Atmosphäre der Akzeptanz, des Interesses, der Aufmerksamkeit und der Konzentration zu schaffen.
- **Klärungshilfe, der Mediator als Übersetzer:** Er sollte unbedingt das Latente, Unausgesprochene, deshalb häufig wirklich Lähmende im Konflikt erkennen und benennen können.
- **Strategien der Deeskalation:** Die Befähigung, in Konfliktsituation entspannend und entkrampfend einzuwirken, die Parteien mental umzuorientieren und neu zu motivieren.

Verhandlungsgeschick

Die Mediation bringt auch festgefahrene Situationen wieder in Bewegung. Meist sind dann die beteiligten Parteien überrascht, dass sich wieder etwas bewegt. Diese Bewegung schafft neue, veränderte Verhältnisse. Diese Veränderung wiederum, die bisher statische Gegebenheiten wandelt, führt zu Stress-Situationen. Besonders dann, wenn man »eigentlich« nicht damit gerechnet hat, dass die »Gegenseite« Zugeständnisse machen könnte.

Flow

Diese Überraschung über neue Angebote und Entwicklungen erleben Menschen in jedem Veränderungsprozess. Alles fließt plötzlich wieder. Und dieser plötzliche Veränderungsdruck verursacht Stress, denn er erfordert die Anpassung an Neues. Man muss sich an veränderte Situationen immer wieder erst gewöhnen und sich darauf einstellen, um damit zurechtzukommen. Diese Anpassungsarbeit wird manchmal als belastend, gelegentlich auch als beängstigend erlebt.

Stress reduzieren

So ergeben sich beispielsweise beim Zusammenlegen bisher unabhängiger Bereiche eines Unternehmens außer berechtigtem Optimismus auch Ängste, die bei der Planung berücksichtigt werden müssen. Aktiver oder passiver Widerstand gegen Veränderung sollte von vornherein einkalkuliert werden. Er drückt stets den Versuch aus, Stress, also den Anpassungsdruck zu reduzieren. Die Gründe dafür sind vielfältig. Sehen wir uns deshalb noch weitere Beispiele aus dem betrieblichen Alltag an:

- Eine neue Organisationsform soll eingeführt werden.
- Eine Abteilung muss in ein anderes Gebäude umziehen.
- Ein neues Softwaretool wird eingeführt.
- Eine neue Strategie muss umgesetzt werden.

In allen Fällen soll oder muss Veränderung stattfinden. Das kann, zumindest für einige Betroffene, eventuell Nachteile bedeuten. Widerstand gegen die anstehenden Veränderungen ist deshalb, zumindest aus dem Kreis dieser Betroffenen, durchaus wahrscheinlich.

Gefühle berücksichtigen

An diesem Punkt kommt der Mediator ins Spiel. Verhandlungen sind nötig. Es muss mit Gefühlen sowie mit der Angst der Betroffenen umgegangen werden. Um diese Aufgabe verantwortungsvoll zu bewältigen, braucht der Mediator Verhandlungsgeschick und psychologische Fähigkeiten, wie beispielsweise Empathie. Er muss dafür sorgen, dass Barrieren und Hemmungen zwischen den Parteien abgebaut werden. Er muss die Betroffenen rechtzeitig in die Gestaltung der Problemlösung einbeziehen. Dadurch vermeidet er Widerstände und ermöglicht Erfahrungen mit den gefundenen Lösungsmöglichkeiten, statt an Blockaden festzuhalten.

Auftauen = »Unfreezing«

Nach jedem »Kalten Krieg« bedarf es einer Auftauphase (das »Unfreezing«) in der eine vorsichtige Annäherung geschieht. Aufgabe des Mediators ist, neue Wege gangbar zu machen und sie gemeinsam mit den Parteien zu beschreiten. Er führt die Beteiligten vom Gegeneinander durch den Konflikt hin zum Miteinander. Um diesen Weg beschreiten zu können, benötigt der Mediator ein großes Verhandlungsgeschick.

In den Mediationssitzungen und Einzelgesprächen brechen verkrustete Haltungen auf. Allmählich werden Konflikte, Strukturen und Emotionen wieder sichtbar, erfahrbar und kommunizierbar für die Betroffenen. Dadurch kommt der Prozess des Miteinander, der ins Stocken geraten oder gar eingefroren war, wieder in Fluss. Er taut auf und entfaltet eine neue Dynamik. Wie aber soll man sich eigentlich dieses »Auftauen« erklären? Wodurch »wirkt« Mediation? Was macht das besondere »Geschick« des Mediators aus?

Wichtig ist hier die Fähigkeit des Mediators, Gefühle zum Ausdruck kommen zu lassen und mit ihnen umzugehen. Indem Emotionen und Affekte einbezogen werden, findet im Verlauf der Mediation eine Auseinandersetzung auch mit diesen »weichen« Faktoren statt. Mögliche Lösungen berücksichtigen daher die Gefühle der Beteiligten und sind deshalb in der Regel sehr tragfähig. Da die Gefühle beachtet werden, erhält man zudem Zugang zu mehr Facetten der problematischen Situation und einigt sich auch in Bereichen, die rein rational kaum fassbar sind.

Mit Kopf und Herz in die Zukunft

In der Mediation wird der Sachverhalt also nicht nur »durch den Kopf«, sondern auch »durch das Herz« bearbeitet.

Ziel einer Mediation ist, den Horizont des Möglichen auszudehnen, erstarrte Handlungsmuster aufzulösen und neue Handlungsmodelle für die Zukunft zu ermöglichen. Vorgegeben sind bisweilen nur noch die

Grundlinien des äußeren Geschehens, agiert wird spontan, zukunftsbezogen, spielerisch und manchmal auch kreativ. Es werden Lösungsmodelle erprobt und gegebenenfalls wieder verworfen. Es werden Alternativen gesucht, geprüft und gegebenenfalls in die Tat umgesetzt. Dabei wirkt der Mediator gelegentlich auch als Botschafter oder Stellvertreter der Parteien, indem er die Ideen der jeweiligen Partei als seine eigenen ausgibt, um den Beteiligten »Gesichtsverluste« zu ersparen.

Kritische Momente

Das Verhandlungsgeschick des Mediators besteht darin, psychologisch kritische Momente zu erspüren, in denen er der einen oder anderen Partei dabei helfen kann, »über ihren Schatten« zu springen.

Das Geschick des Mediators besteht aber auch in seiner Fähigkeit, mit der Irritation der anderen zu arbeiten, wenn er neue Wege einschlägt und neue Lösungsmodelle anbietet. Es kommt oft zu Irritationen oder Verwunderung, wenn etwas Neues auftritt. Der Übergang vom Erstaunen zum Widerstand ist hierbei fließend. Gerade war es noch Erstaunen über das Abweichen von der »Normalität«. Dann ist es plötzlich Widerstand gegen einen »unannehmbaren Vorschlag«.

Irritationen auslösen

Solche Irritationen löst der Mediator gezielt aus, um diese gemeinsam mit den Parteien zu bearbeiten und aufzulösen. Dadurch lernen die Parteien neue Formen der Lösungsfindung. Zudem üben sie andere Verfahren des Herangehens an Sachverhalte.

Während der Mediation gibt es somit mehrere »Realitäten«:

- Die Ausgangsrealität des Konflikts,
- die Realität der Mediation
- sowie die »neue« Realität einer gemeinsam erarbeiteten Übereinkunft.

Spielregeln

Diese »Realitäten« unterscheiden sich durch die Spielregeln, die in ihnen befolgt werden. Die Parteien lernen anders miteinander umzugehen, um so zu optimalen Konfliktlösungen zu gelangen. Dabei hilft das Verhandlungsgeschick des Mediators.

»Refreezing«

Erst dadurch ist das Zurückfinden in ein neues, gemeinsames Gleichgewicht möglich, in dem der Konflikt allmählich zur Vergangenheit wird (»Refreezing«).

Kommunikative Grundfertigkeiten

Der Mediator benötigt gewisse kommunikative Grundfertigkeiten, denn mit anderen Menschen umzugehen ist gelegentlich kompliziert, da die menschliche Kommunikation vielschichtig ist. Wesentliche Bestandteile einer erfolgreichen Kommunikation werden unter dem Begriff »Aktives Zuhören« zusammengefasst.

Aktives Zuhören

Sach- und Beziehungsebene

Fakten und Befindlichkeiten

Wie wir bereits beim Harvard-Konzept beschrieben haben, finden Gespräche sowohl auf einer Sach- als auch auf einer Beziehungsebene statt. Auf der Sachebene werden Fakten ausgetauscht, auf der Beziehungsebene Befindlichkeiten.

So wird beispielsweise die Art, wie etwas gesagt wird, vom Empfänger der Botschaft als Mitteilung auf der Beziehungsebene interpretiert. Lächelt der Sender? Ist die Stimme des Senders »freundlich« moduliert? Hält der Sender Blickkontakt? Ist die Körperhaltung zugewandt? – Aus diesen »Indizien« schließen die Empfänger von Nachrichten auf deren emotionalen Gehalt. Aus dem emotionalen Gehalt wiederum folgern die Empfänger auf die »Beziehung«, die der Sender zu ihnen hat.

Typische Fragen in diesem Zusammenhang sind: »Wie stehen wir zueinander?« »Mag er mich?« »Bin ich ihr sympathisch?« »Was hält sie von mir?«

Ungeteilte Aufmerksamkeit

Ein wichtiges Kriterium bei der Beantwortung dieser Fragen ist der Grad an Aufmerksamkeit, den wir von anderen erhalten. »Bin ich ihm wichtig?« »Hört er zu?« »Tut er nichts nebenbei?« – Dies sind Fragen, die wir unbewusst beantworten, indem wir die Zuwendung bzw. das Aufmerksam-Sein unseres Gesprächspartners interpretieren.

Blickkontakt

Augen sind »Spiegel der Seele«.

Aufmerksamkeit zeigt sich auch im Zuwenden des Blicks. Wenn irgendetwas uns spontan interessiert, werden wir automatisch unseren Blick dorthin wenden. Das ist ganz natürlich, denn Menschen sind Augenwesen. Etwa 80 Prozent der Informationen, die wir verarbeiten, empfangen wir über den visuellen Sinneskanal. Während die Welt eines Hundes von diesem insbesondere mit seiner besonders sensiblen Nase wahrgenommen wird, bedeutet für den Menschen das Zuwenden des Blicks äußerstes Interesse.

Der Blickkontakt ermöglicht, die Pupillenbewegungen des Gesprächspartners wahrzunehmen. Dieser Pupillenreflex ist ein recht sicheres Indiz für Interesse (große Pupillen, Aufblitzen der Augen) oder Desinteresse (kleine Pupillen).

Ein Blick sagt mehr als tausend Worte

Leichter feststellbar sind Unterbrechungen des Blickkontakts. Verlegenheit signalisiert man durch plötzliches Abbrechen des Blickkontakts. Wenn jemand plötzlich beiseite schaut und den Blickkontakt unterbricht, dann bedeutet das in unserer Kultur oft, dass derjenige sich bei einem Thema oder einem Gespräch unwohl fühlt. Zuwenden des Blicks dagegen signalisiert Aufmerksamkeit und Interesse.

Körperhaltung

Die meisten Menschen empfinden eine leicht vorwärts geneigte Körperhaltung als Signal für Interesse. Ein zurückgelehnter Körper vermittelt eher den Eindruck von Entspannung. Ein zu weit vorgebeugter Körper wiederum signalisiert meist Verkrampfung, kann aber auch als aggressiv gedeutet werden. Dies geschieht besonders dann, wenn dabei die natürliche Distanz zwischen den Gesprächspartnern unterschritten wird.

Auf der Beziehungsebene gilt: Nichtsprachliche Signale sind wichtiger als sprachliche Signale. Kontakte auf der Beziehungsebene werden deshalb besonders im nichtsprachlichen Bereich gemacht. Hier kommt der Körperhaltung, dem Kopfnicken, der Gestik und der Mimik eine ganz besondere Bedeutung zu.

Kopfnicken signalisiert Interesse

Durch Kopfnicken zeigen Sie, dass sie aufmerksam sind. Bewusst oder unbewusst fühlen sich die meisten Menschen durch zustimmendes Kopfnicken dazu eingeladen, weiterzumachen. Das Kopfnicken unterstützt also die Tendenz, sich zu äußern. Diese (durch Kopfnicken gezeigte) unterstützende Haltung des Mediators ermöglicht den Gesprächspartnern in aller Regel mehr Offenheit.

Kurzäußerungen und Schlüsselwörter

Kurzäußerungen sind bespielsweise: »Aha!« »Ach so!« »Hm, hm.« »Interessant!« Sie dienen auf der Beziehungsebene als begleitende Bestätigungen und fördern so häufig die Mitteilungsbereitschaft des Gesprächspartners.

Auch das Aufgreifen von Schlüsselwörtern kann hilfreich sein. Durch das Wiederholen von Schlüsselwörtern hält der Mediator den wesentlichen Gedanken verbal einen Moment fest. Ein Beispiel soll das verdeutlichen.

Ein Gesprächspartner berichtet, er habe sich ein neues Auto gekauft. Das Schlüsselwort »Auto« greift der Mediator auf: »Auto«, sagt er, oder vielleicht »neues Auto«. Dadurch wird die wichtige Äußerung wieder zum Gesprächspartner zurückgemeldet und dieser kann das Schlüsselwort erneut aufgreifen: »Ein brandneuer Lieferwagen, sogar Autotelefon hat er!« Je nachdem, ob in der nächsten Sequenz das Wort »Lieferwagen« oder das Wort »Autotelefon« vom Mediator aufgegriffen werden, werden nun erneut unterschiedliche Schwerpunkte gesetzt.

Körpersprache

Der Körper lügt nicht

Bis zu 85 Prozent der Wirkung einer Äußerung geht aus dem nicht-sprachlichen Ausdruck hervor! Zu den nonverbalen Signalen gehören Mimik, Gestik, Kleidung ebenso wie das Verhalten im Raum, die Körperhaltung und der Körperausdruck. Der nicht-sprachliche Ausdruck beeinflusst stark, ob die Botschaft geglaubt und wie sie auf der Beziehungsebene verarbeitet wird.

Worte sagen (auf der Sachebene) etwas aus. Vielleicht sagen aber Körperhaltung oder Stimmführung etwas anderes (gemischte Botschaften).

Gesten, Körperhaltung, eine bestimmte Tonlage in der Stimme, können aber eine unterschiedliche Bedeutung haben. Sinnvoll ist es, diese im Zusammenhang mit der sprachlichen Kommunikation zu interpretieren und nicht unabhängig davon.

Harmonie als Schlüssel zum Erfolg

Nicht-sprachliches Verhalten drückt Botschaften auf der Beziehungsebene aus. Es hat wenig Sinn, das nichtsprachliche Verhalten eines Menschen für sich allein zu betrachten. Zwei Menschen bewegen sich im Gespräch miteinander oder gegeneinander. Gleichmäßige Bewegungen auf beiden Seiten drücken oft einen Gleichklang der Ideen und Gefühle aus (Harmonie). Viele Bewegungen oder andere Ausdrucksformen des nicht-sprachlichen Verhaltens kann man als Reaktion darauf verstehen, was ein anderer Gesprächspartner direkt vorher getan hat.

Beachten Sie: Stimmführung, Blickkontakt und zugewandte Körperhaltung bedeuten Unterschiedliches im Zusammenhang mit bestimmten Themen bei verschiedenen Gruppen oder Kulturen! Ein Beispiel soll das verdeutlichen:

> Menschen aus dem Mittleren Osten stehen bei Unterhaltungen meist näher beieinander, als wir das gewohnt sind. Der typische deutsche Geschäftsmann wird es vielleicht aus diesem Grund immer schwer haben, mit arabischen Kunden schnellen Kontakt zu finden: Wenn diese sich ihm zum Zeichen ihrer Zuneigung nähern, wird er vielleicht unbewusst wieder auf die ihm gewohnte Gesprächsdistanz von etwa eineinhalb Meter zurückweichen.

Fassen wir zusammen: Nicht-sprachliches Verhalten ist in verschiedenen Kulturen und bei verschiedenen Menschen unterschiedlich.

Klärende Fragen stellen

Verständigung durch Fragen sichern

Alle klärenden Fragen dienen ausschließlich dem Verständnis des Zuhörers darüber, was er vom Gesprächspartner gehört hat. Sie sichern die Verständigung über das Mitgeteilte aus der Perspektive des Senders. Fragen bilden die Grundlage der Informationsgewinnung im Gespräch. Wir brauchen Informationen, um zu planen, Entscheidungen zu fällen und unser Verhalten an die jeweiligen Gegebenheiten anpassen zu können.

Offene und geschlossene Fragen

Wir unterscheiden zwei Arten von Fragen: Offene und geschlossene Fragen. Offene Fragen ermutigen den Gesprächspartner, sich auszusprechen und alles mitzuteilen, was er weiß. Beispielsweise: »Was war denn da gestern los?« »Und wie hat sie dann reagiert?« Offene Fragen kann (und will) man meist nicht in ein oder zwei Worten beantworten. Sie helfen dem Gegenüber dabei, sich mitzuteilen und führen zu einem tieferen Verständnis seines Standpunktes. Offene Fragen helfen, die Komplexität, auch scheinbar einfacher Zusammenhänge, zu erkennen.

Kontrolle ausüben durch geschlossene Fragen

Geschlossene Fragen erkennen Sie daran, dass sie mit einem Wort oder wenigen Worten zu beantworten sind. Beispielsweise: »Warst du gestern im Kino?« »Regnet es?« »Hattet ihr Streit?« Geschlossene Fragen helfen, eine Verhandlung auf wichtige Punkte zu konzentrieren sowie spezifische Informationen zu erhalten. Geschlossene Fragen regen den anderen aber nicht an, sich auszusprechen (deshalb bleiben die Verantwortung für das Thema und die Kontrolle über den Fortgang der Verhandlung beim Fragesteller). Antworten auf geschlossene Fragen werden meist nur die Information bringen, nach der gefragt wurde. Es kann deshalb vorkommen, dass der Fragesteller für ihn wesentliche Informationen nicht erhält, wenn er zu früh damit beginnt, nur noch mit geschlossenen Fragen zu arbeiten!

Die meisten Verhandlungen enthalten sowohl offene als auch geschlossene Fragen. Bei Verhandlungsbeginn kann es wichtig sein, sich näher zu kommen und viele Informationen zu sammeln. Dann empfiehlt es sich, viele offene Fragen zu stellen. Später geht es eher um Klärung von Sachverhalten und letzte Berichtigungen. Hier können geschlossene Fragen eingesetzt werden, um den Verhandlungsverlauf zu beschleunigen.

Offene Fragen schaffen Zeit zum Nachdenken

Wenn Sie während einer Verhandlung Zeit zum Nachdenken brauchen, zum Analysieren der Reaktion Ihres Verhandlungspartners oder um Ihr weiteres Vorgehen zu planen, dann stellen Sie eine oder mehrere offene Fragen. Dann redet der andere. So gewinnen Sie Zeit. Später gehen Sie dann durch einige geschlossene Fragen wieder zu den für Sie wichtigen Einzelthemen über.

Bitte beachten Sie: Auch Fragen können falsch eingesetzt werden. Der häufigste Fehler besteht darin, sie nicht zu benutzen, um Information zu gewinnen, sondern um den anderen festzunageln oder in Verlegenheit zu bringen. Beispielsweise: »Warum machen Sie solchen Blödsinn?«

Vorsicht bei Suggestivfragen!

Ein anderer Missbrauch von Fragen besteht darin, die Frage so zu stellen, dass man genau die Antwort bekommt, die man hören wollte. Man legt dann mit der Frage sozusagen bereits die Antwort in den Mund des Verhandlungspartners (Suggestivfragen). Beispielsweise: »Sie haben den Termin doch nur deshalb versäumt, weil er Ihnen eigentlich vollkommen unwichtig war, nicht wahr?«

Wiederholen und Zusammenfassen (Paraphrasieren)

Durch den Einsatz des Paraphrasierens gewinnt das Gespräch an Prägnanz. Der Empfänger verdichtet das Gehörte mit seinen eigenen Worten (kontrollierter Dialog) und trägt so dazu bei, eine gemeinsame Basis für das Verständnis der Mitteilungen zu schaffen. Beispielsweise: »Ich habe Sie so verstanden, dass durch den Bau der Straße das Biotop irreversibel geschädigt werden würde, ist das so richtig?« »Sie meinen also,...« »Verstehe ich Sie richtig, dass...«

Vermeiden Sie bei Wiederholungen Unterstellungen, Be- oder Verurteilungen. Versuchen Sie einfach, möglichst genau wiederzugeben, was Sie von dem verstanden haben, was der Verhandlungspartner gesagt hat.

Widersprüchliche Aussagen ansprechen

Gelegentlich erscheint es dem Empfänger so, als passten zwei Aussagen des Senders nicht zusammen. Er erlebt sie als nicht übereinstimmend oder kann zumindest ihren Zusammenhang nicht sofort erkennen. Es ist wichtig, diese Aussagen unmittelbar anzusprechen, um auch dem Sender Gelegenheit zu geben, sie gegebenenfalls zu präzisieren. Dazu benennen Sie die anscheinend unvereinbaren Aussagen und stellen sie ausdrücklich gegenüber. Ohne das Klären von Widersprüchen kann es zu keinem eindeutigen Verhandlungsergebnis kommen. Fragen Sie Ihre Verhandlungspartner, ob sie diesen Widerspruch ebenfalls erkennen. Wenn Sie beide Aussagen eingehend beschreiben, können Ihre Verhandlungspartner dieses »Angebot zur Klärung« annehmen und sie können gemeinsam daran arbeiten.

Klärungsangebote richtig formulieren

Bitte beachten Sie: Dieses Angebot zur Klärung ist kein Vorwurf, keine Bewertung und keine Unterstellung, sondern ein konstruktiver Vorschlag, Missverständnisse zu vermeiden. Beispielsweise: »Vorhin sagten Sie..., jetzt sagen Sie..., da sehe ich einen Widerspruch. Wie meinen Sie es genau?«

Gemischte Botschaften

Gemischte Botschaften sind dadurch gekennzeichnet, dass verbale und nonverbale Signale im Gegensatz zueinander stehen. Auch das muss angesprochen und gegebenenfalls geklärt werden. Befassen wir uns dazu mit einem Beispiel aus dem Alltag.

Herr Meier ist frisch verliebt. Er kauft Rosen und geht zu seiner Verabredung mit Elvira. Elvira lässt ihn warten. Immer wieder ist sie unpünktlich, denkt sich Herr Maier. Schließlich kommt sie. Herr Meier sagt: »Wir hatten uns gestern für 18.00 Uhr verabredet, da bist du um 18.30 Uhr gekommen. Das war in der letzten Woche schon so. Auch heute war ich pünktlich. Ich bin immer pünktlich. Ich mag unpünktliche Menschen nicht. Ich ärgere mich, wenn ich warten muss. Außerdem habe ich von dir keine Erklärung bekommen. Ich bin sauer und möchte, dass du in Zukunft entweder pünktlich bist oder mir eine Begründung anbietest.«

Elvira sagt: »Ich freue mich über deine Offenheit. Ich bin erleichtert, dass du mir das sagst. Mir war das noch gar nicht bewußt.« Herr Meier beobachtet, wie sie dabei die Stirn in Falten zieht, den Blickkontakt von ihm wegnimmt und von ihm weggeht. Er sagt: »Elvira. Bleib doch mal stehen. Ich höre von dir, dass dich meine Offenheit erleichtert. Gleichzeitig erlebe ich, wie du dich aus der Situation davonmachst. Das geht mir zu schnell. Ich bitte dich, Elvira, lass uns doch mal kurz über die für mich ungute Situation sprechen.«

Bei solchen »unguten« Gefühlen lohnt es sich, die verbale und die nonverbale Botschaft unabhängig voneinander zu betrachten. Erleben Sie, wie Herr Meier, Verbales und Nonverbales als gegensätzlich, bleibt Ihnen oft nur die Wahl, diese Situation durch direktes Ansprechen aufzulösen. Wichtig ist in diesem Zusammenhang, unsere subjektive Interpretation der Gegensätzlichkeit dem Gesprächspartner anzubieten. Erst dann kann der Gesprächspartner dazu Stellung nehmen. Vielleicht haben wir uns ja geirrt. Vielleicht hat er es ganz anders gemeint.

Vielleicht meint der Partner etwas Anderes

Klärungshilfe: Der Mediator als Übersetzer

Verfahrene, konfliktreiche Situationen zwischen Menschen und Gruppen finden ihren Ausdruck in der Art der Gespräche, die stattfinden bzw. nicht stattfinden. Das Gespräch stockt zunächst. Oft wird über den Hintersinn der Worte des anderen nachgedacht. Gleichzeitig werden die eigenen Absichten und Wünsche nicht wirklich klar formuliert, da man sich keine Blöße geben will. Durchaus verbindliche Äußerungen werden zu Feindseligkeiten und Anmaßungen umgedeutet, der Tonfall wird schnell gereizter. Um der damit verbundenen Beunruhigung zu entgehen, versuchen die Partner zwanghaft eine Klärung zu erreichen und machen meist alles noch schlimmer. Das tödliche Gesprächsprinzip des »Mehr desselben« (P. Watzlawick) entfaltet seine verheerende Wirkung. Es kommt zur Eskalation, zu Beleidigungen und Gekränktheiten. Im Endzustand ist das Verstummen erreicht, das stockende Gespräch wird gänzlich abgebrochen.

Erfahrung von Unverständnis und Inkongruenz

All die genannten Gesprächssituationen im Konflikt sind markiert durch auffällige, mitunter quälende Inkongruenzen. Das Gesagte und das Gedachte klaffen auseinander. Ausdruck und dahinter stehende Intentionen decken sich nicht. Das vom Sprecher Beabsichtigte und vom Zuhörer Wahrgenommene stimmen nicht überein. Immer werden vom Zuhörenden besondere Wahrnehmungsleistungen verlangt, er muss mehr als das Gesagte ermitteln, fühlt sich häufig überfordert und will sich nicht mehr auf das schwierige Geschäft der Interpretation einlassen, weil er seine Möglichkeiten zu Recht als begrenzt ansieht. In solchen Situationen bedarf es eines Klärungshelfers, eines Übersetzers.

Der Mediator leistet hier etwas durchaus hermeneutisches. Wie der Interpret eines Textes versucht er die verborgenen Sinngehalte zu ermitteln. Wie der Archäologe, der sich über die Relikte vergangener Kulturen beugt, um die Grundrisse eines Hauses zu ermitteln, Normen und Riten vergangener Zeiten zu entziffern, so beugt sich der Klärungshelfer über das Gesagte und die Signale des Körperlichen, um die verborgene Wahrheit zu ermitteln. Wie ein Ahnenforscher die Lücken der Grabinschriften ergänzt, so ergänzt und erweitert der Mediator unklare Aussagen und macht die Absichten transparent, die den Sprechenden bewegen.

Das Konzept der Klärungshilfe wurde im Kontext der Paartherapie und der Moderation von Gruppengesprächen entwickelt (Thomann/Schulz von Thun 1988). Seine komplexen Verfahren wollen eine Klärung auf verschiedenen Ebenen erreichen:

Ebenen der Klärungshilfe

- **Selbstklärung:** Dem Sprecher soll klar werden, was seine wirklichen Gefühle und Intentionen sind. Der Klärungshelfer übersetzt und paraphrasiert die Äußerungen der beteiligten Personen, bis sie sehr nah sind an dem wirklich Gemeinten.
- **Beziehungs- oder Kommunikationsklärung:** In diesem Zusammenhang geht es um die Botschaft, um den Bezug zum Gegenüber. Wie kann ich das, was ich für mich selbst geklärt habe, auch vermitteln, zum anderen hin transportieren? Gezielt wird also auf die adäquate Botschaft, auf den entsprechenden Appell an den anderen.
- **Persönlichkeitsklärung:** Im Mittelpunkt steht hier die Persönlichkeitsstruktur. Die Muster und Strategien des Gesprächs, die nicht zum Erfolg führen, werden auf ihre Vorgeschichte hin untersucht. Wo, in welchem Kontext sind sie entstanden, warum werden sie wiederholt, wenn sich doch ihre Ineffektivität erwiesen hat? Gibt es womöglich einen latenten Nutzen, der uns verleitet, die unangemessenen Wege weiter zu verfolgen?
- **Systemklärung:** Im Blickpunkt dieser Klärungsanstrengung stehen zum festen Arrangement gewordene Interaktionen zwischen Menschen, die sich stetig wiederholen und doch von den Beteiligten nicht wirklich geschätzt werden. Diese festen, sich im Laufe der Zeit einspielenden Arrangements haben eher einen quälenden und lähmenden Charakter. Sie behindern die Entwicklung der beteiligten Parteien. Deshalb werden sie auch Circuli Vitiosi, Teufelskreise genannt. Mit der Bezeichnung ist schon der Wunsch nach einem Durchbrechen derselben mitgedacht.

Diese Intentionen der Klärungshilfe liefern gute Hinweise auf die Aufgaben des Mediators in der Konfliktsituation.

Welche Übersetzungs- und Klärungsleistungen erbringt der Mediator?

Der Mediator ermittelt den latenten Sinn des Gesagten

Häufig geben bestimmte Füllwörter oder markante Leerstellen Hinweise auf den verborgenen Sinn einer Aussage. Der manifeste Inhalt ist dann lesbar wie eine Art »Negativ« in der Filmentwicklung. Eine solche Ausdrucksweise ist bekannt unter dem Begriff »verzerrte Kommunikation«. Diese ist uns allen geläufig. Aber leider ist nicht jeder geschult genug, die verborgenen Botschaften auch wirklich treffend zu entziffern. Diese zu ermitteln, ohne in die detektivische Verfolger-Rolle zu geraten, ist eine der Hauptleistungen des übersetzenden Mediators.

Wir bringen nun einige markante Beispiele, die Ihnen die Deutung von verzerrter Kommunikation erleichtern sollen:

- **Leerstellen**

  »*Sachlich* kommen wir ganz gut miteinander klar –«

  Hier bricht der Redende ab. Offensichtlich ist, dass die eher persönliche Beziehung gestört ist. Bei einer direkten Nachfrage wird dies zunächst wohl dementiert werden. Nach einer gewissen Zeit werden jedoch die persönlichen Reibereien in der Regel sichtbar.

- **Betonung und Auslassung**

  »*Diese* Termine können Sie sich immer merken.«

  Der Sprechende will damit auch seine Kränkung zum Ausdruck bringen, dass andere, für ihn bedeutende Termine vergessen wurden.

  »*Das* verzeihen wir Ihnen *gerade* noch.«

  Der Redner verdeutlicht hier seine Ungeduld. Im Grunde ist der Bogen bereits überspannt. Eine weitere Nachlässigkeit und es wird zu einer explosiven Reaktion kommen.

  »Er wirkt *auch* immer so verspannt.«

  Sofort wird der aufmerksame Zuhörer nachfragen »Wie wer?« »Wessen Verspannung beschäftigt den Redenden wirklich?«

All diese Beispiele kennzeichnet, dass in der Aussage bestimmte Satzelemente besonders akzentuiert sind, dass etwas betont wird und der eigentlich interessante Hintersinn in der mitgedachten Auslassung liegt.

❖ Einschränkende Füllwörter

Beliebte Floskeln und Füllwörter wie »eigentlich«, »an und für sich«, »im Prinzip« sind uns aus dem täglichen Sprachgebrauch vertraut. Wenn sie nicht dazu dienen, eine gewisse Bedenkzeit beim Sprechen zu ermöglichen (was durchaus möglich sein kann), so transportieren sie in der Regel eine zweite, oft gegenteilige, zumindest aber nicht ganz linientreue bzw. ambivalente Seite der Äußerung. Sachlicher und emotionaler Zwiespalt verstecken sich in der Äußerung. Die schöne Fassade erlaubt auch Hinweise auf Risse in der Struktur.

Nicht-linientreue Äußerung

»*Eigentlich* haben wir hier ein hervorragendes Betriebsklima.«
»*An sich* meinen das die Leute aus der Verwaltung *ja* gut.« (Nur: sie bedenken unsere spezielle Arbeitssituation nicht richtig!)
»*Im Prinzip* bin ich für diese Umorganisation« (Aber: für mich persönlich hat sie einige Schattenseiten.)
»Ich will nicht *unbedingt* sagen, dass mich das wütend macht.« (Wirklich nicht?)

Auch die einschränkenden »lauen« Negationen wie im letzten Fall deuten darauf hin, dass eine Folie sozialer Nettigkeit und Verbindlichkeit auf vorhandenen Ärger und Frustration gelegt wird.

»Laue« Negationen

❖ Verwendung von Konjunktiven

Gern werden Konjunktive verwendet, will man der eigenen Äußerung Präzision, Klarheit und Eindeutigkeit nehmen.

»Ich *würde* das *begrüßen*, wenn wir einmal einen härteren Kurs fahren würden.«
»Ich *würde* mich *freuen*, wenn Sie uns dort ins Gespräch bringen könnten.«

Immer drückt sich der Redende mit dieser weichen Ausdruckweise vor der Klarheit seiner Wünsche und Bestrebungen. Er baut sich quasi eine Rückversicherung ein. Im Notfall kann er immer noch dementieren, denn der latente Sinn einer Äußerung kann geleugnet werden.

Dementis werden eingebaut

Wie geht nun der Mediator als Klärungshelfer mit dieser verzerrten Kommunikation, mit diesen ambivalenten Äußerungen um?

Vorgehen des Mediators

Der Mediator bietet den von ihm vernommenen Hintersinn als Interpretation in möglichst subjektiver Form an: »Bei mir kommt das jetzt so an ...« »Ich vermute jetzt einmal ...« »Auf mich wirkt das so, als ob ...« Dabei darf er sich nie die Haltung des Detektivs oder Ermittlers anmaßen, der den anderen »ertappt« oder »ihm etwas auf den Kopf zusagt«.

Die folgenden Gespräche zeigen ihm häufig die Richtigkeit oder Unangemessenheit seiner Interpretation. Er hat aber so zumindest die Prozesse hinter der Fassade angesprochen.

Häufig wird der Mediator auch in den zahlreichen Du-Botschaften der Parteien, in Vorwürfen und Bezichtigungen das Element der Selbstoffenbarung suchen. Er wird sich fragen, welche Verletzungen, welche Kränkungen, welche Wünsche offenbart der Redende? Dies wird er dann ebenso thematisieren.

Der Mediator verbalisiert körperliche Botschaften und Symptome

»Der Körper lügt nicht«

Das Medium, das den unmittelbarsten Zugang zu den verborgenen Gefühlen und Intentionen öffnet, ist der Körper des Menschen. »Der Körper lügt nicht« ist ein kommunikatives Grundgesetz. Was Gestik und Mimik, Haltung und Bewegung im Raume, Muskeltonus, Tonfall und Akzentuierung ausdrücken, sagt mehr aus als die bewusst geformte und auf Wirkung bedachte Sprache. Im Falle der Inkongruenz zwischen verbaler Äußerung und kommentierender Körpersprache wird der Klärungshelfer immer an den körpersprachlichen Erscheinungen ansetzen.

Skizzieren wir zunächst ein paar Beispiele:

- In einer Mediationssitzung schaffen es die Kontrahenten kaum sich anzublicken. Die meisten Statements werden gesprochen mit Blickrichtung auf den Mediator oder in den leeren Raum hinein.
- Ein Konfliktbeteiligter versucht seine Argumente möglichst sachlich vorzutragen. Die innere Erregung teilt sich aber mit in den unablässig nestelnden Fingern und zuweilen in einer sich zusammenkrampfenden Hand.
- Ein Seminarteilnehmer versucht gelassen die wesentlichen Daten seiner Biographie zu erzählen. Vor jeder biographischen Zäsur seufzt er hörbar. Man gewinnt den Eindruck tiefer Bedrücktheit, so als müsste sich der Teilnehmer freiatmen.
- Ein Redner bemüht sich, den Eindruck großer Souveränität zu vermitteln. Mitunter schleichen sich jedoch in seine Rede Fahrigkeit und ein leichtes Zittern der Stimme ein. Als einige der präparierten Pointen nicht wie erwartet zünden, lässt sich ein Schweißfilm auf seiner Stirn ausmachen.
- In einer Diskussion um Strategien der Personalbeurteilung wird ein zuvor ruhiger Teilnehmer zum Kettenraucher. Er zündet eine Zigarette nach der anderen an.
- Ein Teilnehmer rekapituliert die Argumente der Gegenseite. Wenn er die Konsequenzen der von dieser Partei vorgebrachten Argumente skizziert, neigt er zu drastischen Übertreibungen (»dann herrscht hier Friede, Freude, Eierkuchen« »die Arbeit erledigt sich wie von selbst«). Die ganze Rede wird begleitet von einem leicht überheblich wirkenden Lächeln.
- Am Ende einer Moderationssitzung, die weitgehend vom Moderator gesteuert wurde und die dieser deshalb auch als sehr erfolgreich betrachtet, herrscht ein eher frostiges Schweigen. Stutzig geworden, stellt er eine Transparenzfrage (eine Art Stimmungs-Barometer) und muss verblüfft feststellen, dass Zufriedenheit nur auf seiner Seite gegeben ist. Die Teilnehmer sind unmutig und gereizt.

Wir wollen nun nicht alle Feinheiten und Details körpersprachlicher Theorie und Wahrnehmung hier besprechen. Uns geht es vielmehr im Folgenden darum zu zeigen, wie der Mediator inkongruente Botschaften nutzen kann, um an die Wurzeln von Emotionalisierung und Konflikten heranzukommen.

Die bekannteste Strategie ist die **Verbalisierung**. Das nonverbal Angedeutete wird explizit ausgesprochen. Das unter den Teppich gekehrte wird hervorgeholt und bewusst gemacht. Der Klärungshelfer bezieht sich dabei ausschließlich auf die körpersprachliche Symptomatik. Er meldet zunächst seine Verwirrung: sprachlicher Ausdruck und körperliche Kommentierung sind nicht stimmig! Er beschreibt die emotionale Ambivalenz, die dies bei ihm auslöst. Dann versucht er, genau die körpersprachlichen Symptome zu beschreiben, die ihm aufgefallen sind und bietet dem Teilnehmer eine wiederum subjektiv formulierte Interpretation des Registrierten an.

Wir zeigen dies an drei Beispielen aus den obigen Ausgangssituationen:

- »Herr X., ich sehe, dass Sie Ihre Hand häufig zusammenballen und verkrampfen. Dies vor allem immer dann, wenn es um Fragen der Kompetenz und Zuständigkeit geht. Gibt es hier ein Problem, das Sie nicht ruhen lässt?«
- »Herr K., in der bisherigen Diskussion haben sie sehr ruhig gewirkt. Seitdem wir über das Thema Personalbeurteilung sprechen, sind Sie unruhig geworden und rauchen eine Zigarette nach der anderen. Ich vermute, dass dieses Thema Sie sehr beschäftigt. Können Sie uns darüber etwas erzählen?«
- »Sehe ich Ihr auf mich überheblich wirkendes Lächeln, so gewinne ich den Eindruck, dass Sie die Argumente der Gegenseite für unausgereift und nicht realisierbar halten.«

Klärungshelfer bieten Interpretationen an

Diese Verbalisierungen sind Interpretationen. Sie sollen nicht den besonderen Scharfsinn des Klärungshelfers unterstreichen. Vielmehr sollen sie den Teilnehmer öffnen. Die ausgeführte Interpretation muss nicht richtig sein, sie soll aber dem Teilnehmer das Gefühl geben, auch in seinen latenten Gefühlen und Ambitionen ernst genommen zu werden. Im nachfolgenden Gespräch werden die ersten Interpretationen noch weiter verfeinert. Die Klärungshilfe führt so immer näher heran an die verdrängten und nicht zugelassenen, deshalb aber umso wirksameren Gefühle.

Thomann und Schulz von Thun (1988) betrachten die Strategien des Klärungshelfers als eine Art gemeinsamen Vorgehens: »Lass uns doch zusammen herausfinden, wie das zur Klärung deiner äußeren und inneren Situation beiträgt.« Sie entwickeln den Vorschlag, den Teilnehmer als Experten seiner Lebenssituation zu sehen und zu bestätigen.

Ein weiterer Vorschlag der genannten Autoren, der mehr aus dem paartherapeutischen Kontext kommt, lässt sich ebenfalls für die betriebliche Konfliktmediationen übernehmen. Sie bitten den Teilnehmer direkt, explizit zu machen, was das körpersprachliche Signal sagen möchte:

- »Wenn Ihr Seufzer sprechen könnte, was würde er jetzt sagen?«
- »Merken Sie, dass Sie lachen? Ist Ihnen zum Lachen zumute? Was macht Sie lachen?«
- »Sie haben vorhin Ihre Hand auf den Munde gelegt. Vielleicht wiederholen Sie diese Geste noch einmal und spüren genau hin, wie sich das anfühlt und was es ausdrücken könnte?«

Der Mediator analysiert Schlüsselsätze und Metaphern

Besonders hellhörig muss und wird der Mediator reagieren, wenn bestimmte Schlüsselsätze in den Argumentationen der Konfliktparteien auftreten. Dies sind Sätze, die – meist im klagenden Ton formuliert – Beschreibungen der verfestigten und erstarrten Beziehungen zwischen den Parteien liefern. Sie enthalten häufig Äußerungen wie »immer«, »nie«, »es kommt nicht vor« etc. Die Kommunikation, der Kontakt wird dabei als nicht mehr veränderbar, als festgefahren beschrieben. Häufig stecken hinter diesen Anklagen und Selbstanklagen die Ansatzpunkte für eine Beziehungsklärung, für eine Fortentwicklung des Verhältnisses der beiden Parteien.

Erstarrung der Situation

Auch hier bringen wir zur Verdeutlichung einige Beispiele:

- »Immer wird über unseren Kopf hinweg entschieden. Wir dürfen nur noch abnicken, was an anderer Stelle längst vorbestimmt ist.«
- »Wenn man mich belehren will, mir irgendetwas wiederholt sagt, als ob ich schwer von Begriff wäre, dann schalte ich auf stur oder schalte ab.«
- »Wir können es einfach nicht ab, wenn immer wieder diese alten Geschichten aufgewärmt werden. Die Abteilung hat sich in ihrer Zusammensetzung geändert, es ist ein neuer Zug reingekommen, dennoch werden wir so behandelt, als ob wir nicht vorwärts gekommen wären.«
- »Immer kommen irgendwelche Leute von außen, die uns sagen, was und wie wir umorganisieren sollen. Der interne Sachverstand scheint überhaupt nicht gefragt zu sein.«

- »Es mag ja sein, dass Sie ein gutes Vertriebskonzept entwickelt haben. Aber Sie sollten ein bisschen mehr Kontakt zu Ihren Leuten pflegen. Sie sitzen viel zu gern im Betriebs-Casino, meinen, Sie seien was Besseres.«
- »Um den neuen Leuten, die in unsere Entwicklungsabteilung gekommen sind, immer alle Details zu erklären, verbrauche ich viel zu viel meiner eh geringen Zeit. Da mach ich die Sache dann doch lieber selber. Na gut, auf Dauer ist das wohl nicht gut. Ich kann da aber nicht aus meiner Haut, bin viel zu ungeduldig.«
- »Wenn dies Ihre Grundeinstellung zu mir ist, dann brauchen wir doch kein weiteres Wort zu wechseln.«

In diesen Schlüsselsätzen verbirgt sich oft der Nerv eines Konflikts. Sie enthalten im Kern die Kränkungen und Frustrationen, die die sachliche Aussprache und Problemlösung behindern. Sie sind die **Schlüssel zum Konflikt**. Als solche müssen sie ernst genommen und bearbeitet werden. Der Klärungshelfer bringt dem Sprechenden zunächst also **verstehende Akzeptanz** entgegen. In der Regel wird er versuchen, die klagend-anklagende Aussage in einem ersten Schritt zu paraphrasieren. In einem zweiten Schritt bittet er den Betroffenen, tiefer in das aktualisierte Gefühl hineinzusteigen, sich auf dieses Gefühl einzulassen (vertiefende Selbsterforschung). Er wird dann auch gern nach konkreten Beispiele fragen.

Zeigen wir dies wieder an einem Beispiel:

- »Ihre Zeit ist begrenzt, Sie fühlen sich überbeansprucht. Die detaillierte Einarbeitung neuer Mitarbeiter ist ein zusätzlicher Aufwand, den Sie nur schwer leisten können. So lösen Sie anfallende Detailprobleme lieber gleich selber.« (akzeptierende Aussage)
- »Was geht in Ihnen vor, wenn Sie neue Leute in Materien einführen sollen, die Ihnen längst vertraut sind. Welche Reaktionen löst das bei Ihnen aus?« (Ungeduld, Angst vor Konkurrenz?) »Können Sie uns eine Beispielsituation erzählen?« (vertiefende Selbsterforschung)

Die **vertiefende Selbsterforschung** bringt uns zu den emotionalen Wurzeln des Konflikts. Sie bringt uns nah an die Kränkungen, die Ängste, die Verärgerungen, den Groll, die die konfliktreichen Auseinandersetzungen speisen.

Oft sind diese Schlüsselsätze auch Beschreibungen von Teufelskreisen auf der Beziehungsebene. Unter Teufelskreis versteht man ein festgezurrtes Beziehungs-Arrangement, das einen fast symbiotischen Charakter hat. Zwei Partner/Parteien haben eine Art Arbeitsteilung emotional-sachlicher Art gefunden, die zunächst stabil scheint, in der es aber unter der Oberfläche brodelt.

Gehen wir von einem einfachen, vielen bekannten Beispiel aus:

Bei einem sonntäglichen Ausflug eines jungen Paares bittet der Mann seine Frau, ihm doch den Weg zum Ort X nach der Straßenkarte zu beschreiben. Sie kommt zunächst nicht mit der Karte zurecht. Er wird ungeduldig, hält an, nimmt sich die Karte selbst, sagt: »Ist doch alles ganz einfach!« Sie fühlt sich abgewertet, wohl auch ein wenig unbeholfen.

Bei der nächsten Bitte um Mithilfe wird sie schon ängstlicher reagieren, und – da Angst bekanntlich nicht der beste Lehrmeister ist – wird sie wohl wieder nicht erfolgreich agieren.

Bald hat sich ein festes Arrangement eingestellt, das für alle weiteren Ausflüge bestehen bleibt. Er muss alles machen: fahren, organisieren und Routen ermitteln. Er fühlt sich in seiner Souveränität bestätigt. Sie hat sich zurückgenommen, schreckt vor Auskunftssituationen zurück, zweifelt an ihrer Intelligenz und lässt sich gern von ihm betreuen.

Ein zwischenmenschlicher Teufelskreis wird in der Regel folgendermaßen dargestellt:

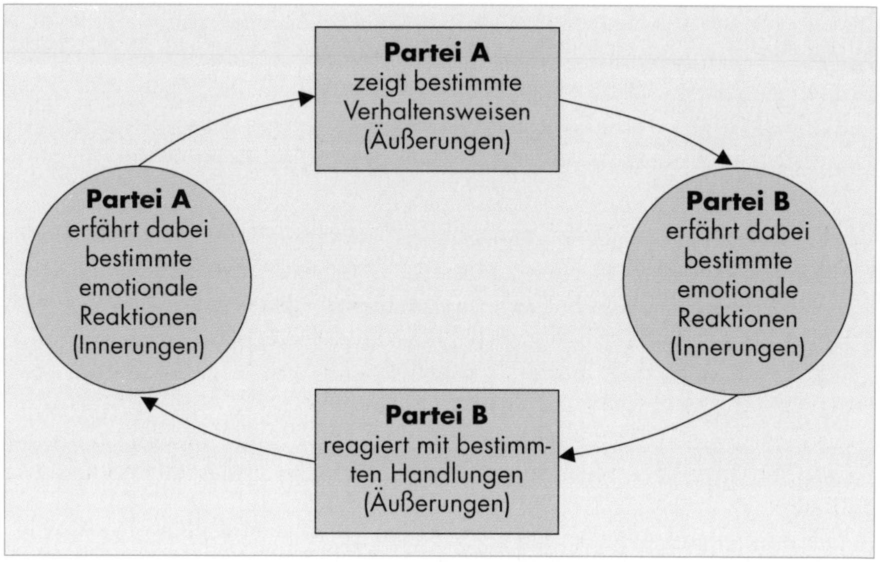

In unserem Beispiel sieht der Teufelskreis folgendermaßen aus:

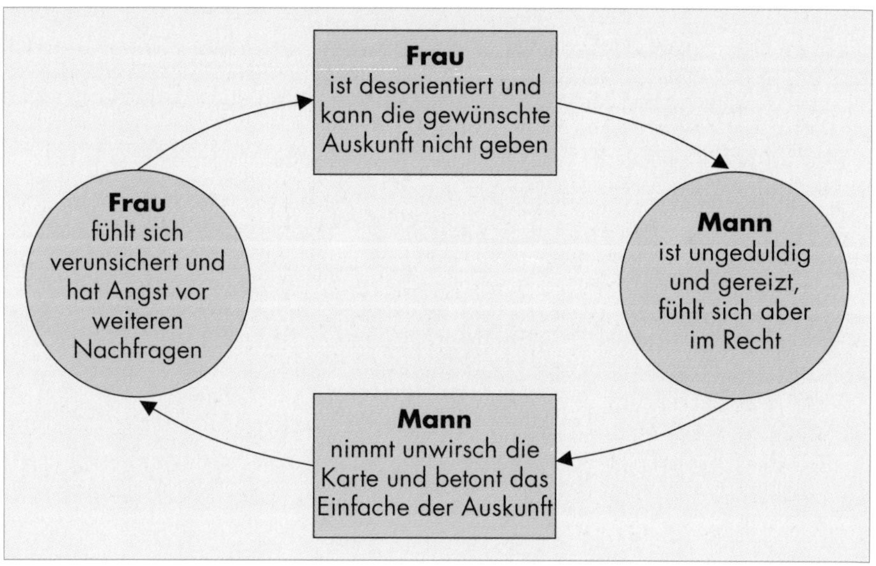

Wir haben eine typische Schützling-Helfer-Konstellation. Eine der vielen Arrangements, die im ersten Moment durchaus tragfähig erscheinen, die aber schleichend zerstörend wirken.

Typische Konstellationen

Derartige Konstellationen sind auch im betrieblichen Alltag sehr verbreitet. Sie offenbaren eine Form der emotionalen Arbeitsteilung, die auf lange Sicht sicher nicht kränkungsfrei ist. Andere typische betriebliche Konstellationen sind »Hahnenkämpfe« oder wechselseitig sich verstärkende Aggressivität.

Um diese Teufelskreise zu durchbrechen wird vom Mediator immer empfohlen, einmal ein nicht erwartetes, paradoxes Verhalten an den Tag zu legen. Im obigen Beispiel könnte dies dadurch geschehen, dass der Mann seine Ungeduld zügelt und seine Freude am kleinen Sieg (ich bin kompetenter und schneller als du) zurückstellt: »Lass dir nur genügend Zeit, die richtige Route zu finden.« Auch die Frau könnte sich einmal resolut durchsetzen: »Du fährst heute auf den von mir vorgeschlagenen Wegen.« Die Beziehung löst sich so aus der Erstarrung und kommt wieder ins Fließen.

Eine weitere wichtige Sensibilität des Mediators richtet sich auf die **Metaphorik** des in Argumentation und Diskussion verwendeten Wortschat-

Eine Kultur, die zum Beispiel auf die Intrige, das Gegeneinander-Ausspielen gerichtet ist, benutzt meist geradezu obsessiv Wörter wie »vermeiden«, »nicht alles an die Öffentlichkeit bringen«, »Kompetenz«, »Insiderwissen«, »Verbindungen« usw.

Ein Unternehmen, in dem das Feld der innerbetrieblichen Kooperation als eine Art Nahkampfarena aufgefasst wird, in der es um das Überleben des Stärkeren geht, greift gerne zum kriegerischen Vokabular. Wörter wie »anschießen«, »torpedieren«, »unterminieren«, »Kleinkrieg«, »abspalten«, »Heckenschützen« etc. machen dem aufmerksamen Zuhörer sehr bald deutlich, in welch »gefährlichem« Gelände sich seine Teilnehmer aufhalten.

Ein Unternehmen, das Formalität, starre Hierarchien und feste Weisungswege bevorzugt, wird Begriffe mit besonderen Wert besetzen, die diese vorgegebene und kaum antastbare Ordnung betonen: Also zum Beispiel »Anmahnen«, »Zuständigkeit«, »Instanzen«, »Prozedere«, »Dienstweg«, »Haus- und Betriebsfrieden« und Ähnliches.

zes. Hier lassen sich beispielsweise sehr deutlich die bestimmenden Werte einer Unternehmenskultur und die verborgenen Spielregeln eines Unternehmens oder einer Abteilung ermitteln.

Metaphern als Schlüssel zur Unternehmenskultur

Häufig genügt es, wenn dem Mediator eine solche Metaphorik bewusst geworden ist, die einschlägigen verwendeten Ausdrücke für alle sichtbar aufzulisten. Wie bei der Strategie des Verbalisierens wird der Mediator nun Rückschlüsse auf die verborgene Kultur, auf die latenten Spielregeln ziehen. Er wird dies vorsichtig tun. Es bietet sich hier an, eine Diskussion über die zentralen verborgenen Spielregeln des Unternehmens zu beginnen (siehe Kapitel 3, Seite 50). Eine eindeutige Metaphorik (»So wird die Kultur des Miteinanderumgehens von den Akteuren gesehen.«) ist nicht so selten, wie man zunächst annehmen sollte. Auch sie ist ein guter Schlüssel für die tieferen Schichten der Unternehmenskultur.

Strategien der Deeskalation

Ein eskalierter Konflikt zeichnet sich vor allem dadurch aus, dass die in den Auseinandersetzungen erfahrenen Kränkungen und Frustrationen die Interaktionen stark aufladen. Der Realitätssinn der Parteien ist getrübt, die Gegenpartei wird nur noch als hinterhältiger Aggressor wahrgenommen. Die eigene Disposition ist voll auf Behauptungswille und Kampf eingestellt.

Kennzeichen eines eskalierten Konflikts

- *Kompetitive Strategien* überwiegen: man will sich durchsetzen, besser dastehen als der andere, man will Recht haben.
- Die wechselseitige *Wahrnehmung ist getrübt*: Fantasien und Wahnbilder ersetzen Genauigkeit der Beobachtung und Aufmerksamkeit.
- Dies ist auch begründet in einer *Vermeidung oder Reduzierung des Kontakts*. Reaktionen der Kränkung, des Ignorierens und Vermeidens überwiegen
- *Feindselig-aggressive Strömungen* nehmen überhand: Man will den anderen bloßstellen, auflaufenlassen, im Extremfall auch körperlich schädigen.
- *Schwarzweißmalerei*: Der andere ist immer aggressiv, trägt die Schuld. Gleiches Verhalten wird unterschiedlich bewertet. (Spiegelbild-Phänomen)
- Aufgaben in einer arbeitsteiligen Organisation werden nicht mehr als gemeinsame gesehen. Jeder versucht das *Problem*, die Aufgabe *allein* zu *lösen*.
- Die Kommunikation ist nicht offen und aufrichtig. Informationen werden bewusst zurückgehalten. Es wird desinformiert, Absichten werden kaschiert.
- In der Regel *wird nur noch das Trennende gesehen*: Das Gemeinsame und Verbindende wird zurückgedrängt bzw. übersehen.
- *Versteinerung und Verhärtung der Konfliktparteien* hat eingesetzt, das differenzierende, vermittelnde Denken ist zurückgedrängt.

Handlungen im Konflikt sind zunächst einmal stressbedingte Handlungen. Nachdem man in der Regel das Feld nicht räumen kann (man muss ja weiter zusammenarbeiten) versucht man Strategien des Vermeidens, des Ignorierens und Übergehens. Oder man geht zum bewussten Machtkampf über. Deeskalationsstrategien werden also zunächst einmal Entspannungsstrategien sein. Die stressbedingte Wahrnehmung der Gegenpartei muss abgebaut werden, die Verkrampftheit und das Rechthabenwollen werden in den Hintergrund treten.

Welche Strategien deeskalieren den Konflikt?

Die Mediation als Perspektivenwechsel

Eingeständnis: Wir benötigen Hilfe

Diese erste Antwort überrascht vielleicht. Aber bereits mit dem Beginn der Mediation, mit dem Ansuchen nach Mediation ist schon ein markanter Perspektivenwechsel eingetreten. Es wird ein Eingeständnis formuliert: wir können intern den Konflikt nicht lösen. Jeder weitere Versuch führt nur noch tiefer in die Verhärtung und zu weiterem Missverstehen. Der Gang zum Mediator ist ein Stück Veröffentlichung. Zumindest eine der beiden Parteien hat ihre Perspektive, ihre Sichtweise des Konflikts geändert: Sie will sich nicht mehr durchsetzen, sie sucht eine verbindliche Lösung für beide Parteien.

In der Eröffnungsphase der Mediation werden die Spielregeln formuliert, deren Einhaltung der Mediator immer wieder einfordert. Die Parteien sind bereit, sich dem Mediationsprozess zu unterwerfen. Die Kritik am Gegenüber ist zulässig und gewünscht, soll sich aber beleidigender, abwertender und kränkender Äußerungen enthalten. Die Einigung auf die Spielregeln schafft einen weiteren, zwar noch schwachen, aber dennoch vorhandenen Boden der Gemeinsamkeit.

Beschäftigen mit dem die Parteien Verbindenden

Jede gelungene Mediation beschäftigt sich zunächst mit den leicht lösbaren Problemen. In der Scheidungsmediation wird man sich zunächst mit den Dingen beschäftigen, die mühelos und reibungslos aufgeteilt werden können, seien das nun gemeinsame Haushaltsanschaffungen und gemeinsam zugewonnene Vermögensanteile. Dass man mit dem Partner noch zu Lösungen kommen kann, verstärkt die Bereitschaft, auch in den kniffligeren Fragen akzeptable Kompromisse zu schließen. In der Firmen-Mediation wird gleichermaßen immer zuerst das Unstrittige behandelt:

Akzeptierte Gemeinsamkeiten

- Firmen- und Handlungsziele, auf die man sich prompt einigen kann (in der Regel sind es die Wege und Strategien zu diesen Zielen, die umstritten sind!).
- Ein Verhaltenskodex für den Prozess der Mediation.
- Zudem gibt es meist weitere unstrittige Punkte, seien dies Arrangements, Kompetenzen, die Überlegungen, wer alles von der Auseinandersetzung mit betroffen ist usw.

Zur Verdeutlichung wieder ein Beispiel:

In der Auseinandersetzung zwischen der Geschäftsführung und dem Entwicklerteam eines Unternehmens gehen die Vorstellungen über die zugkräftigsten und langfristig ertragreichsten Produktlinien weit auseinander. Eine gute Mediation wird zunächst die einigenden Punkte herausstellen:

- Das gemeinsame Interesse am Unternehmenserfolg.
- Die gute, offene kommunikative Kultur, die bislang vorherrschte.
- Die Problemlösungskapazität, die in der Vergangenheit oft genug unter Beweis gestellt wurde.
- Die Anerkennung und Würdigung spezifischer Kompetenzen der Mitarbeiter.
- Die Zielvorstellungen, die von allen geteilt werden können.

Vermittlung und Ausgleich in diesen Punkten schaffen das fundamentale Vertrauen, dass auch die besetzteren Streitpunkte einvernehmlich und ausgleichend reguliert werden können.

Das Reframing

Der entfaltete Konflikt produziert bei den Beteiligten gewisse Mentalitäten, Lähmungen und Wiederholungszwänge, die das Konfliktgeschehen verstärken. Häufig fühlen sich die Beteiligten gefangen, ihre Situation erscheint ihnen ohne Ausweg. Die Aktivitäten, die sie unternehmen, verbessern nichts, oft führen sie nur noch tiefer in die Ausweglosigkeit. So ist das emotionale Grundgefühl düster, die Menschen starren nur noch befangen auf die verfahrene Situation. Antriebs- und Mutlosigkeit stellen sich ein.

Der Konflikt hemmt die Lebenskräfte. Er wird als Problem, als Bedrohung empfunden. Das Gefangensein in diesem Deutungsmuster lähmt die durchaus noch vorhandenen Energien vorwärts zu kommen. Die Kraft, die man bräuchte, ist aber nicht wirklich da. – Sie steckt im Nachdenken über den Verlauf, in der Beobachtung des »Feindes«. Diese negativen Deutungsmuster binden Kräfte und Energien.

Ein Vorschlag (aus dem Bereich des mentalen Trainings) besteht nun darin, die vorhandene Situation »umzudeuten«: Reframing. Jeder von uns hat bestimmte Defizite, beispielsweise ein Fehlverhalten, das sich verfestigt hat und uns quält. Wenn wir anfangen, darüber nachzudenken, welches positive Motiv, welche positive Absicht mit diesem Fehlverhalten verbunden ist, steht dieses plötzlich in einem anderen Licht da. Es zeigt uns, was wir wollen, auch wenn der gewählte Weg der ungeeignete ist.

> Der chronische Raucher etwa sucht Gelassenheit (die ihm die Zigarette suggeriert) oder auch die Möglichkeit zum Kontakt. Die Esssüchtige sucht Schutz und Versorgtsein (was das Sich-Vollstopfen gewährt) oder schützt sich vor aufdringlicher sexueller Anmache. Der spottende und überhebliche Kritiker sucht das nachhaltige Interesse beim Kritisierten, auch wenn er es nur auf dem Wege der Verletzung erreichen kann.

Häufig hat ein Fehlverhalten – in der richtigen Situation angewendet – durchaus positive Resultate:

> Eine Person, die nicht nein sagen kann, zeigt dann ein angemessenes Verhalten, wenn sich ein wirklich Hilfsbedürftiger an sie wendet oder wenn sie vor der großen Chance ihres Lebens steht.

Ein Verhalten ist also nie an sich schlecht. – Es liefert uns Hinweise auf verborgene Motive und auf Situationen, in denen es sinnvoll sein kann.

Ebenso ist ein Konflikt nie an sich schlecht und belastend, denn auch er liefert uns Hinweise auf Interessen und Bedürfnisse, die anscheinend inadäquat befriedigt und berücksichtigt sind. Den Beteiligten muss es gelingen, ihre Situation umzudeuten. Der Blick soll nach vorn geöffnet, die positive Seite am Problem gesehen werden:

- Ein Misserfolg ist immer auch eine Information darüber, was nicht funktioniert.
- Eine Krise kann ein rechtzeitiger Hinweis auf eine Schwachstelle sein, bevor es zur Katastrophe kommt.
- Jede Schwierigkeit ist eine Chance und Herausforderung, um zu beweisen, was ich kann, oder um neue Fähigkeiten zu erwerben. (nach Blickhan 1989)

Umdeuten: Die offene Krise als Chance

Der Konflikt ist so eine Chance, bisher nicht transparente Interessen klarzumachen und ein neues Fundament der Kooperation zu gewinnen. Der Mediator bietet den Konfliktparteien dieses neue Deutungsmuster an. Er bittet sie, einmal darüber nachzudenken, was denn das Gute am Schlechten, die Chance in der Krise ist. Er möchte, dass sie darüber nachdenken:

- was das gute Motiv am Verhalten der Gegenpartei sein kann,
- welche plausiblen und möglicherweise bisher nicht erkannten Interessen die Gegenpartei offen legen könnte,
- was ganz allgemein das Positive an der jetzigen Situation sein könnte.

Jeder Konflikt enthält zukunftsgerichtete Aufforderungen zum Handeln und nicht nur die hinabziehende Schwerkraft zum Rekapitulieren und Verstehen-Wollen. Wenn diese Einsicht den Parteien deutlich geworden ist, wird auch die Lähmung verschwinden, die den Konflikt durchzieht. Kraft und Energien werden sich auf das für den Moment Machbare richten und nicht in quälenden Nachbetrachtungen verschwinden.

Den Perspektivenwechsel suchen

Diese Strategie ist eng mit der Strategie des Reframings verwandt. Ziel ist es, Verengungen von Perspektiven zu durchbrechen. Ausgangspunkt der Überlegungen ist wieder die Individual-Psychologie.

Jeder Mensch lebt in einer subjektiv gefärbten Lebenswelt. Seine Positionen zu inhaltlichen Themen, seine Optionen in konkreten Entscheidungssituationen sind bedingt durch subjektive Vor-Erfahrungen, durch verfestigte, selten überprüfte Vorurteile.

Somit könnte jede individuelle Perspektive – ohne dass dies abwertend gemeint ist – als »borniert« bezeichnet werden. Aus einer Fülle von nichtbedachten Möglichkeiten der Betrachtungsweisen wird eine Perspektive ausgewählt. Analoges gilt für Gruppen. Besonders dann, wenn sich diese im Konflikt befinden, reflektieren die Parteien nur noch ihre eigene Sicht der Dinge, die eigene Position wird überbewertet.

Es geht im Wesentlichen darum, den Gesprächspartner aus dieser Borniertheit herauszuführen, seine Perspektive zu erweitern, ihn die Situation mit anderen Augen »sehen« zu lassen. Ziel einer solchen Gesprächsführung ist das Wiedergewinnen einer vielschichtigen Betrachtungsweise und das Identifizieren der fruchtbarsten Perspektive.

Dies gilt gleichermaßen für die Konfliktparteien. Ganz bewusst soll aus dem eigenen Kreis herausgetreten werden, die Sachverhalte sollen aus anderen Perspektiven gesehen werden. Fixierung und Obsession, der Wiederholungszwang des Denkens sollen durchbrochen werden. Der Mediator erreicht dies, indem er beispielsweise die Konfliktparteien bittet, gewisse Szenarien zu entwickeln und auszumalen:

Spielerischer Perspektivenwechsel

- Was wird geschehen, wenn die jetzigen Verhaltensstrategien kompromisslos beibehalten und fortgesetzt werden?
- Stellen Sie sich einmal einen unbefangenen, außenstehenden Beobachter vor. Wie würde dieser Konfliktparteien und Akteure beurteilen und charakterisieren?
- Versetzen Sie sich einmal in die Situation ihres Konkurrenzunternehmens, das weitgehende Informationen über Sie hat. Wie stellt sich ihr Konflikt aus deren Perspektive dar?
- Versuchen Sie doch einmal ein Bild von der Arena des Konflikts zu zeichnen. Charakterisieren Sie die Akteure durch Tiere.
- Spielen Sie doch den Advocatus diaboli. Was muss die Gegenpartei tun, um uns noch stärker in die Enge zu treiben?

Es gibt sicher noch viele Varianten. Wir haben hier nur einige ausgewählt: ein finales Szenario, den distanzierten Beobachter, die Sicht des lachenden Konkurrenten, die bildliche Veranschaulichung, den Advocatus diaboli. Immer geht es darum, Verengung und Verkrampfung zu lösen. Der Blick auf die Möglichkeiten soll wiedergewonnen werden.

Der kontrollierte Dialog

Eine bekannte Kommunikationsstrategie, die das Verstehen und das Zuhören fördern soll, ist oft auch im Rahmen der konfliktuösen Auseinandersetzung fruchtbar: der kontrollierte Dialog. Dabei wird in einer Gesprächssituation vom zuhörenden Partner verlangt, er müsse das vom Vorredner Gesagte sinngemäß wiedergeben, bevor er eine eigene Stellungnahme abgibt. Der Vorredner kann dann die sinngemäße Paraphrasierung als korrekt bestätigen oder als unangemessen zurückweisen. Dadurch wird der Nachredner gezwungen, noch einmal die vorhergehende Argumentation zu rekapitulieren. Der Beobachter (Trainer, Mediator) greift dann ein, wenn er sieht, dass die Rekapitulation unangemessen ist, der Redner aber aus Höflichkeit oder Laxheit diese bestätigt.

So einfach diese Übung ist, so entwickelt sie sich doch häufig zu einer unangenehmen Erfahrung für Seminar-Teilnehmer. Dem Einzelnen wird hier oft erstmals bewusst, wie unklar er sich ausdrückt, wie inadäquat und ichbezogen seine Wahrnehmung der Äußerungen anderer Personen ist. In vielen Fällen ist der Zuhörer schon mit der eigenen Antwort oder Fortführung beschäftigt und verfolgt nicht mehr aufmerksam das, was der andere sagt. Bei einer konsequenten Durchführung wird erstmals das eigene Gesprächsverhalten transparent und reflektierbar.

Warum missverstehe ich den Anderen?

Die wichtigsten Gründe für ein Missverstehen sind:

- Der Sprechende drückt sich nur ungenau aus.
- Er versucht zu viele Gedanken in der Aussage unterzubringen.
- Er wiederholt und variiert Äußerungen, weil sie für ihn selbst noch nicht vollständig geklärt sind.
- Der Zuhörende ist nicht wirklich aufmerksam.
- Der Zuhörer ist schon zu sehr mit der eigenen Antwort beschäftigt. So entgehen ihm viele Nuancen dessen, was der andere gesagt hat.
- Er hört eher auf belastende Details (in denen er zum Beispiel einen Angriff vermutet), um sich dann zu erregen und zu echauffieren.
- Er ist immer bei den eigenen Denkschemata, kann und will die unterschiedlichen Deutungsmuster des anderen nicht sehen.

In Konfliktsituationen wirkt die Einhaltung des kontrollierten Dialogs wie eine Kehrtwende. Die Konfliktparteien müssen innehalten, sie müssen ihre Perspektiven wechseln. Alles, was in der Konfliktsituation gang und gäbe ist, wir hier relativiert:

- Wahrnehmungstrübungen werden bewusst,
- die zu prompte Reaktion auf Reizwörter wird unterbunden,
- die fast ausschließliche Beschäftigung mit der eigenen Position wird aufgegeben,
- die Sichtweise der Gegenpartei muss in Details reflektiert werden.

Der kontrollierte Dialog wirkt so wie eine Aufforderung zum paradoxen Verhalten. Er folgt nicht den Instinkten des Kampfes und der Selbstbehauptung, sondern den Zielen der Öffnung und Schwächung. Jeder Beteiligte ist genötigt, sich in Frage zu stellen: Was nehme ich unangemessen wahr? Wo reagiere ich zu schnell, zu affektiv? Wo schnappt ein Verhaltensmechanismus ein? Verhärtungen werden auf diese Weise sichtbar und können langsam abgebaut werden.

7. Die Mediation im modernen Unternehmen

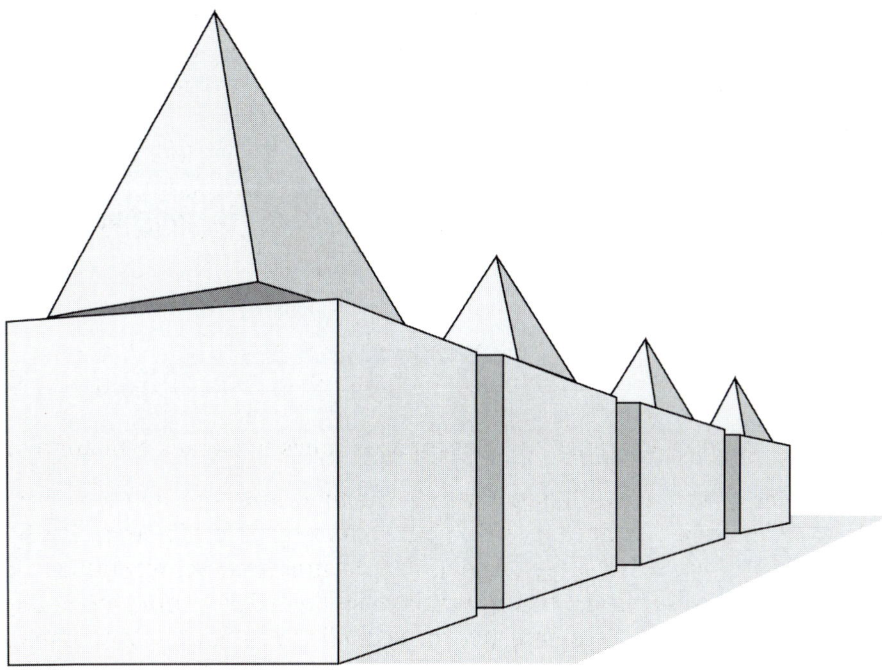

Einsatzmöglichkeiten der Mediation

Wir unternehmen hier einen Streifzug, der aufzeigt, wie Verfahren der Mediation in Unternehmen, in Dienstleistungsbetrieben und in der Verwaltung eingesetzt werden können. Wir zeigen zugleich, welche Chancen sich daraus eröffnen.

Wir sehen vier zentrale Felder für den Mediationseinsatz in Unternehmen:

1. Zwischenbetriebliche Auseinandersetzungen
2. Auseinandersetzungen zwischen Geschäftsleitung und Betriebsrat
3. Mobbing von Personen und Personengruppen sowie
4. Konflikte zwischen Gruppen und Abteilungen

1. Zwischenbetriebliche Auseinandersetzungen

In dieser Form – allerdings bisher ohne die einschlägige Bezeichnung – ist Mediation eine durchaus gängige Praxis in modernen Unternehmen. Jedes größere Unternehmen hat seine eigene Rechtsabteilung, kleinere Unternehmen einen Rechtsberater, die das Unternehmen in Rechtsstreitigkeiten vertreten. In vielen dieser Auseinandersetzungen werden Formen des Agreements, des vorjuristischen Vergleichs, des mediativen Vorgehens gesucht.

Die Gegenstände dieser Verfahren sind vielfältig. Häufig geht es um Fragen der Haftung, um Regressforderungen, um die Evaluierung des Wer-

Gegenstände der Auseinandersetzung

tes von aufgekauften oder ausgegliederten Unternehmen. Insbesondere das Netz vielfältiger Unternehmensbeteilungen, das für moderne Großunternehmen, für Bankenkonsortien, für Holdings typisch sind, eröffnet eine Fülle von Streit- und Bewertungsfragen, die Beratung und Schlichtung durch ökonomische und juristische Experten geradezu einfordert. Ein zentrales Interesse der Unternehmen bei Haftungs- und Regressauseindersetzungen ist es meistens, die Öffentlichkeit eines Gerichtsverfahrens zu vermeiden.

Das Publikmachen von Verfehlungen, Defekten und Nachlässigkeiten ist dagegen oft die Strategie, die die schwächere Konflikt-Partei gerne wählt, um die eigene Position zu stärken und damit Verhandlungsmacht zu gewinnen. Juristen als Mediatoren versuchen hier die Eskalation zu vermeiden und für beide Seiten akzeptable Lösungen zu finden.

Probleme der Gründungssituation

Nach neueren Erhebungen scheitern viele neu gegründete Firmen gerade daran, dass sie nicht mit den Konflikten umgehen können, die sich aus der Gründungssituation ergeben. Auch hier kann ein Mediator als Spezialist für Konfliktvermeidung und Konfliktvermittlung sinnvollerweise intervenieren.

Ebenso können Kooperations- und Zuliefer-Situationen, in denen neugegründete Unternehmen auf die intensive Zusammenarbeit mit anderen, zumeist größeren Firmen angewiesen sind, durch die Mediatoren-Tätigkeit verbessert werden.

Fusionen und Abläufe

Ein weiteres Feld sind Firmen-Fusionen und Firmenkäufe. Hier gibt es zwangsläufig eine Vielzahl von Verteilungskonflikten. Hierarchien werden neu entwickelt und Führungskräfte selektiert. Mentalitäten und Kulturen der Mitarbeiter müssen aufeinander abgestimmt werden. Eine der Falldarstellungen im folgenden Abschnitt beschäftigt sich mit diesem spezifischen Fall.

Die genannten Einsatzmöglichkeiten von Vermittlungsverfahren sind Unternehmen vertraut. In der Regel werden diese von Juristen durchgeführt. Der sozialpsychologisch vorgebildete Mediator wird dann zum Einsatz kommen, wenn die Sachauseinandersetzungen eskalieren und persönliche Friktionen entstanden sind. Seine Funktion wird aber hier im Wesentlichen assistierend sein.

2. Auseinandersetzungen zwischen Geschäftsleitung und Betriebsrat

In den Verhandlungen zwischen Geschäftsleitung und Betriebsrat sind Arrangements, Absprachen und Verhandlungen an der Tagesordnung. Das Betriebsverfassungsgesetz hat bis ins Detail Mitwirkungs- und Anhörungsrechte des Betriebsrats formuliert. Der Betriebsrat kann zudem stets zurückgreifen auf einen juristischen Vertreter, der individuelle Fälle ebenso wie kollektivrechtliche Auseinandersetzungen stellvertretend verhandeln kann – bis hin zu den Verhandlungen vor dem Arbeitsgericht.

Konfrontationsvorgehen in Zeiten hoher Arbeitslosigkeit

Der Personalabbau mit den empfindlichen Konsequenzen für die Existenz und die Lebenschancen der davon Betroffenen ist sinnvollerweise am stärksten von individuellen und kollektiven arbeitsrechtlichen Regelungen umzäunt. Zahlreiche Arbeitsrechtler stellten fest, dass in den letzten Jahren im Bereich der Mitwirkungsrechte gerade im Falle von betrieblichen Änderungen (vor allem Stilllegung und Verlagerung von Betriebsteilen) ein verstärkt konfrontativer Kurs gefahren wurde. Die Verhandlungsmacht der Unternehmen ist in Zeiten hoher Arbeitslosigkeit naturgemäß sehr groß. Allerdings führt ein konfrontativer und harter Kurs zwangsläufig zu einer Entwicklung im betrieblichen Klima, die sich auf lange Sicht negativ auswirkt.

Aber auch die Gegenseite, Betriebsrat und unterstützende Gewerkschaft, vertreten oft besonders nachdrücklich, mitunter starr, Positionen, ohne noch mögliche gemeinsame Interessen zu sehen. Strategien des Arbeitskampfes werden eingesetzt und der Schaden ist häufig für beide Konfliktparteien groß. Wenn es in diesem Kontext dann Schieds- oder Einigungsverfahren gibt, so werden diese durch paritätisch besetzte Organe der Schlichtung, wie beispielsweise die vorgeschriebenen Einigungsstellen oder betrieblich vereinbarte Schlichtungsstellen durchgeführt.

Mediative Verfahren spielen in diesem Kontext noch keine bedeutende Rolle. In den letzten Jahren ist aber auch hier einiges in Bewegung geraten. Die Kooperation zwischen Betriebsrat, Gewerkschaft und Unternehmensführung ist im Einzelfall und vor allem regional besser geworden. Begrenzte »Bündnisse für Arbeit« wurden ins Leben gerufen.

In diesen Bündnissen wird dann mehr verhandelt und ausgehandelt, werden Interessen und Anliegen besprochen. Man versucht zu einem

Agreement zu kommen, ohne wieder prompt das juristisches Prozedere in Anspruch zu nehmen. Bei den Themen, die ausgehandelt werden (ohne von Mediation zu sprechen) kommen zu den traditionellen Fragen des Personalabbaus wie der Höhe der Abfindungen, des Sozialplans und der Auswahlkriterien für den Abbau neue Akzente hinzu. Man debattiert nun auch über innovative Strategien wie Verselbstständigung von Unternehmensteilen, Outsourcing oder die Gründung von Auffang- und Qualifizierungs-Gesellschaften. Auch das gezielte, vom Unternehmen mitgetragene Outplacement, das zugleich eine Vermittlungs- und Bewerbungs-Beratung ist, hat die Funktion, diese massiven Konflikte abzufedern. Das Outplacement weist ganz offensichtlich ein zentrales Kriterium der Mediation auf: es hilft den Beteiligten nach vorne zu denken, Licht und Perspektive am Ende des Tunnels zu sehen.

Themen eines »Bündnisses für Arbeit«

Ein weites Feld öffnet sich hier. Versuche und Strategien, diese einschneidenden Betriebskonflikte einvernehmlich und möglichst reibungsarm zu lösen, stecken sicher noch in den Anfängen. Es wird eine der Funktionen von Mediationsexperten sein, die Schlichtungs-Strategien, Bündnisse, Agreements und andere innovativen Ansätze aufzubereiten und für weitere konkrete Situationen verfügbar zu machen. Ein Mediator kann zudem in Auseinandersetzungen zwischen Unternehmen und Gewerkschaft, Betriebsrat und Personalleitung beraten und diese steuern, ohne dass die bisherigen Organe des Betriebsverfassungsgesetzes ihre Funktion einbüßen. Das spezifische Wissen des Mediators bezieht sich ja auf Kommunikationsstörungen, Wahrnehmungs-Verzerrungen, Perspektiv-Verluste und Eskalationen – alles Prozesse, die hier besonders virulent und bedeutsam sind.

Dort wo alte Fronten schon aufgeweicht sind, wo sich die Tarifparteien ihrer wechselseitigen Verantwortung für die Zukunft der Arbeit bewusst sind, dort kann ein Mediator mit seinen besonderen Kompetenzen den Prozess beschleunigen helfen.

Über die Ausgestaltung seiner Positionen und seiner Funktion in diesen zentralen betrieblichen Auseinandersetzungen muss detailliert nachgedacht werden.

3. Mobbing von Personen und Personengruppen

Das Mobbing von Mitarbeitern ist in den letzten Jahren zu einem bedeutenden Thema geworden. Mobbing ist heute der zusammenfassende Terminus für alle Strategien der Schikane, Diskriminierung und Isolierung von Mitarbeitern. Auslöser kann der Vorgesetzte sein, der einen unliebsamen Mitarbeiter hinausekeln will. Oder es kann auch sein, dass er toleriert, was die Mitarbeiter anstiften. Ausgangspunkt kann beispielsweise ein interner Streit um Vorrechte und Chancen sein. In der Regel

Wen trifft Mobbing?

trifft es Einzelne oder eine kleine Zahl von Mitarbeitern, die von der Majorität gekränkt, isoliert oder beleidigt werden. Die Formen sind vielfältig: sie reichen vom bewusst nicht erwiderten Gruß über Verlachen und Denunziation bis hin zu besonders schmerzhaften Vorgängen wie völliger Ausschluss von Informationen, von internen Feiern und der konkreten räumlichen wie sozialen Isolierung. Häufig treffen solche Mobbing-Strategien unangepasste, durch besondere Kennzeichen, Stigmata oder Lebenssituationen geprägte, manchmal renitente, zumeist schwache und selbstunsichere Personen.

Motive sind Konkurrenzsituationen, latenter Neid sowie der unterschwellige Sadismus, den die Schwäche oder das Gekränktsein des anderen stimulieren. Eine spezifische Ausformung des Mobbing, die hier zumindest erwähnt werden soll, ist die sexuelle Belästigung am Arbeitsplatz.

Ein Unternehmen mit einer ausgeprägten Kultur der Mediation wird sich solcher Fälle annehmen. Dies ist aber bisher noch äußerst selten der Fall.

Schiedsstelle im Unternehmen

Dabei kann eine Anlauf- bzw. Schiedsstelle im Unternehmen, die von der Unternehmensführung gestützt wird, die Zugangsbarriere für Betroffene vermindern. Natürlich kann hier – als unerwünschter Nebeneffekt – der Denunziation und dem Querulantentum Tür und Tor geöffnet werden. Der professionelle Mediator muss daher ein Sensorium für die Ernsthaftigkeit der Klagen und Beschwerden entwickeln. Das Instrumentarium, mit dem er solche Fälle angeht, sind die des praktischen Konfliktmanagements: von der Versetzung in eine andere Abteilung, in ein anderes Umfeld, über klärende Zweiergespräche bis hin zu schwierigen Konfrontations-Sitzungen mit der gesamten beteiligten Gruppe.

Wichtigste Intention wird hier sein, innerhalb des Unternehmens ein Refugium zu schaffen, das die kompensatorische Leistung des privaten Gesprächs erfüllt, aber auch die Reibungsverluste und Ineffizienzen verringert, die solche Auseinandersetzungen erzeugen.

4. Konflikte zwischen Gruppen und Abteilungen

Dieser Bereich wird sicher das Hauptbetätigungsfeld von Mediatoren in Unternehmen sein. Folgende Beispiele verdeutlichen dies:

- Zwei Abteilungen beispielsweise Entwicklung und Vertrieb »können nicht miteinander«. Unterschiedliche Mentalitäten und Zielorientierungen führen dazu, dass sich die Leiter wenn möglich aus dem Weg gehen. In den jeweiligen Gruppensitzungen wird dann gern der Habitus der anderen Gruppe verspottet. Die zutiefst notwendige Kooperation zwischen den Gruppen kommt nicht zustande: Bei Kundenterminen wird häufig der kompetente Entwickler vergessen, die Entwickler wiederum geben Produktmodifikationen und Terminveränderungen nicht prompt an den Vertrieb weiter.
- In einem Produktionsprozess entstehen durch schlecht gewartete Maschinen und andere Formen fahrlässiger Verschwendung hohe Zusatzkosten. Die beteiligten angelernten Arbeiter melden die von ihnen schnell registrierten Defizite nicht an die Produktions- und Montageleiter, weil sie deren impulsive und aggressiv-kränkende Reaktionen fürchten.
- Aus einem Dienstleistungsunternehmen im Messebau haben sich etliche Subunternehmer ausgegliedert. Deren effektive Arbeitsweise gefällt dem Geschäftsführer des Messebau-Unternehmens, sodass er häufig komplexe Aufbau-Arbeiten an die Subunternehmer abtritt. Die eigene Belegschaft registriert dies und ist verärgert. In Fällen der Zusammenarbeit von Belegschaft und Subunternehmern kommt es zusehends zu Animositäten.
- Leitende Wissenschaftler in einem High-Tech-Forschungsinstitut sehen ihre Hauptaufgabe in der fachlichen Fortentwicklung und vernachlässigen ihre Führungsaufgaben. Ihre Mitarbeiter – zumeist jüngere Hochschulabsolventen – teilen sie ein in »Zugtiere« und »Mitläufer«, je nachdem was sie fachlich von ihnen halten. Die fehlende Betreuung demotiviert diese Nachwuchsforscher, zwangsläufig nehmen Unlust und Fluktuation zu.

In all diesen Fällen sind Konflikte bereits manifest. Es kommt zu typischen Erscheinungen:

- Informationen werden verweigert, bzw. es wird bewusst desinformiert.
- Die Gruppen haben verfestigte negative Bilder von ihrem jeweiligen Gegenüber.
- Die Wahrnehmungen sind selektiv und verzerrt.
- Persönliche Animositäten und Feindschaften beeinträchtigen die Kooperation.

Spezifisch für diese Situationen ist aber, dass die jeweiligen Gruppen, Abteilungen, Partner weiter zusammenarbeiten wollen und auch müssen. In diesen Situationen ist das Eingreifen eines professionellen Mediators unabdingbar. Hier greifen insbesondere seine Verfahrens- und Instrumenten-Kenntnisse, die über die des Konfliktmanagers, des externen Konflikttrainers und des Moderators hinausgehen.

Falldarstellungen: Mediation in der betrieblichen Praxis

Im Folgenden schildern wir detailliert drei Fälle von Mediation in Unternehmen. Dabei wird noch einmal deutlich, dass wir es bei der Mediation nicht mit einem abgeschlossenen, allgemein akzeptierten Verfahren zu tun haben. Die deutsche Praxis der Mediation steckt noch in den Kinderschuhen. Ausgiebige Falldarstellungen gibt es – wenn überhaupt – im Bereich der Familien- und der Umwelt-Mediation. Im Wirtschafts-Bereich existieren bisher keinerlei Falldarstellungen. Dieses Buches liefert daher viele Tipps und Anregungen für die betriebliche Mediation, es kann aber keine bis ins letzte durchkomponierte Verfahren bringen. Denn vieles befindet sich noch im Anfangsstadium. Wir schlagen erste, wenn auch breite Schneisen in ein neues Terrain und hoffen damit fruchtbare Diskussionen und Erörterungen zur Praxis auszulösen.

Unsere Falldarstellungen fußen auf ersten Erprobungen der bisher besprochenen Verfahren in deutschen Unternehmen. Fasst man Neues ins Auge, so bedarf es der Kooperationspartner, die einen solchen Schritt mitgehen wollen. Wir haben diese bei Kunden gefunden, die mutige und innovative Personal- und Organisationsentwickler beschäftigen, oder auch bei aufgeschlossenen Beratungs- und Trainingsunternehmen.

Die folgenden Fälle beziehen sich auf:

- Auseinandersetzungen zwischen Geschäftsleitung und Betriebsrat,
- auf Schwierigkeiten im Rahmen des Zusammenschlusses von Unternehmen
- sowie auf Fraktionskämpfe innerhalb eines Beratungsunternehmens.

Wir demonstrieren so Verhaltensweisen der Mediation in der Praxis und bitten die Leser mitzuarbeiten und mitzudenken. Vor allem im dritten Fall können Sie aktiv mitarbeiten, wenn Sie die Übungen durchführen. Der Mediator hält sich in den folgenden Fällen nicht ausschließlich an eine vorgegebene Schablone. Er gestaltet seine Mediation jeweils sehr individuell. Gelegentliche Notizen erläutern die jeweiligen Aktivitäten oder zeigen, wie diese in einem stärker formalisierten Ablauf (zum Beispiel nach dem amerikanischen Muster) einzuordnen wären. Die Marginalien in der Randspalte sollen Ihnen einen schnellen Überblick über die Abläufe gewährleisten.

Falldarstellung 1: Mediation zwischen Geschäftsleitung und Betriebsrat

Unser erstes Beispiel schildert die Arbeit eines Mediators in einem mittelständischen Elektrounternehmen, das Messgeräte herstellt.

Die Ausgangssituation aus der Sicht des Mediators

Das Unternehmen befindet sich bereits in der zweiten Generation in Familienbesitz. Geschäftsführender Gesellschafter ist einer der Söhne des Firmengründers. Eigentlich wollte er Philosophie studieren, sah sich aber durch die Erwartungen des Vaters frühzeitig zur Betriebswirtschaft genötigt. In den vergangenen Monaten hat sich die Lage des Unternehmens dramatisch verschlechtert. Personalabbau ist beinahe unvermeidlich geworden. Gleichzeitig muss in der Produktion Gruppenarbeit eingeführt werden, die auch Änderungen der Arbeitszeiten mit sich bringt. Außerdem ist es zwingend notwendig, neue Absatzmöglichkeiten zu finden.

Die Beteiligten fühlen sich inzwischen so stark unter Druck, dass sie glauben, keine Zeit verlieren zu dürfen. Es muss schnell gehandelt und unverzüglich zu Ergebnissen vorgestoßen werden, denn es gilt, das Überleben des Unternehmens zu sichern.

Trotz aller Bemühungen wachsen gerade in dieser Zeit die Fehlzeiten in der Produktion stark an. Gleichzeitig geht die Qualität der Produkte dramatisch zurück. Reklamationen häufen sich. Die Verantwortlichen wissen in dieser Situation nicht mehr weiter und beschließen, leitende Mitarbeiter aus den Abteilungen zusammenzurufen, um die Lage zu besprechen. Das Gespräch führt zu keinem Ergebnis.

In einem anonymen Brief weist ein Mitarbeiter auf eklatante Führungsfehler hin. Es werde beispielsweise die Kreativität der Mitarbeiter von den Vorgesetzten konsequent unterdrückt. Besonders in der Entwicklungsabteilung sei es inzwischen soweit gekommen, dass der Ideenstrom der Mitarbeiter vom Leiter allmählich völlig ausgetrocknet worden sei. »Den Hund«, schreibt der anonyme Verfasser, »muss man inzwischen nicht nur zum Jagen tragen, man muss ihm dann sogar den Mund noch auf- und zumachen.« Außerdem werde Eigeninitiative behindert und somit die Selbstständigkeit der Mitarbeiter blockiert.

Dieser Brief, der eines Morgens am schwarzen Brett hängt, wird nicht »rechtzeitig« entfernt und plötzlich werden auch aus anderen Abteilungen ähnliche Befindlichkeiten artikuliert.

Fazit: Der herrschende Führungsstil ist nicht innovationstauglich, Mitarbeiter werden ausgegrenzt und mundtot gemacht. Ein Mitarbeiter aus der Produktion bringt die Stimmung in einer internen Besprechung auf den Punkt: »Der Fisch stinkt am Kopf.« Kurze Zeit später wird genau dieser Mitarbeiter ins Lager versetzt, was seine bisherige Position verschlechtert. Er beschwert sich beim Betriebsrat, der seinerseits mit dem Personalleiter in Kontakt tritt. Dieser beschließt nicht nur diesen Fall zu klären, sondern eine grundlegende Lösung der Probleme zu suchen.

Er bittet einen der Firma bereits bekannten Managementtrainer und Moderator, die Verhandlungen mit dem Betriebsrat zu moderieren. Dem Moderator gegenüber bezeichnet er den Betriebsrat als »störrisch, unbeweglich, verbohrt und feindselig«. Er wolle, sagt er, das Problem schnell lösen und umgehend zum Tagesgeschäft zurückkommen.

In einem persönlichen Gespräch fragt der Trainer den Personalleiter, ob dieser schon einmal etwas von Mediation gehört habe. Der Personalleiter verneint dies. Daraufhin erklärt der Managementtrainer Grundprinzipien und Methoden der Mediation. Im Anschluss an diese Ausführungen wird dem Personalleiter klar, dass er das Problem am besten mit Hilfe eines Mediators angehen sollte.

Bereits am folgenden Tag schlägt er dem Betriebsrat vor, einen Mediator in die Verhandlungen einzuschalten. Er stößt mit seinem Ansinnen, wider Erwarten, auf offene Ohren. Frau Matz, die Betriebsratsvorsitzende ist damit einverstanden, dass Herr Blum, der Personalleiter, zu ihrem nächsten Treffen Herrn Gatzwich, einen Mediator einlädt.

Herr Gatzwich hat für diese Tätigkeit eine Ausbildung in den Vereinigten Staaten abgeschlossen. Bei verschiedenen Firmenzusammenführungen war er als Berater und später als Konfliktlöser und Mediator tätig. Er ist fünfundfünfzig Jahre alt und von Beruf eigentlich Betriebswirt. Viele Jahre war er Leiter einer Einrichtung zur Qualifizierung arbeitsloser Akademiker. Er kennt die meisten Firmen der Region aus eigener Erfahrung, denn einige Jahre kümmerte er sich selbst darum, den umgeschulten Akademikern Praktikumsstellen und Arbeitsplätze zu verschaffen. Herrn Blum kennt er seit dreiundzwanzig, Frau Matz seit siebzehn Jahren.

Als Herr Blum nach dem kurzen Gespräch mit Frau Matz das Besprechungszimmer verlässt, hat er das Gefühl, einen wichtigen Schritt weitergekommen zu sein. Einige Tage später treffen sich die drei zu einem ersten Gespräch.

Vorbereitungsphase der Mediation

Herr Gatzwich war vor diesem ersten Treffen nicht untätig. Nachdem Herr Blum ihn telefonisch eingeladen hatte, nahm er seinerseits Kontakt mit Frau Matz auf und ließ sich deren Einverständnis zu einer gemeinsamen Konfliktmediation geben. Frau Matz bat ihn in diesem Gespräch darum, auch Herrn Geldorfer, den örtlichen Gewerkschaftssekretär in die Beratungen einzubeziehen. Dies wiederum musste mit Herrn Blum abgeklärt werden, der daraufhin Herrn Dr. Weilweder, den Geschäftsführer des Unternehmens, einschaltete. Der Geschäftsführer zeigte sich sehr interessiert, selbst an den Gesprächen teilzunehmen. – Die Gesprächsrunde drohte also immer größer zu werden. – Herr Blum klärte nun dieses Ansinnen mit Frau Matz und Herrn Gatzwich. Schließlich kam man überein, dass es am sinnvollsten sei, die Mediation zunächst zwischen den ursprünglich gedachten Personen stattfinden zu lassen. Zu gegebenen Zeitpunkten werde man dann die Herren Geldorfer und Dr. Weilweder zu den Sitzungen einladen. Überdies sei dafür Sorge zu tragen, dass auch andere Vertreter des Betriebsrats und der Geschäftsleitung gegebenenfalls in die Verhandlungen einbezogen werden könnten, wenn dies Sinn macht. Auf das Hinzuziehen eines Rechtsanwalts wurde in gegenseitigem Einverständnis zunächst verzichtet.

Im Anschluss an diese klärenden Vereinbarungen führte Herr Gatzwich jeweils kurze Vorgespräche mit den Beteiligten, in denen er sie über Grundannahmen und Methoden der Mediation informierte. Anschließend ließ er sich das Einverständnis beider Parteien zu einer Mediation persönlich geben. Erst danach bestätigte er den bereits mündlich vereinbarten Termin schriftlich.

Da man beschlossen hatte, die Mediation außerhalb des Unternehmens durchzuführen, treffen sich die Konfliktparteien und der Mediator zum vereinbarten Zeitpunkt in der Praxis des Mediators.

Erste gemeinsame Sitzung: Die Parteien stellen ihre Sichtweise des Konflikts dar.

In dieser ersten Sitzung geht es Herrn Gatzwich insbesondere um die Klärung der Ziele beider Parteien. Die Betriebsratsvorsitzende nennt folgende Ziele: Erstens die Rückversetzung des Mitarbeiters, der gesagt hatte, der Fisch stinke am Kopf. Zweitens fordert Frau Matz den Abschluss einer Vorvereinbarung in den, von der Gruppenarbeit betroffenen Arbeitsgruppen. Bestandteil der Vorvereinbarung sollte unbedingt eine Beschäftigungsgarantie für alle Mitarbeiter sein, zusätzlich eine Lohn- und Gehaltsgarantie. Erst dann, betont sie, sei man bereit, sich möglicherweise auch auf Veränderungen der Arbeitszeit einzulassen.

Herr Blum erklärt seine prinzipielle Bereitschaft, auf die Forderungen von Frau Matz gebührende Rücksicht zu nehmen, weist aber darauf hin, er sei keinesfalls in der Lage, zum gegenwärtigen Zeitpunkt Beschäftigungs- oder Lohn- bzw. Gehaltsgarantien zu unterzeichnen. Im Gegenteil, führte Herr Blum aus, müsse man gemeinsam an einem Modell zur Vermeidung betriebsbedingter Kündigungen arbeiten, ohne sich aber vorschnell darauf festzulegen, dass es nicht doch dazu kommen könne.

Einig sind sich Herr Blum und Frau Matz in ihrem Interesse an einer Verbesserung der Kommunikations- und Führungskultur des Unternehmens. Einig sind sie sich ebenso in dem Bestreben, die Fehlzeiten zu reduzieren und Beiträge zur Standortsicherung zu leisten.

Der Mediator entschließt sich, Einzelgespräche durchzuführen, da das Vertrauen der Parteien zueinander noch nicht tragfähig ist.

Nachdem der Mediator die grundlegenden Positionen der Parteien erfahren hat, versucht er, die Interessen herauszuarbeiten, die hinter den Positionen wirksam waren. Frau Matz wollte sich keine Blöße geben und den Mitarbeitern gegenüber nicht als zu nachgiebig erscheinen. Überdies müsse sie einen Erfolg nachweisen, denn der versetzte Mitarbeiter sei ungerecht behandelt worden. Dies sei klar und könne auch von Herrn Blum nicht geleugnet werden.

Einzelgespräche zur Klärung der Situation

Herr Gatzwich erfährt in diesem Einzelgespräch, wie es zum Bekanntwerden der umstrittenen Äußerung gekommen war. Der Mitarbeiter hatte in einer internen Besprechung mit seinem Chef diesen Unmut geäußert. Der Chef hatte die Äußerung ganz offensichtlich auf sich selbst bezogen und sah sich deshalb umgehend veranlasst, Maßnahmen zu ergreifen. Man sei, berichtet Frau Matz, inzwischen dabei, Unterschriften zu sammeln, um der Forderung nach Rückversetzung des betroffenen Mitarbeiters weiteren Nachdruck zu verleihen. Sie könne an diesem Punkt folglich keine Kompromisse machen. Sie sehe aber durchaus die Chance, die Rückversetzung im Zuge der Umgestaltung der Arbeitsorganisation vorzunehmen. Auf einen Monat, sagte Frau Matz, komme es dabei nicht an.

Herr Blum bringt in seinem Einzelgespräch seinen Unmut über die »Blockadepolitik« des Betriebsrats zum Ausdruck. Schon seit Monaten versuche er, »mit diesen Schnarchern« ein neues Arbeitszeitmodell zu vereinbaren. Er sehe aber gegenwärtig auf der Seite des Betriebsrats keinerlei Bereitschaft, auch nur die kleinste Veränderung zuzulassen. Er sei, erklärt Herr Blum, überaus frustriert und wolle »den Kram« lieber heute als morgen einfach hinwerfen. Die Versetzung des einen Mitarbeiters, das sehe er inzwischen auch, sei eine unglückliche Maßnahme gewesen. Er sei durchaus bereit, da mit sich reden zu lassen. Aber gegenwärtig sehe er keine Möglichkeit, ohne Gesichtsverlust aus der Sache rauszukommen. »Das schlachten die doch eiskalt aus, wenn wir da jetzt nicht hart bleiben.«

Der Mediator übernimmt stellvertretend die Ideen von Frau Matz.

Einzelgespräche ermöglichen das Testen von Lösungsvarianten

Herr Gatzwich schlägt Herrn Blum vor, die Rückversetzung des Mitarbeiters im Zuge der Einführung von Gruppenarbeit vorzunehmen. Er fragte, ob Herr Blum sich dies vorstellen könne. Herr Blum zeigt sich erleichtert. Er sei einverstanden mit dieser Lösung. Denn es sei gut, wenn »diese leidige Angelegenheit« dadurch aus der Welt geschafft werden könne. Der Mediator erwähnt dann, dass aber bis zur Einführung von Gruppenarbeit wohl noch einige Wochen vergehen würden. Es sei also nötig, mit Frau Matz zu vereinbaren, die Angelegenheit bis dahin ruhen zu lassen. Mit diesem Vorgehen zeigt sich Herr Blum einverstanden. Er sei durchaus interessiert daran, betont er Herrn Gatzwich gegenüber, zu konstruktiver Zusammenarbeit mit dem Betriebsrat beizutragen.

Konstruktive Zusammenarbeit, erklärt der Mediator, sei manchmal auch davon abhängig, dass die Öffentlichkeit rechtzeitig informiert werde. So könne das Wuchern von Spekulationen und Ängsten schon frühzeitig unterbunden werden. Er, sagt Herr Gatzwich, habe in diesen Fällen häufig gute Erfahrungen damit gemacht, der Belegschaft in einer gemeinsamen Erklärung wesentliche Ziele frühzeitig vorzustellen. Überdies sei er der Ansicht, dass die Kooperationsbereitschaft der Betriebsratsvorsitzenden durch eine solche gemeinsame Erklärung wesentlich gefördert werden könne. Immerhin kenne er sie seit siebzehn Jahren und wisse, wie hart sie dafür gearbeitet habe, zuerst Betriebsrätin und später Vorsitzende des Betriebsrats zu werden. Die Belegschaft erwarte von ihr Profil. Deshalb sei es günstig, Frau Matz dabei behilflich zu sein, die Erwartungen der Belegschaft zu erfüllen. Eine gemeinsame Erklärung könne deshalb von ihm, meinte Herr Gatzwich, rückhaltlos befürwortet werden.

Diese Äußerung bringt Herrn Blum auf die Palme. Er bekommt einen Wutausbruch. Er unterstellt Herrn Gatzwich, »mit der Blum« gemeinsame Sache zu machen. Er sei nicht bereit, sich von »denen« in die Tasche lügen zu lassen, lieber entlasse er sie alle zum nächstmöglichen Zeitpunkt.

Herr Gatzwich zeigt Verständnis für diese Haltung. Er versuchte das Gespräch wieder sachlicher zu gestalten, indem er ausführlich von den Widrigkeiten des Berufslebens und der Kunst der Diplomatie sprach. Schließlich beruhigt sich Herr Blum wieder.

Der Mediator schlägt nun vor, doch den Versuch zu machen, mit »den Arbeitslosen der Zukunft« heute noch sinnvolle Vereinbarungen zu treffen. Dem stimmte Herr Blum schließlich zu. Er spricht noch von seinem Sechzehnstundentag, von den Nöten der Familie und von Standortnachteilen. Am Ende erklärt er sich bereit, eine gemeinsame Erklärung zu veröffentlichen. Eine Forderung sei für ihn dabei allerdings unverzichtbar: Als ein wesentliches Ziel der gemeinsamen Bemühungen müsse unter allen Umständen auch die Neuregelung der Arbeitszeit in dieser Erklärung genannt werden.

Vereinbarung einer gemeinsamen Erklärung

In einem weiteren gemeinsamen Treffen wurde zwischen den Konfliktparteien im Rahmen der Mediation eine Erklärung entworfen. Mit dieser Erklärung sollten Geschäftsleitung und Betriebsrat ihre gemeinsame Verhandlungstätigkeit der Belegschaft kundtun. Man einigt sich darauf, die veränderte wirtschaftliche Situation in den Vordergrund zu stellen.

Der Preisverfall betrage gegenwärtig bereits mehr als 20 Prozent. Die Konkurrenz sei auf dem Vormarsch. Im schlimmsten Fall drohe die Schließung des Betriebes. Deshalb hätten sich Betriebsrat und Geschäftsleitung darauf verständigt, ab sofort zusammen nach Lösungen zu suchen. Gemeinsam mit einem externen Spezialisten werde es in Zukunft regelmäßige Treffen zwischen Betriebsrat und Geschäftsleitung geben. Allen Beteiligten sei klar, dass die Mitarbeiter sehr viel mehr könnten, als sie bisher gezeigt hätten. Deshalb wolle man Arbeitszeit und Arbeitsorganisation künftig so verändern, dass sich Kreativität, Eigeninitiative und Selbstständigkeit der Mitarbeiter noch besser als bisher entfalten könnten.

Im Zuge der gemeinsamen Verhandlungen über den Entwurf der Erklärung stimmt Herr Blum der Rückversetzung des Mitarbeiters zu, der gesagt hatte, dass der Fisch am Kopf stinke, bittet sich aber aus, dass diese Rückversetzung innerhalb noch zu schaffender neuer Gruppenarbeitsstrukturen stattzufinden habe. Frau Matz stimmt dieser Idee unter dem Vorbehalt zu, sie wolle zu diesem Vorschlag zunächst die Meinung des betroffenen Mitarbeiters hören und diese gegebenfalls mit ihren Betriebsratskollegen abstimmen. Allerdings sei sie persönlich, fügt sie hinzu, mit der von Herrn Blum vorgeschlagenen Lösung durchaus einverstanden und hoffe bestimmt, dafür auch die Zustimmung der Kollegen zu gewinnen. Blum weist nun seinerseits darauf hin, dass es ihm wahrscheinlich gelingen werde, Herrn Dr. Weilweder davon zu überzeugen und der Mediator nimmt die Vereinbarung als vorläufige Vereinbarung zu Protokoll.

Eine gemeinsame Erklärung dient der Kommunikation der Ergebnisse

Der Erstellung eines gemeinsamen Papiers: »Sicherheit und Zukunft für die Beschäftigten!« stand nun nichts mehr im Weg. Zwar mussten noch einige zusätzliche Absprachen getroffen werden, denn auch die Herren Dr. Weilweder (Geschäftsleitung) und Geldorfer (Gewerkschaft) legten gewiss Wert darauf, zu den Unterzeichnern des Papiers zu gehören, aber das könne man gemeinsam klären. Man wolle, beschloss man, sich in Zukunft als »Arbeitsgruppe« bezeichnen, um den konfliktuösen Ausgangspunkt der gemeinsamen Bemühungen gar nicht mehr ins Bewusstsein eventuell zu informierender Drittpersonen rücken zu müssen. Schließlich gehe es darum, Bedingungen für den gemeinsamen Erfolg aller zu schaffen. Das sei das Hauptziel der gemeinsamen Arbeit. Deshalb wolle man in Zukunft auch gemeinsam an die Öffentlichkeit treten, wenn es darum gehe, wichtige Informationen nach Außen zu tragen.

Nach Vertrauensaufbau und ersten gemeinsamen Erfolgen: Bearbeitung der Kernprobleme.

Erst jetzt regt Herr Gatzwich an, die bisherigen Hemmnisse konkreter anzugehen. Es gehe darum Lösungen für eine einvernehmliche Regelung des wohl nicht zu umgehenden Personalabbaus zu finden. Frau Matz und Herr Blum stellen fest, dass diese Fragen nicht ohne Herrn Dr. Weilweder und eventuell auch Herrn Geldorfer geklärt werden könnten. Sie einigen sich schnell darauf, die Herren Dr. Weilweder und Geldorfer zum nächsten Treffen einzuladen. Daraufhin empfiehlt Herr Gatzwich, eine Moderationssitzung zu Zielen und Perspektiven des Unternehmens durchzuführen. Die Ergebnisse dieser Moderationssitzung könnten dann, eventuell jeweils in Einzelgesprächen, von ihm aufgenommen und in einer weiteren Sitzung von Frau Matz und Herrn Blum gemeinsam diskutiert werden. Dies sei besonders deshalb empfehlenswert, weil sich gezeigt habe, dass nun auch Fragen nach der Kultur des Unternehmens zu klären seien.

Man einigt sich darauf, die Moderation im Unternehmen selbst durchzuführen, um gegebenenfalls andere Mitarbeiter einbeziehen zu können.

Im Vorgespräch mit den Teilnehmern an der Moderationssitzung zu Zielen und Perspektiven des Unternehmens kristallisiert sich das Bemühen aller Beteiligten heraus, ihre Zusammenarbeit zu verbessern und Regeln für zukünftig noch erfolgreicheres gemeinsames Handeln zu formulieren. Deshalb wird schließlich eine Sitzung zum Thema »Regeln für unsere Zusammenarbeit« durchgeführt, die Herr Gatzwich moderiert.

Außer Frau Matz und Herrn Blum nehmen an der Moderationssitzung Herr Dr. Weilweder, Herr Geldorfer, Herr Machatsch, der Produktionsleiter, Herr Übel, der Entwicklungsleiter, sowie Frau Grau, Herr Vasold und Herr Schnetz vom Betriebsrat teil.

Moderationssitzung zur Gestaltung der Unternehmenskultur

Im Verlauf der Moderation wurden zunächst die bisherigen Regeln im Unternehmen bearbeitet. Diese spiegelten in der Hauptsache die aktuellen Mechanismen des Machtgewinns und Machterhalts wider. Genannt werden unter anderem:

- Man darf keine Fehler eingestehen, sondern muss sie nach Möglichkeit anderen in die Schuhe schieben.
- Nur ungeteiltes Wissen ist Macht.
- Nur Einzelkämpfer siegen.
- Nur unnahbare Führungskräfte sind auch gute Führungskräfte.
- Leistungen anderer anzuerkennen, schwächt die eigene Position.
- Mitdenken lohnt sich nicht, wer den Chef verärgert wird kalt gestellt.
- Misstrauen sichert die eigene Position und schützt vor unangenehmen Überraschungen.

Herr Gatzwich moderiert im Anschluss an die Formulierung dieser bisher befolgten Regeln ein Gruppengespräch. Gegenstand des Gesprächs sind konkrete Anlässe und Erfahrungen, die zur Formulierung dieser Regeln geführt hatten. Erst danach stellt er die Frage nach anderen Verhaltensmöglichkeiten in derartigen Fällen. Durch dieses Vorgehen werden die Teilnehmer zu intensivem Gedanken- und Erfahrungsaustausch angeregt. Schnell verständigen sie sich darauf, dass die weitere Einhaltung der bisher wirksamen Regeln das Unternehmen wahrscheinlich nicht kräftiger machen würde. Stattdessen müsse man versuchen, da sind sich schließlich alle einig, an neuen Regeln zu arbeiten, mit deren Hilfe die Lage des Unternehmens verbessert werden könne.

Herr Gatzwich moderiert daraufhin eine Kartenabfrage, die zu folgenden Ideen führte:

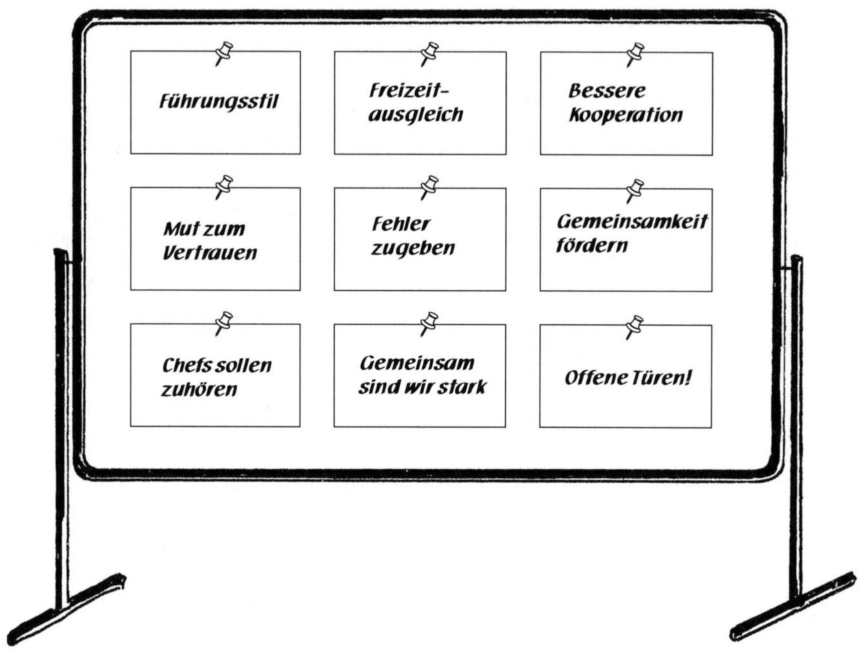

Anschließend diskutierte die Runde über mögliche neue Regeln. Als wünschenswert formulieren die Teilnehmer folgende neue Regeln:

- Es zeigt Stärke und den Willen, sich und das Unternehmen weiterzuentwickeln, wenn Fehler eingestanden werden.
- Mut zum Vertrauen schafft Energie zur Zusammenarbeit.
- Unsere Chefs sind an unserer Meinung wirklich interessiert.
- Gute Chefs halten Kontakt zu ihren Mitarbeitern.
- Andere zu stärken macht uns alle stärker.

Im Verlauf der gemeinsamen Arbeit zeigt sich, dass der zunächst kalkulierte Zeitbedarf nicht ausreicht. Man beschließt, eine weitere Moderationssitzung durchzuführen. Als Vorbereitung auf das nächste Treffen sollen alle Gruppenmitglieder weitere Vorschläge erarbeiten, mit deren Hilfe von alten zu neuen Regeln gelangt werden könne. Im abschließenden »Blitzlicht« zeigte sich die Gruppe betroffen über die, so ein Teilnehmer »gemeinschaftsschädigenden« Regeln, an die man sich bisher gehalten hatte.

Gleich zu Anfang des zweiten Treffens werden die Vorschläge der einzelnen Teilnehmer vorgestellt. Sie ergeben nichts wesentlich Neues. Im Anschluss daran einigt man sich darauf, dass es nötig sei, sich mit allen Abteilungsleitern auf die neuen Regeln zu verständigen. Darüber hinaus müsse die Einhaltung der neuen Regeln regelmäßig von allen Beteiligten überprüft werden. Hierzu sei ein Fragebogen zu entwickeln, mit dem man sich gegenseitig beurteilen könne. Dieser Fragebogen müsse dann aber von einem neutralen Sachverständigen ausgewertet werden. Die Ergebnisse müssten als Grundlage für weitere Einzel- oder Gruppengespräche herangezogen werden. Die Gruppe verständigt sich schnell auf Herrn Gatzwich als Sachverständigen. Dieser solle gemeinsam mit Frau Matz und Herrn Blum einen Fragebogen entwickeln und weitere Vorschläge zur Umsetzung der neuen Spielregeln formulieren.

Latente Spielregeln werden offengelegt, neue, kulturbildende Spielregeln gefunden

Nach einer Pause beschließt die Gruppe, dass Frau Matz und Herr Blum versuchen sollten, auf der Basis dieser neuen Regeln Lösungen für den immer wahrscheinlicher werdenden Personalabbau zu finden. Herr Dr. Weilweder bringt sein Interesse zum Ausdruck, an dieser Arbeit mitzutun. Dadurch werde der Aufbruch für alle Mitarbeiter sichtbar werden, was der Sache nur allzu dienlich sein könne. Frau Matz regt an, Herrn Geldorfer in die Gespräche einzubeziehen, weil der mit Sicherheit riesige Erfahrungen damit habe, neue Regeln in die Tat umzusetzen. Herr Geldorfer zeigte sich geschmeichelt und verweist auf seinen viel zu vollen Terminkalender. Er werde sich aber bemühen, »an der Sache dranzubleiben«. Herr Dr. Weilweder fragt dann Herrn Gatzwich, ob der sich vorstellen könne, mit ihm gemeinsam die Umsetzung der neuen Regeln im Hause vorzubereiten und durchzuführen. Herr Gatzwich erwähnt daraufhin seine Neutralitätspflicht, an die er sich als Moderator auch in diesem Augenblick gebunden fühle und bittet Herrn Dr. Weilweder um ein Gespräch am Folgetag. Dies wird vereinbart.

Die Mediation: ein wichtiges Element der neuen Unternehmenskultur

In einer weiteren Sitzung mit Herrn Gatzwich bestätigen Frau Matz und Herr Blum die Ergebnisse der beiden Tage und verständigen sich im Anschluss daran darauf, in Zukunft offener als bisher mit den Mitarbeitern umgehen zu wollen. Personalabbau sei unvermeidlich. Dieser Personalabbau müsse aber so sanft wie möglich durchgeführt werden. Die Parteien einigen sich darauf, das Thema gemeinsam mit Herrn Gatzwich weiterzubearbeiten.

In weiteren Sitzungen einigten sich Frau Matz und Herr Blum auf Modalitäten der Durchführung des Personalabbaus. Leider waren Entlassungen nicht zu vermeiden. Herr Dr. Weilweder selbst übernahm daraufhin in weiten Bereichen leitende Funktionen vor Ort. Herr Gatzwich ist seither einen Tag in der Woche im Unternehmen tätig. Er kümmert sich um die reibungsfreie Durchführung notwendiger Veränderungsprozesse.

Falldarstellung 2: Mediation im Rahmen eines Firmenzusammenschlusses

Anwalt Reizberg erhält den Anruf eines alten Mandanten. Der Mandant, Herr Gerholz, ist Besitzer mehrerer Bauunternehmen. Er bittet um einen Gesprächstermin, da er in einer seiner Niederlassungen Schwierigkeiten hat. Der dortige Geschäftsführer, Herr Wild, informiert ihn offensichtlich nicht wahrheitsgetreu über Zahlen, Aufträge und Perspektiven. Nach seinen Informationen arbeitet Herr Wild dabei sogar mit grundfalschen Angaben. Gerholz hat das durch einen Tipp der Buchhaltungskraft, Frau Schreier, erfahren. Er bittet Anwalt Reizberg um seinen Rat. Eigentlich würde er gern juristisch gegen Herrn Wild vorgehen.

Herr Reizberg weiß, dass die Firma Gerholz seit vielen Jahren am Ort tätig ist. Herr Gerholz, der bereits siebzig Jahre alt ist, hat das Unternehmen nach dem Krieg von seinem Vater übernommen. Vor einigen Jahren wollte er sich eigentlich aufs Altenteil zurückziehen und übergab die Geschäftsführung seinem ältesten Sohn. Ein Jahr später fühlte er sich aber so unausgelastet, dass er beschloss, Bauunternehmen in anderen, nicht allzu weit entfernt liegenden Städten zu kaufen. Im Verlauf der folgenden zwei Jahre beteiligte er sich an drei weiteren Firmen. Eine davon gehörte Herrn Wild, der in finanzielle Schwierigkeiten geraten war und sein Geschäft durch die Beteiligung von Gerholz retten konnte.

Herr Wild ist seither als Geschäftsführer tätig. Im vergangenen Jahr kam es immer wieder zu Missstimmigkeiten zwischen ihm und Herrn Gerholz. Kürzlich eskalierten diese. Es kam zu einer heftigen Auseinandersetzung zwischen den beiden, in deren Verlauf Gerholz dem Geschäftsführer mit Entlassung drohte.

In dem Gespräch mit seinem Anwalt betont Gerholz, er sei nicht länger bereit, sich von »diesem Idioten«, gemeint ist Herr Wild, »auf der Nase herumtanzen zu lassen«. Er wolle, dass Wild zumindest abgemahnt, oder aber dass der Klageweg beschritten werde.

Anwalt Reizberg fragt nach, ob die geschilderten Schwierigkeiten und Probleme auch in den anderen Niederlassungen aufgetreten wären. Herr Gerholz zögert erst ein wenig mit der Antwort und gesteht dann ein, dass seit einiger Zeit auch in anderen Niederlassungen ähnliche Probleme auftreten. Schuld daran sei wohl seine mangelnde Kontrolle oder die Laxheit seines Sohns, genau könne er das aber nicht sagen. Jede Firma mache weiterhin ihre eigenen Geschäfte, ohne ein Gemeinschaftsgefühl oder tatsächlichen Zusammenhalt mit den anderen Firmen zu entwikkeln. Das sei in den vergangenen Monaten zunehmend problematisch geworden. Deshalb, so glaube er, arbeite Wild eigentlich eher für sich, als für die gesamte Firmengruppe.

Mediationswochenende anstatt juristischer Auseinandersetzung

Anwalt Reizberg vermutet als Grund für die Schwierigkeiten ein Kommunikations- bzw. Identitätsproblem. Er schlägt vor, mit den Führungskräften aller Unternehmen gemeinsam »raus in ein Hotel« zu gehen, um ein Mediationswochenende durchzuführen. Vorher wolle er Einzelgespräche mit den Geschäftsführern der einzelnen Firmen führen und bei dieser Gelegenheit auch mit Herrn Wild Kontakt aufnehmen.

Herr Gerholz stimmt diesem Vorschlag erfreut zu und deutet an, er habe mehr Interesse an einer einvernehmlichen Lösung als an einer juristischen Auseinandersetzung. Immerhin sei die Zusammenarbeit bisher immer irgendwie möglich gewesen und deshalb der juristische Weg eventuell noch nicht zwingend notwendig.

Anwalt Reizberg stimmt dieser Sichtweise zu und betont, er habe bereits in vielen derartigen Situationen wahre Wunder gewirkt, als es darum ging, das Klima und die Spielregeln der Zusammenarbeit aller Mitarbeiter innerhalb neu geschaffener Strukturen zu verbessern. Das beruhigt Herrn Gerholz zusätzlich, denn er hat sein Ziel, Hilfe und Unterstützung von seinem Anwalt zu erhalten, auch durch dessen Vorschlag eines Mediationswochenendes erreicht.

Alle Beteiligten werden persönlich angesprochen, eingeladen und über die Mediation als Methode informiert

Anschließend klären die beiden Herren Einzelheiten der Organsiation und Durchführung des Wochenendes. Sie beschließen, zusammen mit den Geschäftsführern auch die Meister einzuladen. Dies erhöht die Teilnehmerzahl auf etwa 18 Personen. Die Einladungsschreiben sollen von Herrn Reizberg an die betroffenen Mitarbeiter übergeben werden. Dies soll aber erst geschehen, nachdem dieser mit den einzelnen Geschäftsführern persönlich gesprochen hat. Durch die persönliche Kontaktaufnahme im Vorfeld der geplanten Aktion hoffen Herr Gerholz und Herr Reizberg, die beteiligten Führungskräfte positiv einzustimmen.

Eine günstige Stimmung der Führungskräfte könnte in der Folge vorteilhaft für den Verlauf des geplanten Prozesses sein. So würde sich beispielsweise ein guter Beginn förderlich auf die Erwartungen der beteiligten Meister auswirken können. Dadurch kann erreicht werden, dass die gemeinsame Aktion von allen als Gewinnchance, und nicht nur als Vorspiel zu juristischen Auseinandersetzungen begriffen wird. Deshalb nimmt Herr Reizberg persönlich mit den Geschäftsführern Kontakt auf.

Noch im Vorfeld des Mediationswochendendes kann er dadurch die Idee der Mediation mit ihnen erörtern. In diesen Gesprächen kann er wesentliche Probleme und Bedürfnisse der Beteiligten ergründen, definieren und einer Lösung näher bringen. Überdies gewährleistet ein derartiges Vorgehen, dass die Wochenendveranstaltung nicht als Zwangsmaßnahme begriffen wird. Dies ist deshalb wichtig, weil Zwangsmaßnahmen negative Reaktionen auslösen können. Dies führt zu Widerstand, selbst wenn die Maßnahmen gut gemeint waren.

Herr Gerholz und Herr Reizberg beschließen, den auf Kooperation ausgerichteten Aspekt der Veranstaltung in den Mittelpunkt ihrer Informationsbemühungen zu stellen. Im Gegensatz zu den Schwierigkeiten, die in den vergangenen Monaten die Zusammenarbeit unbefriedigend gestalteten, soll jetzt die Chance einer gemeinsamen Zukunft in den Vordergrund gerückt werden.

Einzelgespräche durchführen

Im Verlauf der Vorgespräche entpuppt sich Herr Wild als äußerst kooperationsbereit. Schnell klärt er den Anwalt darüber auf, dass er bereits seit Jahren eine andere Form der buchhalterischen Datenverarbeitung pflegt, als Herr Gerholz. Auch seine Art und Weise der Bestimmung zukünftiger Umsatzmöglichkeiten sei grundlegend anders organisiert als im Gerholz-Unternehmen. Dadurch hätten sich, das sei richtig, in der Vergangenheit gelegentlich Unstimmigkeiten ergeben, denen er aber keine übergeordnete Bedeutung beigemessen habe. Grundsätzlich stehe er positiv zur geplanten Durchführung eines gemeinsamen Wochenendes. Er hoffe, an diesem Wochendende auch einige organisatorische Probleme klären zu können, durch die seiner Ansicht nach der Geschäftsgang unnötig verlangsamt werde. Frau Schreier sei nach einer längeren psychischen Krankheit erst kürzlich wieder ins Unternehmen zurückgekehrt und leide leider immer noch gelegentlich an Verstimmungen, was sich in den vergangenen Wochen recht negativ auf das Betriebsklima ausgewirkt habe. In einer dieser Perioden habe sie Kontakt zu Herrn Gerholz aufgenommen und als Resultat dieses Gesprächs sei dieser dann aufgetaucht. Aufgetaucht sei nicht der richtige Ausdruck, eigentlich sei er wie eine Furie in Erscheinung getreten und habe ihn angebrüllt. Das habe er sich nicht gefallen lassen und dadurch sei das Gespräch sehr schnell zu einem unschönen Ende gekommen. Herr Wild betont, wie sehr er sich darüber freue, dass im Verlauf eines Mediationswochendendes auch die mitmenschliche Seite der Zusammenarbeit aller verbessert werden könne.

Der Mediator klärt bereits im Vorfeld wichtige Hintergründe des Konfliktes

Die übrigen Geschäftsführer weisen ebenfalls in den Einzelgesprächen darauf hin, wie wenig getan worden sei, um die menschliche Seite der Zusammenarbeit tatsächlich zu verbessern. Zum Teil, betonen sie, kennen sie die Mitarbeiter aus den anderen Firmen nicht einmal persönlich. Das sei immer dann hinderlich, wenn es darum gehe, kleinere Probleme oder Schwierigkeiten fernmündlich zu erledigen. Die Geschäftsführer betonen einhellig, wie nötig ein gemeinsames Wochenende ihrer Ansicht nach sei, um grundsätzliche Fragen der Organisation und Zusammenarbeit in Ruhe zu klären. Jeder einzelne erklärt sich bereit, seine Meister in diesem Sinn auf die geplante Veranstaltung einzustimmen.

In einem weiteren Gespräch von Herrn Reizberg und Herrn Gerholz informiert der Anwalt seine Mandanten stichpunktartig über das bisherige Ergebnis seiner Bemühungen. Gemeinsam beschließen die beiden, den Bereich Unternehmenskultur und Umgang mit Konflikten besonders hervorzuheben. Wichtig sei, den Mitarbeitern Instrumente aufzuzeigen, mit deren Hilfe sie zukünftige Unstimmigkeiten selbst bereinigen könnten, ohne Herrn Gerholz in diesem Zusammenhang über Gebühr zu beanspruchen. Wesentliche Elemente der Mediation sollen deshalb von Herrn Reizberg vorgestellt und zusammen mit den Teilnehmern eingeübt werden. Dadurch kann erreicht werden, den Zusammenhalt aller, auch in Konfliktsituationen, auf eine gemeinsame Kultur des Umgangs einzustimmen. Als Beispiel könne der Konflikt dienen, den Herr Gerholz kürzlich mit Herrn Wild gehabt habe. Durch die Bearbeitung dieses Konflikts, der sich zwischenzeitlich ohnehin herumgesprochen hat, werde ein wesentlicher Beitrag zur Klärung und zur Kultivierung zukünftiger Spielregeln geleistet.

Persönliche Befindlichkeiten berücksichtigen

Herr Gerholz ist mit diesem Vorschlag einverstanden. Für ihn kommt hinzu, dass er in letzter Zeit unangenehme Prostataprobleme hatte und einen Tumor fürchtet. Gerade deshalb ist er sehr daran interessiert, Bedingungen zu schaffen, unter denen »der Laden« auch ohne ihn gut weiterlaufen kann. Eine Aufarbeitung des Konflikts mit Herrn Wild scheint ihm ein guter Weg zu sein, um diesem Ziel näher zu kommen. Auch sein Sohn solle in die Aufarbeitung einbezogen werden, denn der habe in den vergangenen Monaten häufiger mit Frau Schreier telefoniert als er selbst. Von seinem Sohn habe er, noch während der Krankheit von Frau Schreier, erste Informationen über mögliche Unregelmäßigkeiten erhalten. Auf diese habe er sich, vielleicht voreilig, fast blindlings verlassen. Inzwischen halte er es aber sogar für möglich, dass sein Sohn ein Verhältnis mit der Frau habe oder gehabt habe. Gleichzeitig habe wohl auch Herr Wild ein gewisses Interesse an ihr gezeigt. Daher wiederum sei sein Sohn in der Beurteilung von Herrn Wild nicht objektiv eingestellt. Die Situation, betont Herr Gerholz, sei äußerst verfahren und er freue sich darüber, dass Anwalt Reizberg bereit sei, Licht in die ganze Sache zu bringen.

Konflikte über Konflikte

Das Mediationsseminar beginnt an einem Freitagabend gegen 18 Uhr in einem renommierten Seminarhotel. Es sind insgesamt siebzehn Führungskräfte und leitende Mitarbeiter gekommen. Leider ist Frau Schreier, die als wichtige Buchhaltungskraft ebenfalls eingeladen war, nicht anwesend. Ebenso fehlt der Sohn von Herrn Gerholz wegen einer Grippeerkrankung. Herr Reizberg bedauert das Fehlen der beiden, da sie wesentliche Parteien in dem Konflikt darstellen. Man beschließt das Seminar dennoch durchzuführen und die beiden später in die Lösung mit einzubinden. Nach einer kurzen Vorstellungsrunde geht man zum gemeinsamen Abendessen. Bereits hier zeigt sich Herr Wild äußerst kooperativ. Es stellt sich heraus, dass er bereits im Vorfeld der Veranstaltung Kontakt mit den anderen Geschäftsführern aufgenommen hat, um mit ihnen gemeinsam Ziele abzustimmen, an denen gearbeitet werden kann.

Vorstellungsrunde, damit die Teilnehmer sich kennenlernen

Als es gegen 19.30 Uhr weitergeht, setzt man sich in einem Kreis zusammen. Der Kreis ist deshalb besonders wichtig, damit jeder Teilnehmer alle anderen Teilnehmer sehen kann. Durch die kreisförmige Sitzordnung wird bereits in der Anfangsphase des Mediationsseminars ein Höchstmaß an Offenheit und Transparenz ermöglicht. Herr Gerholz bedauert das Fernbleiben seines Sohnes und gibt seiner Hoffnung Ausdruck, dass er vielleicht am folgenden Tag zur Gruppe stoßen könne. Bereits beim Abendessen hatte Herr Wild erklärt, er habe am Morgen wieder eine Krankschreibung von Frau Schreier auf seinem Schreibtisch vorgefunden. Genaueres wisse er nicht.

Im weiteren Verlauf des Seminars stellt Herr Reizberg die Regeln der Mediation vor. Ebenso erläutert er verschiedene Kommunikationsstrategien, beispielsweise den kontrollierten Dialog, mit deren Hilfe die Klärung einfacher Sachverhalte erleichtert werden kann. Er erarbeitet mit den Teilnehmern aber auch Lernstrategien, die ihnen dabei helfen können, auf optimale Weise vom Seminargeschehen zu profitieren. Eine Lernstrategie besteht darin, in den Pausen mit einem »Lernpartner« über die neuen Inhalte zu sprechen. Die Notwendigkeit der Verbalisierung der neuen Inhalte im Gespräch vertieft den Lernerfolg. Nach einem Abschlussblitzlicht, in dessen Verlauf sich die Teilnehmer zufrieden mit dem bisherigen Verlauf der Dinge zeigen, geht man an die Bar. Der Abend mündet wegen der Trinkfestigkeit der meisten Teilnehmer schnell in ein gemeinsames Besäufnis, in dessen Verlauf Brüderschaften geschlossen werden, als man feststellt, wie viele Gemeinsamkeiten man hat.

Weit nach Mitternacht sitzt der Anwalt mit den drei letzten Gästen immer noch an der Bar und reflektiert den bisherigen Verlauf des Seminars. Endlich, so die einhellige Meinung, sei man sich einmal näher gekommen und habe die anderen ein wenig kennen gelernt. Jetzt freue man sich auf den nächsten Tag und sei gespannt, was er bringen werde. Danach gehen auch die letzten Teilnehmer zu Bett.

Hilfreich für Herrn Reizberg ist bei der Vorbereitung des Folgetages die Arbeit mit dem Konfliktraster

Der Arbeitstag des Anwalts Reizberg ist in diesem Augenblick allerdings noch nicht zu Ende. Er hat sich beim Trinken zurückgehalten und arbeitet jetzt die Ergebnisse des Abends in sein Konzept für den nächsten Tag ein. Im Konfliktraster, das Herr Reizberg bereits zu Beginn des Konfliktes für sich erstellt hat, hält er alle wichtigen Einzelheiten des Konflikts aus der Sicht der Parteien fest. Diese Visualisierung der bereits gefundenen Informationen ermöglicht ihm eine besonders präzise Konzeption seines weiteren Vorgehens.

Beim Nachdenken über das Verhalten der Teilnehmer am ersten Seminartag stellt Herr Reizberg fest, dass ihm einzig Herr Gerholz Sorgen macht. Herr Gerholz hat im Verlauf des Abends kaum etwas gesagt und war offensichtlich bedrückt. Er ging so früh auf sein Zimmer, dass Reizberg keine Gelegenheit mehr dazu hatte, mit ihm gemeinsam den Verlauf des Folgetags abzustimmen. Er beschließt, beim Frühstück zu versuchen, mit Herrn Gerholz ins Gespräch zu kommen.

Der rote Faden: die zukünftige bessere Zusammenarbeit

Die Grobstruktur des Folgetags ist Herrn Reizberg klar. Nach einem kurzen Anfangsblitzlicht wird er zu den Risiken und Chancen jeder Zusammenarbeit übergehen und an den Konfliktfeldern arbeiten, die am Vorabend bereits kurz angesprochen worden sind. Die Frage nach dem Nutzen einer besseren Zusammenarbeit wird der rote Faden des Tages sein.

Bereits früh am Morgen kommt Reizberg zum Frühstück. Dort trifft er auf Herrn Gerholz, der ihn still begrüßt und dann auffordert, an seinem Tisch Platz zu nehmen. Nach einigen Momenten bricht Herr Gerholz das Schweigen. Er berichtet, dass er sich bald operieren lassen müsse. Er habe tatsächlich ein Prostatakarzinom, allerdings wohl noch nicht so fortgeschritten, dass keine Hoffnung mehr sei. Dennoch habe ihn die Nachricht, die ihm sein Urologe gestern kurz vor Seminarbeginn gegeben habe, in eine tiefe Depression gestürzt, aus der er bis jetzt noch nicht wieder herausgefunden habe. Man müsse in seinem Alter doch mit dem Schlimmsten rechnen. Er fragt Herrn Reizberg, ob der ihm einen guten Operateur empfehlen könne. Das ist in der Tat möglich, denn sein älterer Bruder unterzog sich kürzlich einer solchen Operation und ist mit den Ergebnissen sehr zufrieden. Allerdings müsse Herr Gerholz sich dann in

Hamburg operieren lassen, was doch ein wenig weit sei. »Ach nein«, sagt Herr Gerholz, »vielleicht tut es mir ja sogar ganz gut, mal etwas rauszukommen.« Wie er das meine, fragt Herr Reizberg nach. Herr Gerholz schenkt sich erst noch etwas Kaffee ein und berichtet dann, dass Frau Schreier wahrscheinlich von seinem Sohn schwanger sei. Auch das habe er gestern erfahren. Er sei wie gelähmt gewesen. Nicht im Traum habe er wirklich damit gerechnet, dass sein Sohn seiner Ehefrau untreu sein könne. »Aber so spielt das Leben«, murmelt er mit etwas verkniffenem Lachen, »er hat eben nie wirklich etwas getaugt.« »Herr Wild dagegen macht sich ganz gut«, spinnt Reizberg den Faden fort. Das finde er auch, antwortet Gerholz und bekundet Erleichterung darüber, sich mit diesem momentan nicht vor Gericht streiten zu müssen. »War doch gut, dass Sie das Seminar vorgeschlagen haben«, sagt er ernst. »Freut mich, dass sie das sagen«, gibt der Anwalt zurück, »es ist in diesem Fall wirklich die bessere Lösung.«

Das Seminar selbst verläuft geordnet weiter. Die Teilnehmer sind größtenteils verkatert und noch müde, als es um 8.30 Uhr beginnt. Gemeinsam suchen sie dann nach Vorteilen, die aus der Zusammenarbeit erwachsen können und bisher noch nicht genutzt wurden. Im Verlauf des Vormittags erkennen sie das jeweilige du, also ihre Kollegen, als echte Chance wertzuschätzen. Sie entwickeln Verständnis füreinander und für die unterschiedlichen Gegebenheiten in den einzelnen Niederlassungen. Reizberg stellt heraus, dass es in Ordnung sei, dass die anderen anders sind und andere Ziele haben. Wichtig sei eine gemeinsame Vision, also eine gemeinsame Vorstellung dessen, was in Zukunft erreicht werden soll.

In vielen Pausengesprächen klärt Herr Reizberg Fragen und nimmt Anliegen einzelner Teilnehmer auf, die diese in der Gruppe nicht geäußert haben. Er fungiert als Mittelsmann, der Themen in die Gruppe trägt, deren Urheber es vorziehen, anonym zu bleiben.

Nach dem Mittagessen wird die Stimmung allmählich fordernder. Die Teilnehmer wollen nun tatsächlich zu Ergebnissen kommen und die Chance des Seminars möglichst vollständig ausschöpfen.

Reizberg regt Gruppenarbeiten an, die über Stärken und Schwächen der bisherigen Kommunikations- und Konfliktkultur durchgeführt werden. Als Hauptübel zeigt sich die völlige Unsicherheit der meisten Teilnehmer über Spielregeln und Vorgehensweisen im Konfliktfall. Dies sei aber nur ein Teilaspekt einer ganz allgemeinen Unsicherheit darüber, wie man denn miteinander umgehen solle, welche gemeinsamen Ziele es gebe und wohin man eigentlich unterwegs sei. Unsicherheit über Unternehmenswerte und -ziele nimmt in der an die Gruppenarbeit anschließenden Diskussion breiten Raum ein.

Am frühen Abend taucht Hugo Gerholz, der älteste Sohn auf. Er ist blass und wirkt noch von der Grippe angeschlagen. Herr Reizberg informiert ihn kurz über das, was bisher geschehen ist. Danach geht die Gruppe zum Abendessen.

Während des Essens kommt es zu einem heftigen Disput zwischen Hugo Gerholz und seinem Vater. Grundthema ist die Enttäuschung des Vaters über die Nachlässigkeit, mit der »der Junge« die Geschäfte schleifen lässt. Auf der anderen Seite erklärt Hugo Gerholz, wie schwierig es für ihn sei, mit einem Vater, der nie Zeit für ihn hat oder hatte, tatsächlich gut zusammenzuarbeiten. In der Seminarsitzung nach dem Abendessen setzt sich die Auseinandersetzung zwischen Vater und Sohn fort. Reizberg versucht, in den Konflikt einzugreifen, indem er vorschlägt, ihn mit Hilfe des kontrollierten Dialogs zu führen.

Der kontrollierte Dialog dient dazu, Klarheit und Transparenz auch in emotional überfrachteten Kommunikationssituationen zu gewährleisten

Nochmals zur Erinnerung: Im kontrollierten Dialog wird vom zuhörenden Partner verlangt, das vom Vorredner Gesagte sinngemäß wiederzugeben, bevor er eine eigene Meinung äußert. Dadurch wird er gezwungen, sich zunächst noch einmal mit der Argumentation seines Gesprächspartners zu beschäftigen, bevor er seinen eigenen Standpunkt darlegt.

Der kontrollierte Dialog gelingt nicht. Immer wieder werden Herr Gerholz und sein Sohn von ihren Emotionen mitgerissen. So erklärt Hugo Gerholz, er sei nie dafür gewesen, dass der Vater sich nochmal auf so eine Sache einlasse. Gemeint sei, sagt er auf Rückfrage, die Beteiligung an den Firmen, in die dieser sich eingekauft habe. Das sei einfach zu viel für ihn gewesen. Außerdem habe sich seither alles verschlechtert. Der Vater wirft Hugo im Gegenzug vor, seine Geschäfte zu wenig konsequent und zu lax zu handhaben. Er habe, sagt Herr Gerholz seinem Sohn, die Chance einfach nicht nutzen wollen, die er ihm gegeben habe. Als Hugo daraufhin aufbraust und sich die Vorwürfe des Vaters verbittet, empfiehlt ihm Herr Gerholz, der plötzlich ganz ruhig geworden ist, sich doch einmal ein Beispiel an Herrn Wild zu nehmen.

Für einen Moment stockt daraufhin der ganze Dialog. Alle Blicke richten sich auf Wild, der seinerseits Herrn Gerholz ansieht. In das Schweigen hinein erklärt Hugo Gerholz, ebenfalls deutlich ruhiger, unter den gegebenen Umständen nicht länger in den Firmen seines Vaters tätig sein zu wollen. Er werde zum nächstmöglichen Zeitpunkt ausscheiden und sich eine andere Stelle suchen. Mit Blick auf Herrn Reizberg bittet er um Verständnis dafür, dass es ihm – aus gesundheitlichen Gründen – leider nicht länger möglich sei, am Seminar teilzunehmen. Sowohl von seinem Vater als auch von Herrn Reizberg verabschiedet er sich mit Handschlag. Er zögert dann kurz und geht schließlich auch auf Herrn Wild zu. Nachdem er sich von diesem mit Handschlag verabschiedet hat, geht er.

Man kommt überein, das Geschehen nicht unmittelbar aufzuarbeiten und beschließt, wieder an die Bar zu gehen und am Morgen um 8.30 Uhr weiterzumachen. Die Stimmung ist deutlich gedrückt. Gleichzeitig werden aber auch Stimmen laut, die nach einem reinigenden Gewitter gute Chancen dafür sehen, den Folgetag konstruktiv zu nutzen.

Am Abend hat Herr Reizberg erneut keine Gelegenheit mehr, mit Herrn Gerholz zu sprechen. Herr Gerholz sei unmittelbar nach seinem Sohn abgereist, wird ihm gesagt, man wisse nicht, wann er wiederkomme.

Die Stimmung an der Bar entwickelt sich im Lauf des Abends eher zum Positiven. Jetzt, so ist gegen Mitternacht die einhellige Meinung, sei endlich die Bahn frei für einen Neuanfang. Nun gehe es nur noch darum, die richtigen Spielregeln und Ziele zu vereinbaren, um bald Marktführer zu werden!

Herr Reizberg trifft Herrn Gerholz am Morgen des folgenden Tages beim Frühstück. Herr Gerholz berichtet, er habe am Abend noch lange mit seinem Sohn gesprochen und ihm mitgeteilt, dass er Krebs habe. Der Sohn habe darauf aber nicht reagiert, sondern nur erneut betont, sich baldmöglichst unabhängig machen zu wollen. Er könne ja, habe sein Sohn gesagt, Herrn Wild stärker als bisher in die Geschäfte einbinden. Er jedenfalls stehe ab sofort nicht mehr dafür zur Verfügung.

Als Ziele für den letzten Seminartag vereinbaren Herr Gerholz und Herr Reizberg insbesondere das Thema Unternehmenswerte und Zukunftsperspektiven anzugehen. Herr Reizberg setzt Herrn Gerholz davon in Kenntnis, dass am Abend des vergangenen Tages verschiedentlich von Marktführerschaft die Rede gewesen sei. Er wolle, sagt Herr Reizberg, im weiteren Verlauf des Seminars auf die Möglichkeiten eingehen, die jeder einzelne Teilnehmer sehe, diesem Ziel näher zu kommen. Herr Gerholz betont daraufhin, wie sehr gerade die Marktführerschaft in seinem Interesse sei. Seit Jahren habe er dieses Ziel verfolgt und freue sich, dass es nun endlich auch von den Mitarbeitern angestrebt werde. Überdies sei das Geschäft seit Jahren sein Lebenszweck gewesen und die weitere Entwicklung des Geschäfts deshalb von unendlicher Wichtigkeit für ihn. Er werde sich selbst dafür einsetzen, Perspektiven und Ziele zu schaffen, die ein weiteres Wachstum ermöglichen könnten. An dieser Stelle wolle er erneut betonen, wie dankbar er Herrn Reizberg für die Leitung des Seminars und für die Klärung der Konflikte sei. Er selbst habe im Verlauf der vergangenen Tage viel gelernt.

Der Seminartag beginnt mit einem ausführlichen Blitzlicht. Im Anschluss daran definiert zunächst jeder Teilnehmer seine eigenen Ziele und danach zusammen mit den anderen Mitarbeitern die jeweiligen Firmenziele. Zum Schluss werden die gemeinsamen Ziele des Firmenverbundes festgelegt.

Ein Bild sagt mehr als tausend Worte

Als Symbol oder Logo ihres Verbundes finden sie eine Krake, die alles aufsaugt und an sich reißt. »Auch wir wollen den Markt aufsaugen und an uns reißen, deshalb passt dieses Symbol besonders gut zu uns«, einigen sie sich. Wir sind auch Kraken! Vom Punkt dieser gemeinsamen Erkenntnis aus, arbeitet die Gruppe geschlossen an der Organisation des Firmenverbundes. Herr Wild hat dabei die informelle Führung, Herr Reizberg leitet gelegentlich an, indem er Fragen stellt oder Karten- oder Zuruftechniken vorschlägt.

Nach dem Mittagessen verabschiedet sich Herr Gerholz. Es gehe ihm nicht gut. Er vertraue die weitere Vorgehensweise Herrn Wild und Herrn Reizberg an. Herr Wild solle ihn am Montag kurz anrufen und über die Ergebnisse des Seminars informieren. Herr Reizberg werde ohnehin mit ihm Kontakt aufnehmen. Herr Gerholz verabschiedet sich von allen Teilnehmern mit Handschlag. Erneut bringt er seinen Dank an Herrn Reizberg und seine Befriedigung darüber zum Ausdruck, »dass die Dinge jetzt geordnet vorangehen können«. Dann geht er.

Die gemeinsame Vision: Marktführerschaft!

Am Nachmittag definiert die Gruppe ihre gemeinsame Vision für die Zukunft. Alle sind beteiligt an der Formulierung dieser Vision. Danach klären sie Fragen, die mit der organisatorischen Umsetzung der gefundenen Ziele zu tun haben. Herr Reizberg ist in dieser Phase kaum noch aktiv. In der Gruppe haben sich einige Führer herauskristallisiert, die ihn nur noch als den methodenkompetenten Assistenten in einer Entwicklung nutzen, die von den Mitarbeitern selbst weitergetragen wird. In der Gruppe herrscht fast schon euphorische Aufbruchstimmung.

Gegen Ende des Mediationswochenendes empfiehlt Herr Reizberg noch einige Bücher und man vereinbart, baldmöglichst wieder zusammenzukommen, um den Prozess weiterzuführen.

Zwei Jahre später war das Ziel der regionalen Marktführerschaft tatsächlich fast erreicht. Herr Gerholz hatte sich in Hamburg erfolgreich operieren lassen. Sein Sohn war in einem anderen Unternehmen als Meister tätig. Herr Wild wurde mit der Zeit zur rechten Hand von Herrn Gerholz.

Falldarstellung 3: Fraktionskämpfe innerhalb eines Beratungsunternehmens

Der folgende Fall einer Mediation schildert die sicher nicht ungewöhnlichen Auseinandersetzungen in einem Trainings- und Beratungsunternehmen. Es handelt sich hier – genauer gesprochen – um eine Organisationsentwicklung, in der Mediationsprozesse die wichigsten Akzente liefern.

Das Trainingsunternehmen hatte am Standort, eine Stadt in Süddeutschland, und in der umliegenden Industrieregion einen durchaus respektablen Ruf. Nur: die finanzielle Situation und die Auftragslage entsprachen nicht den Wünschen und wohl auch nicht den Möglichkeiten des Trainer-Kollegiums. Ein Grund dafür war zunächst in personellen Veränderungen zu suchen. Routinierte Kräfte waren abgewandert oder hatten sich selbstständig gemacht. Dabei wurden natürlich auch Kunden abgeworben. Die neu eingestellten Trainer waren eher Newcomer, die erst einen Kundenstamm akquirieren und durch Leistung überzeugen mussten. Innerhalb eines Jahres wurden vier neue Trainer eingestellt, die die vorhandene Führungscrew mit dem Geschäftsführer und seinem Stellvertreter ergänzten.

Vorgeschichte

Im Laufe dieses Jahres hatten sich erste Zwistigkeiten zwischen den einzelnen Trainern herausgebildet und der Geschäftsführer vermutete in diesen Reibereien einen wesentlichen Grund für den unbefriedigenden Erfolg und die mangelhafte Auftragssituation des Unternehmens. Er bat deshalb einen ihm bekannten Moderator und Konfliktmanager um Unterstützung.

Erste Informationen

In einer ersten Vorbesprechung schildert der Geschäftsführer die wesentlichen Symptome der internen Rivalitäten. Bei gemeinsamen Trainings und Ko-Moderationen würden bestimmte Kollegen immer vorgezogen, obwohl die sachliche Zusammenarbeit mit einem anderen Kollegen durchaus ratsam gewesen wäre. Informationen vom einzelnen Kunden würden bewusst zurückgehalten, um die eigene Position und den Anspruch darauf zu stärken. In den regelmäßigen Besprechungen, selbst in den gemeinsamen Mittagspausen gäbe es oft versteckte Bemerkungen, die andere attackieren oder gar kränken sollten. Die Atmosphäre im Team sei nach einem guten und produktiven Beginn nun immer gereizter geworden. Rückzug und »Stänkereien« im Geheimen seien nun fast an der Tagesordnung. Zudem meide ein Teil der Trainer die notwendige Akquisitionsarbeit, stürze sich nur auf die Durchführung von Trainings. Dies geschehe häufig sehr qualitätsbewusst, dennoch könne ein solches Nachlassen der Akquisitionstätigkeit von ihm als Geschäftsführer nicht geduldet werden. Die Arbeit sei ganz bewusst so organisiert, dass jeder Trainer die ganze Palette der Aktivitäten auszuführen hätte, also von der Akquisition über die Konzeption bis zur Durchführung und Nachbereitung der Seminare und Beratungen. Nur die aufwendige Schreib- und Organisationsarbeit werde von den Mitarbeitern im Sekretariat abgenommen.

Der Ärger setze sich fort hinein in die unumgänglichen Koordinations-Notwendigkeiten des Teams. Terminabsprachen werden oft nur unzulänglich eingehalten. Der von ihm, dem Geschäftsführer, als wichtig deklarierte Umlauf werde nicht gelesen, zu den Besprechungen werden oft sehr unpräzise Protokolle angefertigt. Er habe zudem den Eindruck gewonnen, dass innerhalb des Trainer-Teams eine Art Fraktionsbildung stattgefunden habe, die dazu führe, dass ein Teil des Trainerteams sich an Misserfolgen der anderen erfreue. Ja man ließe diese manchmal ganz bewusst ins offene Messer laufen, indem man bestimmte Vorinformationen zum Kunden und dessen Bildungsverantwortlichen nicht weitergebe. Man erfreue sich dann geradezu an schlechten Bewertungen, am Abwandern eines Kunden, an dessen Aufträgen doch allen gelegen sein müsste.

Akzeptanz für den Mediationsprozess herstellen

In dieser Situation wende er sich nun an einen externen Mediator und Konfliktmanager, der dabei helfe, die verfahrene Situation zu meistern. Er gebe ihm in allem freie Hand, nur lege er Wert darauf, dass das Konfliktmanagement von den Trainern nicht als Bevormundung oder als Ausspionieren erfahren werde, sondern als eine Strategie zur Teamentwicklung.

In einem kurzen Vorgespräch wird der Mediator dem Team vorgestellt. Das Bemühen um eine Behandlung der Teamprobleme wird allgemein begrüßt, der Mediator wird zunächst ohne Bedenken akzeptiert.

Übung

Nehmen Sie bitte an, Sie seien dieser Mediator, der vom Geschäftsführer zur Konfliktlösung ins Spiel gebracht wurde. Vergleichen Sie im Folgenden ihre Strategien mit denjenigen, die in der Realität angewendetet wurden.
Wir werden Sie nun immer wieder bitten, den jeweils nächsten Schritt zu überlegen. Die hier durchgeführte Konfliktlösung ist kein idealtypisches Vorgehen. Es kann also durchaus sein, dass Ihr Vorschlag im Einzelnen sinnvoller und angemessener sein kann.
Sie kennen durch den Bericht des Geschäftsführers die Ausgangssituation. Stellen Sie nun kurz dar, welchen ersten Schritt Sie als als angehender Mediator planen würden. Begründen sie bitte diesen Schritt.

- -

- -

- -

Dieses analytische Vorgehen ähnelt dem Konfliktraster *(siehe Seite 63ff.)*

Der Mediator in diesem konkreten Fall sieht die Darstellungen des Geschäftsführers als etwas, was sie letztlich auch sind: als subjektive Wirklichkeit, als subjektive Sicht des Unternehmensprozesses und seiner Hemmnisse. Nachdem der Team-Gedanke in diesem Trainer-Kollegium groß geschrieben wird, versucht er, aus den differierenden Sichtweisen der Akteure ein Gesamtbild der Situation zu gewinnen.

In diesem Fall ist die Zahl der Akteure überschaubar: Er führt mit den anderen Mitgliedern des Teams Einzelinterviews durch, die durch einen Leitfaden strukturiert sind. Die Fragen sind für alle Team-Mitglieder identisch. Sie beziehen sich auf:

- Gründe für den ausbleibenden Unternehmenserfolg.
- Schwerpunkte und Neigungen in der Trainertätigkeit (Akquisition, Konzeption, Durchführung, Öffentlichkeitsarbeit).
- Vorfälle, die in der letzten Zeit besonderen Ärger auslösten.
- Beschreibung der Kooperation im Team (zunächst mit einer griffigen Metapher, später mit deren verbaler Erläuterung).
- Verbesserungsvorschläge und Ziele für die Kooperation.
- Formulierung eines Wunsches: »Was wollte ich im Rahmen dieses Teams schon immer einmal tun bzw. sagen?«

Zusicherung von Vertraulichkeit

Die identische Struktur der Interviews soll jeden Verdacht ausräumen, die Mediation laufe unter Beobachtung des Geschäftsführers und liefere diesem verwertbare Hinweise. Zu diesem Zweck beantwortet der Geschäftsführer ebenfalls diesen Fragebogen. Der Mediator sichert allen Beteiligten zudem Vertraulichkeit zu und bittet sie anzugeben, welche Äußerungen er auf keinen Fall – oder nur nach Absprache – veröffentlichen kann.

Situationsanalyse

Nach der Auswertung der Interviews gewinnt der Mediator eine erste Situationsanalyse, die in manchen Punkten durchaus von der ersten Darstellung des Geschäftsführers abweicht. Einer dieser Punkte ist besonders markant: Die Fraktionsbildung innerhalb der Belegschaft wird durch die Interviews bestätigt, allerdings wird der Geschäftsführer als durchaus involviert, als Teil einer Fraktion gesehen. In den Beschreibungen des Teams dominieren die Metaphern des Auseinanderstrebens: es wird vom Tauziehen gesprochen, von Hahnenkämpfen, einmal werden Hätschelkinder und Personen, die die Kärrnerarbeit leisten müssen, unterschieden. Insgesamt ergibt sich nun ein genaueres Bild der Gruppe und ihrer Parteien.

Darstellung der Fraktionen

Die eine Fraktion (A) setzt sich zusammen aus dem Stellvertreter des Geschäftsführers und zwei Trainern. Der Stellvertreters des Geschäftsführers betont zwar immer seine übergreifende Aufgabe; er sei als Betreuer der Trainer im Interesse des Gesamtunternehmens tätig. Auf Grund verschiedener Wertungen wird aber klar, dass er zu einer Partei hin tendiert. Im Unternehmen ist er verantwortlich für die Öffentlichkeitsarbeit, bezeichnet sich als guten Akquisiteur mit großen Erfahrungen im Trainingssektor. Er habe nur noch geringe Neigungen zur Trainertätigkeit, die er aber wohl oder übel wahrnehmen müsse. Er pflegt die vielen Außenkontakte des Unternehmen, insbesondere zu Trainern, die um Kooperation ansuchen. Er möchte gerne eine Diskussion über die Aufgaben-Verteilung im Trainerstab führen.

Ihm zur Seite steht ein routinierter und versierter Trainer im mittleren Alter. Dieser sieht seine Hauptaufgabe in gut konzipierten und durchgeführten Trainings. Er betreut zudem eine relativ aufwendige Fortbildung an einem zweiten Standort des Unternehmens. Er betont, Akquisition sei nicht seine Neigung, auch nicht seine Stärke, »er könne nicht hausieren gehen«. Der intelligente und witzige Mann wirkt zuweilen etwas überheblich und süffisant.

Die Dritte im Bunde ist hier eine junge Trainerin, die als Quereinsteigerin eher zufällig zum Unternehmen gestoßen ist. Im Zentrum ihrer Überlegungen stehen betriebswirtschaftliche Analysen, als Trainerin fühlt sie sich eher unsicher, versucht solchen Herausforderungen aus dem Weg zu gehen. Sie ist wohl diejenige, die mit ihrer Situation im Unternehmen am wenigsten zufrieden ist. Dazu trägt eine Gehaltsstruktur bei, die bei ihr nur ein niedriges Fixgehalt mit hohem Provisionsanteil vorsieht.

Fraktion A	
Personen	**Stärke**
Stellvertreter des Geschäftsführers	Akquisitions- und Öffentlichkeitsarbeit
Trainer im mittleren Alter	Gut organisierte Trainings
Junge Trainerin	Betriebswirtschaftliche Analysen

Die andere Fraktion (B) wird bestimmt durch den Geschäftsführer selbst und zwei ihm nahe stehenden Trainern. Der Geschäftsführer hat als ehemaliger Personalchef das Unternehmen vor Jahren aufgekauft, weil er sich selbstständig machen wollte. Seine Hauptaufgabe sieht er deshalb in den wesentlichen betriebswirtschaftlichen Aktivitäten: den Verhandlungen mit den Kreditgebern, der Public Relation für das Unternehmen, der Suche nach solventen und fachkompetenten Kooperationspartnern. Im Trainingsgeschäft ist er als die leitende Figur des Unternehmens nicht präsent, »er sei kein Trainer«.

Ihm zur Seite steht ein jüngerer Nachwuchs-Trainer, der im Auftreten sicher und agil erscheint. Auch er ist ein Quereinsteiger, meint aber das Trainingsgeschäft sehr schnell beherrschen zu können.In der kurzen Zeit des Interviews formuliert er eine Vielzahl von Ideen, von denen er allerdings meint, sie »würden von bestimmten Leuten ja doch nur wieder blockiert werden«.

Hinzu kommt eine Trainerin im mittleren Alter, die früher als Pädagogin gearbeitet hat und von den Verantwortlichen aufgrund ihrer gewandten und flexiblen Art eingestellt wurde. Man hält sie – trotz fehlender Vorkenntnisse – für sehr entwicklungsfähig. In den ersten Seminaren, die sie durchführt, kann sie wegen ihrer lebendigen Art überzeugen. Allerdings tauchen dann fachliche Unzulänglichkeiten sowie eine gewisse Lässigkeit auf, die von Kunden moniert werden.

Fraktion B

Personen	Stärke
Geschäftsführer	Kontaktpflege, Finanzierung
Jüngerer Nachwuchstrainer	Trainingsgeschäft, Akquisition
Trainerin mittleren Alters	Pädagogische Trainingsarbeit

Erste Differenz: Unterschiedliche Bewertung der Trainertätigkeit

Auf welche sachlichen Differenzen bezieht sich nun die Fraktionsbildung? Der Mediator zieht hier ein erstes Resümee. Zum einen sind es Unterschiede in der Bewertung der Trainertätigkeit. Während die erste Gruppe meint, man müsse durchaus – bezogen auf Vorlieben und Befähigungen der Trainer – unterschiedliche Akzentuierungen setzen, präferiert die andere Fraktion die Vorstellung, jeder Trainer müsse alle einschlägigen Tätigkeiten im gleichen Umfang wahrnehmen. Die Fraktion um den stellvertretenden Geschäftsführer bevorzugt eine spezifizierte Aufgabenbeschreibung, während die andere Gruppe meint, für die vier Trainer gäbe es nur identische Aufgabenbeschreibungen (Geschäftsführer und Stellvertreter haben natürlich zusätzliche Aufgaben). Verständlicherweise sind mit diesen sachlichen Differenzen auch persönliche Unzufriedenheiten verbunden. Ein Trainer schreckt zurück vor den Mühen insbesondere der Kalt-Akquise. Diese nehme ihm nur Zeit für die Entwicklung seiner wirklichen Qualitäten. Allgemein wird bedauert, dass der Geschäftsführer als Trainer und Repräsentant beim Kunden nicht präsent sei. Auch hier scheinen persönliche Skrupel und Bedenken das wesentliche Motiv zu sein.

Zweite Differenz: Allgemeine Geschäftspolitik

Der zweite wesentliche Knackpunkt bezieht sich auf die allgemeine Geschäftspolitik. Wahrend Gruppe A meint, weitere Investitionen in die Infrastruktur und auch in die Außendarstellung aufgrund der angespannten Lage zurückstellen zu müssen, will Gruppe B gerade diese Investitionen tätigen. Die eher skeptische Fraktion meint, am Markt am ehesten durch Leistung und Qualität bestehen zu können. Erst dann können sukzessive die Infrastruktur und die Marketing-Aktivitäten verbessert werden. Sie plädiert für ein kontinuierliches und vorsichtiges Wachstum. Nach und nach könne man den hohen Standard der Produkte und Außendarstellung erreichen, nicht sofort und gewaltsam. Dem widerspricht die Gruppe B. Man werde auf dem Markt nach der Professionalität beurteilt, nach der Qualität der Unterlagen und der systematischen Nachfragen beim Kunden. Eine einmalige Investition sei unbedingt nötig, auch wenn sie vielleicht schmerzhaft wäre. Sie würde aber langfristig positive Folgen zeitigen. Sie plädieren beispielweise für eine Neugestaltung und Erweiterung des Firmenprospekts, für den Kauf einer zwar teuren, aber sicher effektiven Software zur Kundeninformation und für die Anschaffung eines exzellenten Farbkopierers. Die Gruppe A sucht eher den Konsolidierungskurs und steht daher diesen Veränderungen skeptisch gegenüber. Man müsse den Markt durch Seminare und Beratungen überzeugen, dieser Werbeeffekt sei weitaus größer als der von schnell weggelegten Broschüren. Dem Mediator wird hier bewusst, dass die Qualität der Trainings ein emotional sehr besetzter Punkt für das Team ist.

Dritte Differenz: Verschiedene Strategien für die Außendarstellung

Eng verflochten sind damit die Überlegungen zur Außendarstellung. Auch hier spricht Gruppe A von einer eher solid-nüchternen Strategie, während die Gruppe B plakative Aktionen sucht, die Aufmerksamkeit und Publizität gewinnen können. Die erste Gruppe sucht so nach Kontakten zu bestimmten Gremien, die die Reputation von Dienstleistung besprechen (beispielsweise einem Arbeitskreis von Personalreferenten der Region), während Gruppe B weiterreichende Aktionen befürwortet. Zu diesen zählen Anzeigen in bekannten Wochenmagazinen, eine Art Selbstdarstellung im Lokalradio und anderes mehr. Der Werbeeffekt dieser Aktionen wird von der ersten Gruppe äußerst kritisch eingeschätzt.

Der Mediator hat diese drei markanten Differenzen für sich herausgearbeitet. Nach seinen ersten Eindrücken glaubt er aber nicht, schon das ganze Feld der Auseinandersetzung abgesteckt zu haben. Er nimmt an, dass hinter diesen sachlichen Auseinandersetzungen grundlegende Mentalitäts- und Kulturunterschiede verborgen sind, die ihm im Moment aber noch verschlossen sind.

Benennung der Konflikthintergründe

Er vermutet zusätzlich auch das Vorhandensein von persönlichen Differenzen, Gekränktheiten und Verletzungen. Die Antworten auf die Fragen nach ärgerlichen Vorfällen, scheinen hier sehr aufschlussreich. Es wird zum Beispiel eine nicht eingehaltene Terminabsprache genannt. Ein Trainer sollte den Dienstwagen des Kollegen für einen Kundentermin am folgenden Tag übernehmen. Der Trainer wartete am Abend vergeblich, weil der Kollege (mit dem Dienstwagen) zu einem privaten Fest gefahren war. Dann am nächsten Morgen musste er alle Hebel in Bewegung setzen, um den Termin wahrnehmen zu können. Ein anderer Trainer ist gekränkt über häufige Sticheleien beim gemeinsamen Mittagessen, die sich auf sein Versagen in einem Seminar beziehen. Er hatte einen Block von 15 Trainings für einen Kunden als großen Akquisitionserfolg verkauft. Leider trat der Kunde nach dem ersten – misslungenen – Seminar von dem Vertrag zurück. Diese Niederlage wird nun immer wieder – in versteckter Form – aufgewärmt. Der Geschäftsführer wiederholt noch einmal seine Verärgerung über die Nachlässigkeit beim Umgang mit umlaufenden Papieren und Hinweisen von seiner Seite. Er vermutet hier symbolische Handlungen des Nicht-Beachtens und Ignorierens. All diese Vorfälle deuten hin auf ein besetztes Feld von Kränkungen und persönlichen Verärgerungen.

Der Mediator beschließt nun den Vermittlungsprozess in Form von mehreren zwei- bis dreistündigen Workshops für das gesamte Team durchzuführen. Dies erscheint ihm angemessen, um den Geschäftsgang des Unternehmens nicht unnötig zu stören. Die Sitzungen sollen am späten Nachmittag beginnen und so auch in die freie Zeit der Mitarbeiter hineinreichen.

Übung

Sie sollen sich nun überlegen, wie Sie den ersten Workshop gestalten würden. Welche Themen stehen im Zentrum, mit welcher Methode möchten Sie arbeiten? Denken Sie bitte über Prioritäten und die Gestaltung dieses wichtigen Einstiegs nach!

Notieren Sie diese Schritte und vergleichen Sie diese mit dem konkreten Vorgehen. Begründen sie Ihre Version.

Der Mediator erläutert seine Rolle

Der Mediator konzentriert sich in dieser ersten Sitzung darauf, Gemeinsamkeiten zu bestimmen und das Verbindende zu definieren. Die Gruppe wird als Einheit betrachtet. Der Mediator erläutert zunächst noch einmal seine Rolle als unabhängiger und neutraler Dritter. Dann beschreibt er sein Vorgehen: eine Folge von zeitlich begrenzten, zugleich aber intensiven Workshops. Er gibt eine erste summarische Beschreibung der Situation, wie sie sich aus seiner Perspektive darstellt. Dabei betont er die Vorläufigkeit dieser Perspektive und bittet die Teilnehmer um intensive Mitarbeit. Als allgemeines Ziel formuliert er den Abbau der Kooperationshemmnisse und die Stärkung des inneren Zusammenhaltes, des Wir-Gefühls des Teams.

Vereinbarung von Spielregeln

Er bittet die Teilnehmer dann, verbindliche Spielregeln für diese Workshops auszuhandeln. Diese werden auf einem Flipchart notiert. Die versierte Trainer-Gruppe benennt folgende Regeln:

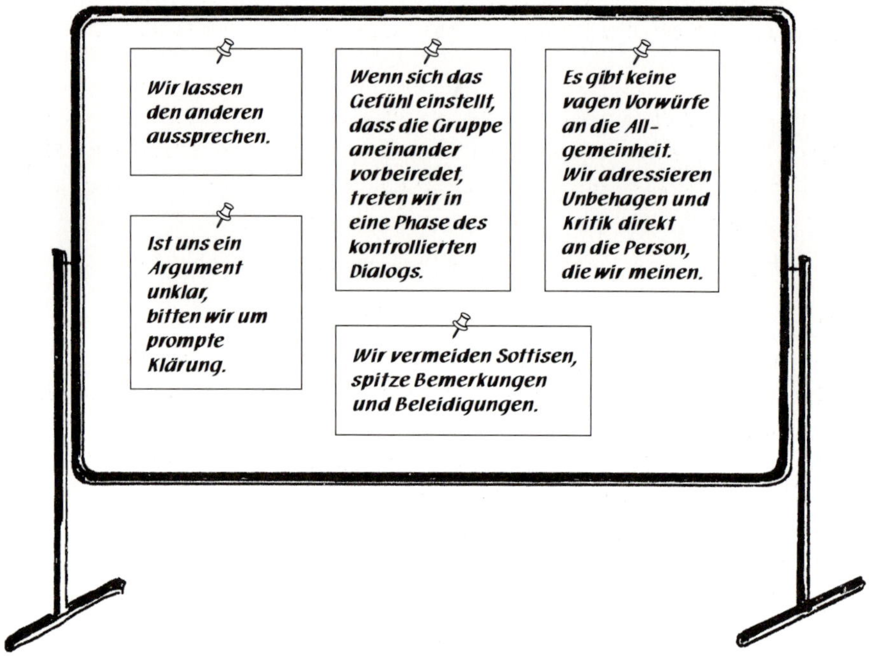

Methode: Kartenabfrage

In einem zweiten Moderationsschritt – einer Kartenabfrage – lässt der Mediator die positiven Seiten der bisherigen Kooperation herausarbeiten. Seine Moderationsfrage lautet: »Welche Gegebenheiten unserer Kooperation und unseres Team gefallen uns?« Hier tauchen erstaunlich viele positive Rückmeldungen auf:

- Die freie und selbstverantwortliche Form des Arbeitens.
- Das hierarchiefreie Selbstverständnis des Team.
- Die vielschichtigen und abwechslungsreichen Tätigkeiten.
- Die Bereitschaft zur Fortbildung und zum wechselseitigen Voneinander-Lernen.
- Das stark unterschiedliche berufliche Herkommen der Trainer, das Synergie- und Ergänzungs-Effekte ermöglicht.
- Das unregulierte, offene Element, das eine solche Situation des Neuaufbau mit sich bringt.

Die Auflistung zeigt einen doch beträchtlichen Fundus an Gemeinsamkeiten. Es gibt also situative Elemente, die das Arbeiten in diesem Unternehmen attraktiv machen. Der eine oder andere Trainer vergleicht in der Nachbesprechung seine jetzige Arbeitssituation mit stark reglementierten Vor-Erfahrungen und gibt zu, dass ein Zurück in diese stärker abhängigen und fremdbestimmten Arbeitsprozesse für ihn kaum vorstellbar wäre.

Am Ende dieser ersten Sitzung bittet der Mediator das Team Zielvorstellungen des Unternehmens zu entwickeln, die für alle akzeptabel sind, die jeder unterschreiben kann. Er moderiert diesen Teil der Sitzung mit Hilfe von Paraphrasen und Zusammenfassungen.

Als wesentliche konsensfähige Zielvorstellungen ergeben sich dabei:

Paraphrasieren und Zusammenfassen

- Das Unternehmen will sich in Stadt und Region etablieren, will zumindest die Marktanteile des Vor-Besitzers zurückgewinnen. Der Name des Unternehmens soll wieder ein Markenzeichen in der Trainingsarbeit sein.
- Das Unternehmen will moderne prozessorientierte Bildungsarbeit leisten – nicht die veralteten Management-Schulungen mit einer Fülle von Handreichungen, Ratschlägen und Rezeptwissen.
- Die inhaltliche Spezialisierung der Trainer soll ein Kriterium des Qualitätsbewusstseins werden, denn: ein Trainer, der alle Felder des betrieblichen Trainings abdeckt, wird kein guter Trainer sein.
- Die Vorgehensweise bei der Durchführung von Trainings soll standardisiert und nachvollziehbar sein. Im Einzelnen heißt dies: Kein Training ohne teilnehmerbezogene Situationsanalyse, das individuelle Passen von Training und Kundenbedürfnis.
- Der Kunde soll stets für eine längerfristige Dienstleistung (Beratung sowie Prozessbegleitung) gewonnen werden. Punktuelle Trainings werden zwar akzeptiert, können aber nicht die Zielrichtung des Unternehmens sein.
- Die Trainer bemühen sich um Modernität, sie wollen auf dem letzten Wissensstand ihres Faches sein. Dies impliziert die Bereitschaft zur individuellen kontinuierlichen Fortbildung.
- Die gemeinsame Arbeit soll Elemente von Freude und Kreativität enthalten.

Es ist offensichtlich, warum der Mediator diese Strategie für die erste Teamsitzung wählt. Er will das Terrain von Gemeinsamkeiten sondieren. Die Ergebnisse zeigen ihm dann auch, dass zumindest anfänglich eine starke Bereitschaft gegeben war, in diesem Team unter diesen Bedingungen zu arbeiten. Er lenkt so den Fokus der Mitarbeiter auf das Verbindende und macht sie damit bereiter, das Minenfeld der Auseinandersetzungen zu betreten. Darauf wird er sich in den nächsten Sitzungen konzentrieren. Die positiven Ergebnisse dieser ersten Sitzung bleiben als eine Art Ermahnung und Selbstzensur im Raum – für jeden einsehbar und zugänglich.

Betonung des Verbindenden

In den folgenden Sitzungen konzentriert sich die Mediation auf die Felder der Auseinandersetzung. Dem Mediator schweben drei Themenkomplexe vor:

- Persönliche Kränkungen und ihre hemmende Auswirkungen auf die Kooperation.
- Die Unterschiede in den Mentalitäten und Kulturen zwischen den Fraktionen des Unternehmens.
- Die zentralen sachlichen Auseinandersetzungen.

Übung

Überlegen sie bitte nun selbst, wie Sie in der folgenden Sitzung vorgehen würden.

Stellen Sie dar, wie sie die Sitzung konkret gestalten würden und begründen Sie die einzelnen Schritte. Auch hier gilt: es gibt keine obligatorische Lösung!

Der Mediator stellt in dieser zweiten Sitzung die »Minenfelder« der Kooperation dar, wie sie sich aus seiner Perspektive ergeben. Er betont, dass aus seiner Sicht die sachlichen Auseinandersetzungen in bestimmten Grundeinstellungen wurzeln. Er unterscheidet eine stärker vertriebsorientierte, auf Selbstdarstellung bedachte Mentalität und eine stärker leistungsorientierte, analytisch-nüchterne Mentalität. Beide könnten sich in einem Beratungsunternehmen sehr gut ergänzen, was allerdings bisher nicht der Fall ist. Er nimmt deshalb an, dass gerade hier Wahrnehmungsverzerrungen am Werk sind, die jetzt schon wirkungsvoll bearbeitet werden könnten. Er erläutert zudem noch einmal die Parteienbildung innerhalb der Gruppe, wie sie sich ihm darstellt.

Geschäftsführer und Stellvertreter wehren sich zunächst gegen diese eindeutigen Zuordnungen. Die Zustimmung im Trainerkreis lässt sie allerdings diese Zuordnung dann akzeptieren. Der Mediator bittet die Gruppe nun zu entscheiden, ob man sich zunächst den sachlichen Auseinandersetzungen, den Hintergrund-Kulturen oder den persönlichen Friktionen zuwenden will. Die Gruppe entscheidet sich nach kurzer Diskussion für eine Erörterung der grundlegenden Mentalitäten und Kulturen. Es herrscht allgemein die Meinung vor, dass die Sachauseinandersetzungen nur Symptome grundlegender Differenzen seien.

> Dieses Vorgehen unterscheidet sich nun sehr stark vom amerikanischen Modell. Der Mediator steuert hier schon allein durch die Benennung der Felder der Auseinandersetzung. Die Gruppe entscheidet dann über Prioritäten, favorisiert dabei aber Prozesse der Klärung von Hintergründen. Der persönliche Klärungsprozess ist das zentrale Thema in diesem Team. Da persönliche Auseinandersetzungen und Mentalitäten wohl in markanter Weise hemmend wirken, erweist sich dieses steuernde Vorgehen im Folgenden als sehr sinnvoll.

Selbstbild-Fremdbild-Konfrontation

Um auf das allgemeine und vage Feld der Mentalitäten und Grundeinstellungen zu kommen, greift der Mediator auf das Verfahren der Selbstbild-Fremdbild-Konfrontation zurück. Er bittet die beiden Fraktionen zu einer separaten Bearbeitung der von ihm vorbereiteten Fragen:

- Wie sehen wir uns als Gruppe innerhalb des Unternehmens?
- Wann erweisen sich unsere Strategien als kontraproduktiv?
- Wie sehen wir die andere Gruppe im Unternehmen?
- Was ist das Positive an dem von uns Kritisierten?

Die Fragen sind bewusst so formuliert, dass sie Relativierungen nötig machen, Relativierungen der eigenen Position wie der Kritik an der anderen Gruppe. Diese eingebauten Relativierungen deuten auf das Fragwürdige der eigenen Positionen wie auf das möglicherweise Positive an der anderen Sichtweise. Gezielt werden so Wahrnehmungsverzerrungen angegangen, die die eigene Position als grundlegend gut, die andere Position als hinderlich und ineffizient beschreiben. Der erzwungene Perspektivenwechsel erlaubt auch ein Reframing (siehe Seite 161ff.): die Position der anderen kann in einem neuen Licht gesehen werden.

Nach einer kurzen Präsentation der Ergebnisse durch die Fraktionen werden diese jeweils auf einer Pinwand visualisiert. Das Selbstbild und die möglichen kontraproduktiven eigenen Strategien stehen so spiegelbildlich neben dem Fremdbild und dessen Darstellung der positiven Implikationen. Eine solche Zusammenschau ermöglicht es dann, in einer vom Mediator geleiteten Plenumssitzung zu bestimmen, was von der einzelnen Gruppe bis zu welchem Grad konserviert werden soll, aber auch, woran die Gruppe arbeiten muss.

Geben wir die Ergebnisse – zwangsläufig verkürzt – wider:

Selbstbild Fraktion A

- Die Gruppe A sieht sich (Selbstbild) als solide, nüchterne, selbstkritische Einheit, die in ihrer Tätigkeit ganz entschieden qualitäts- und leistungsbewusst vorgeht. Der Kunde muss zunächst durch das gut durchdachte und ausgeführte Training überzeugt werden. Ein Multiplikationseffekt wird sich im Wesentlichen durch die gute Leistung und die damit verbundene Empfehlung ergeben. Auch im Blick auf die Geschäftspolitik mahnt die Gruppe zu Nüchternheit und Realitätssinn. Undurchdachte Investitionen könnten das Unternehmen schnell an den Rand des finanziellen Kollaps bringen. Jede Investitionstätigkeit sollte basieren auf den Gegebenheit des Geschäftserfolgs. Schritt für Schritt, mit Bedacht sollten Innovationen und Ausweitungen des Unternehmens durchgeführt werden. Konzentration der Kräfte auf die wesentlichen Ertragsfaktoren sei das Gebot der Stunde. Ein Verpuffen der Kräfte in allen möglichen zeitraubenden, wenn überhaupt dann

nur langfristig ertragbringenden Aktivitäten sei zu vermeiden. Von allen marktschreierischen Strategien sollte Abstand genommen werden. Der Kunde könne vollmundige Anpreisungen sehr wohl nachprüfen.
- Negative Effekte ihrer Haltung sieht die Gruppe darin, dass bestimmte Chancen aufgrund eines gewissen Konservatismus nicht wahrgenommen werden (beispielweise EU-finanzierte Projekte, die am internen Widerstand wegen des vermeintlich hohen Organisationsaufwandes scheitern). Auch das Marketing wird von der Gruppe zu konservativ gesehen. Sie begründet dies mit der fehlenden Vertrautheit mit offensiven Vertriebsstrategien.

Fremdbild

Das Fremdbild der Fraktion B verstärkt diese selbstkritischen Einschätzungen:

- Die Gruppe wird vor allem in ihrer Tendenz zum Blockieren gesehen. Sie blockiere, mitunter auch aufgrund fehlender Vorinformationen und Vorkenntnisse. Die Vermarktungsstrategie wird als fade angesehen. Die Gruppe konzentriere sich zu sehr auf die schon gewonnenen Kunden, die Akquise des Neu-Kunden bleibe sekundär. Vor der guten Leistung stehe nun mal das Prinzip der Kundengewinnung. Man bleibe sonst auf einem Fundus von Stammkunden sitzen, wobei auch diese Stammkunden irgendwann neue Gesichter sehen wollten. Mutlosigkeit sei ein Zeichen dieser Gruppe in der Geschäftspolitik, man benenne immer nur die möglichen negativen Folgen, nicht aber die möglichen Chancen.
- Positiv an dieser Haltung sei aber der entschiedene Widerstand gegen wenig durchdachte Einfälle, gegen Spekulationen und Visionen, die losgelöst von der Realität der betrieblichen Weiterbildung in Studierzimmern ausgebrütet würden. Dies gelte womöglich für den Entwurf eines teuren neuen Werbeprospekts.

Die Verhaltensmaximen werden formuliert.

Die Verhaltensmaximen (Erwartungen an diese Gruppe) werden am Ende dieser ersten Gruppenbesprechungen gemeinsam ausformuliert:

- Die Gruppe wird sich bei Innovationsvorschlägen auch Gedanken zu positiven Effekten machen.
- Die Gruppe soll mehr Mut zu neuen Marketing-Aktivitäten entwickeln.

- Die Gruppe räumt in Zukunft der Akquise von Neu-Kunden einen breiteren Raum ein.
- Die Gruppe führt ihre Nüchternheit, ihren Realitätssinn ganz bewusst ins Feld, wenn realitätsferne Entscheidungen und Überlegungen angestellt werden.
- Die Gruppe soll ihre Qualitäts- und Leistungsstandards für Trainings und Beratungen bewusst für das Gesamtunternehmen festschreiben.
- Der von der Gruppe betonte Trend zur Spezialisierung wird als Maßstab für die Entwicklung des Gesamtunternehmens angesehen.

Selbstbild Fraktion B

Das Selbstbild der Fraktion B stellt sich folgendermaßen dar:

- Es ist geprägt von positiven Selbst-Charakterisierungen, die Risikofreudigkeit und Innovationsbereitschaft betonen. Man betont eine optimistische Grundhaltung, während man der anderen Gruppe einen mitunter paralysierenden Skeptizismus zuschreibt. Die Orientierung an bestimmten branchenüblichen Standards wird herausgehoben. Ohne diese Orientierung sei man als Unternehmen nicht wirklich »gesellschaftsfähig«. Marketing- und Vertriebsgesichtspunkte müssten im Geschäftskonzept angemessen berücksichtigt werden. Dazu gehöre die Bereitschaft auch kostenträchtige Innovationen einzuführen. Man müsse auf dem gleichen Stand wie die Konkurrenz sein. Das eigene Verhalten wird als bewusst kundenorientiert betrachtet. Standards der Präsentation wie der Information müssten beachtet werden.
- Als eher negativen Effekt dieser Grundorientierung wird die nicht immer durchkalkulierte Bereitschaft zum finanziellen Risiko gesehen. Hohe finanzielle Investitionen hätten in der Vergangenheit nicht immer den nötigen Auftrags- und Umsatzeffekt gezeitigt. Man neige so manchmal zu Luft-Projekten. Ein geschickter Verkäufer könne zu Investitionen verleiten, deren Folgekosten nicht adäquat durchgerechnet würden. Im Trainingsgeschäft sei man mitunter zu voreilig. Aufträge werden angenommen, ohne wirklich die entsprechende Qualifikation, die notwendige Manpower zu haben.

Fremdbild

Diese Selbstkritik spiegelt sich verstärkt in dem Fremdbild der Gruppe A:

- Sehr ironisch wird hier von Träumerei, von Visionen gesprochen, die auf tönernen Füßen stehen. Man investiere gerne in Innovationen, die nur dem Scheine nach Kompetenz suggerieren sollten. Häufig maße

man sich eine Qualifikation an, die keinerlei reale Entsprechung habe. Daraus entstünden dann in den Sand gesetzte Seminare und Beratungen. Der Gruppe ginge es zu sehr um die Selbstdarstellung, zu sehr um eine Außenwirkung, die genauerer Prüfung nicht standhielte. Die Trainer müssten ihre spezifischen Einsatzgebiete und Schwerpunkte noch finden. Man lasse sich zu sehr auf Neben-Schauplätze führen, weil man alle möglichen Branchenfelder besetzen wolle. Hier wird etwa die avisierte Kooperation mit einem Verlag genannt, dem man Schulungskonzepte für Broschüren versprochen hat. – Im Ton ist diese Fremd-Darstellung sehr viel bitterer und sarkastischer als die vorangegangene (für den Mediator ein Hinweis auf persönliche Rivalitäten).
- Positiv gesehen wird an Verhalten und Strategien der anderen Fraktion vorrangig die Frische und Unbekümmertheit, mit der man sich an Aufgaben heranwage, selbst wenn dies die vorhandenen Kompetenzen zunächst überschreite. Die Orientierung an Marketing-Gesichtspunkten wird generell begrüßt, sie erscheint in der eigenen Gruppe vernachlässigt.

In der gemeinsamen Schlussbesprechung werden mit Fraktion B folgende Verhaltenserwartungen ausgehandelt:

- Die Gruppe wird die Streuung ihrer Aktivitäten unterlassen und sich stärker auf Kern-Geschäfte konzentrieren.
- Bei Neu-Investitionen werden Kosten-Nutzen-Erwägungen eine größere Rolle spielen.
- Mitglieder der Gruppe werden spezifische Trainings-Schwerpunkte für sich ausarbeiten und besetzen.
- Lust und Mut zur Innovation werden vom Gesamt-Team positiv gesehen. Neue Ideen werden nicht prompt abgewertet.
- Das Team bemüht sich als ganzes um eine eine stärkere Evaluierung und Berücksichtigung der branchenüblichen Standards.
- Diese Fraktion formuliert Leitlinien eines kundenorientierten Verhaltens für die Trainings- und Beratungs-Branche.

Auch diese Schlussempfehlungen werden schriftlich festgehalten und für die Dauer des Mediations-Workshops visualisiert.

Das Prinzip der Zukunftsorientierung der Mediation

Die Strategie, Empfehlungen und Handlungsaufforderungen an den Schluss dieser Sitzung zu setzen, hat einen wichtigen vorwärts gerichteten Effekt. Die obligatorischen Perspektivenwechsel innerhalb dieses Vorgehens machen deutlich, dass ein Verhalten nie an sich unfruchtbar und kontraproduktiv ist, sondern dies nur in der Übertreibung und Vereinseitigung wird. Skeptische Sichtweisen sind nie an sich schlecht, sondern nur, wenn sie die Handlungsbereitschaft lähmen. Visionäres Denken wird nur dann problematisch,wenn es jede Bodenhaftung verliert. Die Empfehlungen versuchen hier das Produktive an Verhaltensweisen zu bewahren und die unproduktiven Übersteigerungen auszuschalten. Die Empfehlungen werden mit Hilfe des Mediators vom Team ausgearbeitet.

Das Prinzip: Schwierigere Problemfelder werden später behandelt!

Die beiden folgenden Sitzungen begeben sich nun auf das schwierige Terrain der persönlichen Reibereien und Verletzungen. Der Mediator erkannte einige Punkte schon in seiner Situationsanalyse, gleichermaßen in der Beobachtung der Interaktionen im Workshop. Er sucht nun nach einer einfachen Strategie, den Fokus auf die Beziehungskonflikte zu legen.

Übung

Überlegen Sie sich bitte, wie Sie den Zugang zu einer Erörterung der Beziehungs-Konflikte gestalten würden. Dieser Einstieg soll möglichst einfach und unbelastet sein. Es ist nicht sinnvoll, gleich die gefährlichsten Problemfelder anzugehen.

Der Mediator verwendet im konkreten Fall für den Einstieg die Übung »Signale«. Dazu verteilt er an jeden Teilnehmer folgenden Bogen:

Signale

von .... an ....

Es wäre hilfreicher oder einfacher für mich, wenn Sie

1. häufiger oder mehr
   ...
   ...
   ...
2. weniger oder überhaupt nicht mehr
   ...
   ...
   ...
3. weiterhin
   ...
   ...
   ...
4. außerdem
   ...
   ...
   ...

tun würden.

Hier zeigt sich noch einmal ganz deutlich, dass im Zentrum dieser Mediation Klärungsprozesse stehen

Jedes Team-Mitglied kann so seinen Kollegen Verhaltenskritik und Wünsche in schriftlicher Form zukommen lassen. Die Bögen werden verdeckt an den Adressaten weitergegeben. Dieser kann in der nachfolgenden Besprechung selbst entscheiden, welche Informationen er veröffentlichen und diskutieren will. Nicht alle Bögen, nicht alle Einzelpunkte müssen ausgefüllt werden.

Das Instrument erweist sich in der Regel als ein sehr brauchbarer Einstieg in das Feld persönliche Auseinandersetzungen und Beziehungskonflikte. In der Besprechung muss es dem Mediator gelingen, durch gewandte Gesprächsführung, durch geschicktes Paraphrasieren und Interpretieren an den Nerv der Dinge, an die wirklich wunden Punkte des persönlichen Austausches zu kommen.

Aus der Fülle des Materials wählen wir nun wieder die wichtigsten Ergebnisse aus.

Verteilungskämpfe um Zuwendung

Der jüngere Trainer der Gruppe B wendet sich an seinen männlichen Kollegen aus der anderen Gruppe. Er möchte nicht länger als »Hätschelkind« , als das »Nesthäkchen des Chefs«, als »Everybodys darling« charakterisiert werden. Der Mediator wendet sich zur Verdeutlichung an diesen Kollegen. »Ist es möglich, dass Sie das Gefühl haben, Ihre seriöse Arbeit werde zu wenig honoriert, erfahre zu wenig Beachtung?« Nach einem kurzen Zögern bejaht dieser die Frage. Es stellt sich nun heraus, dass in diesem aufgeklärten Teilnehmerkreis die Frage der Zuwendung und Beachtung durch den Geschäftsführer eine große Rolle spielt.

Die Trainerin aus der Gruppe A stimmt ihrem Kollegen in diesem Punkt uneingeschränkt zu. Ihre Arbeit werde ebenfalls nicht entsprechend gewürdigt. Erfolgreiche Seminare würden nur mit einem kurzen wohl wollenden Kommentar wahrgenommen. Während bei den Newcomern der anderen Gruppe selbst bei einem ganz offensichtlichen Versagen der schützende Arm des Chefs ausgebreitet würde. Da »würden immer Erklärungen und Rechtfertigungen gefunden«.

Defizite in Bezug auf Lob und Anerkennung, deren offensichtlich ungleiche Verteilung sind also ein wesentlicher Grund für das Auseinanderdriften des Teams. Zur Kompensation suchen die Trainer die Unterstützung durch den stellvertretenden Geschäftsführer. Dessen spröde sachliche Anerkennung reicht ihnen aber nicht aus.

Auf die Nachfrage hin verneint der Geschäftsführer zunächst diese konstatierte Bevorzugung, gibt sie aber später mit gewissen Einschränkungen dann doch zu. Er rationalisiert sie mit dem Argument, dass gerade »die unerfahrenen Trainer gefördert und geschützt werden müssten«. Der Mediator vermutet, dass der Grund für die Bevorzugung in einer weiterreichenden Affinität liegen muss. Er bietet als Interpretation an, dass die beiden Newcomer der Gruppe »einen ähnlichen Sprung ins kalte Wasser gewagt hätten« wie der Chef selbst – mit seinem Sprung in die Selbstständigkeit. Dies begründe die stärkere Identifikation. Der Geschäftsführer stimmt dem ohne Zaudern zu. Das Motiv für die Bevorzugung ist nun transparenter. Diese wird von den »Benachteiligten« nun nicht mehr als Indiz für eine persönliche Bewertung und Wertschätzung aufgefasst. Sie erfassen den eher defensiven Charakter. So können sie auf einer neuen Basis miteinander kooperieren, ohne dass sofort eine betonte Gleichbehandlung einsetzen muss.

Die Angst des Geschäftsführers

In den Signalen an den Geschäftsführer dominiert ein Wunsch: »er möge doch im Trainings-Geschäft eine stärkere Präsenz zeigen«. Dies scheint zunächst nur der Wunsch nach Veränderung der Aufgabenverteilung zu sein. Der Geschäftsführer rechtfertigt seine Abstinenz zunächst mit der Überbelastung durch die sonstigen verantwortlichen Funktionen. Dem Mediator genügt diese Antwort nach den Vorinformationen aus den Einzelgesprächen nicht. Er unterstützt das Kollegium in deren Ansicht, dass gerade ein »erfahrener Personalmensch« mitunter an der Front der Trainings und Beratungen stehen müsse. Gerade hier sei eine PR-Möglichkeit, denn der Eindruck, man komme aus dem Milieu und kenne die Gegebenheiten hautnah, sei ein besonders guter Werbefaktor.

Der Mediator fragt nach, ob es noch andere Gründe für dieses »Zurückstehen« gäbe. Der Geschäftsführer gibt nun zu, dass ihn das methodische und allgemeinpsychologische Know-how der versierten Trainer, ihre Befähigung zum prozessorientierten Gestalten eines Trainings immer sehr beeindruckt hätten. Er sei letztlich ein Ökonom, psychologische Theorie und sensibles Reagieren auf Gruppenprozesse seien nicht so leicht zu erlernen und für ihn sei es dazu schon zu spät. Er zieht sich deshalb aus einem Feld zurück, das er nicht kompetent genug besetzen kann. Deutlich wird nun auch, warum der Geschäftsführer die beiden Newcomer unterstützt. Er erkennt sich in ihnen wieder, findet bei ihnen zugleich den Mut, den er selbst nicht aufbringt.

Dieses Zugeben von Bedenken und Befürchtungen korrigiert zugleich Fehlwahrnehmungen aus dem Trainerstab, die ein Sich-Drücken vor der verunsichernden Erfahrung der Trainings unterstellt hatten.

Die Empfehlungen aus dem Trainerkreis, die daraufhin formuliert werden, sind nun überraschenderweise sehr auf Ausgleich bedacht. Jeder Trainer befände sich doch in einem kontinuierlichen Wachstumsprozess, die scheinbare äußere Souveränität im Training werde oft begleitet von inneren Zweifeln und Skrupeln, ob man denn nun angemessen auf die Teilnehmer reagiert habe.

Ein Trainer schlägt nun vor, dass der Geschäftsführer zumindest Veranstaltungen anbieten und leiten könne, die in seinen Ausbildungsbereich fielen, stärker systematisch seien und den Charakter eines Lehrgesprächs haben könnten. Schwerpunkte könnten hier Themen sein wie zum Beispiel Personalauswahl und -beurteilung, Personalabbau und Outsourcing sein. Durch ein internes Coaching könnten darüber hinaus spezifische Trainingsqualitäten vermittelt werden. Der Geschäftsführer zeigt sich dankbar für die erlangte Offenheit. Dies habe ihn schon lange beschäftigt. Nun wisse er, dass er bei seinen kommenden Bemühungen vom Team unterstützt werde.

Der Zynismus eines Trainers

In den Rückmeldungen an einen Trainer der Gruppe A finden sich generell Hinweis auf versteckte bissige und zynische Bemerkungen, die die Gegenüber verletzen und kränken. Diese Sticheleien seien aber oft so fein formuliert, dass man die in ihnen enthaltenen Spitzen erst nach einer gewissen Zeit registriere. Die Bemerkungen bezögen sich oft auf die fachliche Kompetenz, häufig seien es auch schlichtweg Killersätze, die sich gegen die Einführung einer Neuerung, gegen eine Idee richteten.

Die Kollegen fürchten ganz allgemein diese Bemerkungen, sie haben danach oft das Gefühl minderwertig zu sein, bestimmte Dinge analytisch nicht genau durchdacht zu haben. Dies sei im Einzelfall recht amüsant und aufschlussreich, transportiere aber insgeheim eine eher abwertende Haltung.

Der Trainer hört sich diese Beschreibungen sehr genau an. Er gibt dann zu, dass dies eine Reaktion sei, die ihm häufig, auch im privaten Umfeld, begegne. Er neige wohl zu einer rigorosen analytischen Genauigkeit, begründe diese dann immer mit dem Begriff der intellektuellen Sorgfalt. Nach einer längeren Pause fügt er hinzu, dass es ihm dabei latent immer auch um Wert und Unwert des eigenen Tuns innerhalb einer Branche geht, in der die Konkurrenz sehr stark sei und »in der man sich wappnen müsse«.

Der Mediator, dem die gleichzeitigen Widerstände dieses Trainers gegen die Akquisitions-Tätigkeit bekannt sind, befragt ihn nun, für wie gut er sich in diesem Bereich halte. Der Trainer attestiert zögernd, er wisse um seine Schwierigkeiten in diesem Bereich. Ihm falle jeder Erstkontakt schwer, er fühle sich da begutachtet. Diese Situation löse bei ihm Gefühle der Absurdität des eigenen Tuns und Fluchtgedanken aus. Die Verkaufssituation sei etwas, was ihm nicht liege. In Trainingssituatioen lösten sich diese Hemmungen schnell auf.

Immer kommen Ängste und Befürchtungen zum Vorschein

Diese unerwartete Offenheit des sonst souveränen und routinierten Mannes löst bei den Kollegen Bestürzung aus. Dem Mediator ist bewusst, dass hinter dieser Haltung eine Vorgeschichte steckt, die er in dieser Mediation nicht klären kann. Ihm ist auch klar, dass die Neigung zur spöttischen und despektierlichen Kritik auf Feldern, die dem Trainer vertraut sind, eine Art Kompensation für eigene Defizite sein kann. Er bittet die Kollegen nun, klare Verhaltenswünsche an ihren Partner zu formulieren. Diese lassen sich zusammenfassen in dem Bedürfnis nach einer transparenten und konstruktiven Kritik. Die analytische Begabung dieses Trainers wird von den Kollegen durchaus gesucht, sie sei ein Korrektiv für verschwommenene unklare Konzepte und Ideen.

Versteckte Prozesse der persönlichen Abwertung wollen die Kollegen in Zukunft prompt ansprechen. Zugleich verpflichtet sich das Team dazu, Erstkontakte und Präsentationen, bei denen dieser Trainer beteiligt ist, zu zweit durchzuführen.

Tendenzen zur Loslösung

In den Rückmeldungen des Geschäftsführers an seinen Stellvertreter dominiert eine spezielle Verärgerung. Er habe das Gefühl, nicht ausreichend über Gespräche mit Kunden und Kooperationspartnern informiert zu werden. Er habe immer die nicht von der Hand zu weisende Ahnung, ihm werde etwas vorenthalten. Der Stellvertreter kontert dies mit dem Hinweis, dass solche Gespräche häufig an ihn delegiert würden: »Machen Sie das mal!« Er habe den Chef zudem immer wieder eingeladen, an diesen Gesprächen teilzunehmen und wehre sich nun gegen implizite Unterstellungen.

Der Mediator versucht den wahren Gehalt, die latente Angst des Geschäftsführers zu ermitteln: »Sie vermitteln den Eindruck, als ob Sie befürchteten, ihre Gestaltungsmacht und Ihren Einfluss im Unternehmen langsam zu verlieren.« Dies sei durchaus eine seiner Befürchtungen – so der Geschäftsführer –, und erinnert noch einmal an das von ihm kritisierte Ignorieren umlaufender Schriftstücke. Wichtiger sei für ihn aber, dass er eine Tendenz zur Loslösung befürchte. Er habe da die nicht gänzlich unbegründete Angst, man versuche schon sein eigenes Süppchen zu kochen, Kompetenz und Kooperationspartner zu gewinnen. Er hätte seinen Stellvertreter herangezogen, hätte ihn in alle Interna des Unternehmens eingeweiht. Sein Vorgehen sei partnerschaftlich und vertrauend gewesen und er habe nun die Angst, hintergangen zu werden.

Der Stellvertreter wehrt sich vehement gegen diese Unterstellungen. Sein Verhalten sei nur ein Indiz für eine unbefriedigende interne Informationspolitik. Man könne nicht zunächst eine Fülle von Arbeiten an ihn delegieren und dann über den Kompetenzverlust klagen, den man letztlich selber eingeleitet hat. Das Prinzip zur Delegation müsse mehr sein als nur ein Lippenbekenntnis.

Schmerzhafte Vorgänge spielerisch »durchdenken«

Der Mediator versucht wiederum, die Verhärtung aus dem Gespräch zu nehmen, indem er Argumente für eine Separation quasi spielerisch – als Gedankenexperiment – durchdenkt: Ein Mitarbeiter in leitender Funktion, der eine Fülle von Kompetenzen und Kontakten angehäuft hat, möglicherweise in diversen Sach- und Koordinierungsfragen nicht mit der Linie des Unternehmens einverstanden ist, habe durchaus die Berechtigung, wohl auch ein Interesse daran, an ein eigenständiges Unternehmen zu denken, wenn er sich dazu befähigt fühle. Der Stellvertreter wird daraufhin offener. Sicher habe er hin und wieder mit dem Gedanken der Selbstständigkeit gespielt. Dies vor allem immer dann, wenn er das Gefühl habe, in den sachlichen Auseinandersetzung werde seine Stimme nicht gehört. Man komme in leidigen Sachfragen einfach nicht voran: der Ausrichtung der Trainer-Tätigkeit, der Provisions-Regelung, der Investitionspolitik.

Er wisse allerdings, wie wichtig im Trainingssektor das Dach eines bekannten Namens, eines eingeführten Unternehmens sei. So sei er immer vor dem Schritt in die Selbstständigkeit zurückgeschreckt. Er bliebe gern im Unternehmen, vor allem wenn sich im Zusammenhang dieser Mediation ein positiveres Miteinander-umgehen einstellen würde. Reizvoll wäre für ihn naturgemäß eine weiterreichende Form der Beteiligung am Unternehmen, die seine Aktivitäten angemessen honoriere.

Prozesse der Veröffentlichung

Mit dieser Wendung der Auseinandersetzung, der Veröffentlichung der Möglichkeit der Abspaltung und der Bekundung einer Identifikation mit dem Unternehmen ist das explosive Element im Verhältnis der beiden Führungspersonen aufgehoben. Man verständigt sich darauf, neue Absprachen bezüglich der Außenkontakte zu treffen und eine Beteiligung des Stellvertreters am Unternehmen ins Auge zu fassen. Diese sollen in einer separaten Besprechung durchgeführt werden, bei der man ebenfalls auf die Unterstützung des Mediators hofft. Dieser sagt zu, er sei aber kein Experte für Unternehmensformen und Finanzfragen.

Wir haben hier nur die markantesten Punkte der latenten Beziehungskonflikte aufgezeigt. Es ist dabei von besonderer Bedeutung, dass am Ende jeder Detail-Besprechung versöhnende Aktionen von Offenheit,Transparenz und Entschuldigung stattfinden und konkrete, nachprüfbare Verhaltensziele entwickelt werden.

In der letzten Sitzung werden die strittigen Sachthemen neu verhandelt. Die Kultur- und Mentalitätsunterschiede wurden so umgedeutet, dass sie eine produktive Kooperation ermöglichen. Den persönlichen Auseinandersetzungen ist nach ihrer Veröffentlichung die Spitze genommen. Man kann sich nun auf das Aushandeln von Sachinteressen konzentrieren.

Übung

Nehmen Sie nun ein letztes Mal an, Sie seien den Mediator dieser Sitzung. Wie gehen Sie als Vermittler, als Führer der Verhandlungen im Einzelnen vor ? Skizzieren Sie dies kurz!

Der Mediator listet zunächst die strittigen Sachfragen auf (mit Hilfe des Zuruf-Antwort-Verfahren aus dem Methodenschatz der Moderation) und lässt sie durch die Teilnehmer ergänzen. Am Ende lässt er eine Gewichtung vornehmen, mit der die Teammitglieder die Relevanz der Themen einschätzen.

Letzte Sitzung: Streitfragen erörtern, Positionen darstellen, Interessen eruieren, Lösungswege entwickeln

In den folgenden Verhandlungen werden Möglichkeiten und Ausgestaltungen für die strittigen Sachfragen entwickelt. Der Mediator lässt die Parteien ihre Positionen darstellen und bemüht sich dabei immer um eine Klärung der zugrunde liegenden Interessen. Er versucht den Interessen-Ausgleich zu erzielen. Natürlich können wir diese Sachdebatten nur in Ausschnitten wiedergeben.

Die Aufgabenteilung der Trainer

Hier stehen sich zwei zunächst sehr unterschiedliche Positionen gegenüber. Die eine Gruppe wünscht eine spezifische Aufgaben-Beschreibung, die den Neigungen und Talenten der Trainer Rechnung trägt. Die andere Gruppe wünscht sich dagegen ein Gleichmaß der diversen Trainer-Funktionen. Diese Positionen erscheinen zunächst unversöhnlich. Blickt man jedoch auf die in den Sitzungen ausformulierten Interessen, so gibt es durchaus Wege zueinander.

Die Gruppe A formuliert zum einen das Bedürfnis, seriöse, durchdachte Trainings anbieten zu können und fordert deshalb mehr Zeit für die Situationsanalyse und die Konzipierung. Der eine Trainer erhofft sich mehr Unterstützung bei Erstkontakten, denen er ja nicht aus dem Weg gehen will. Man erwartet auch, dass man mit seinen Leistungen und Angeboten beim Kunden ins Gespräch gebracht wird.

Die Gruppe B hat ein spezifisches Interesse: Eine festgeschriebene unterschiedliche Aufgabendefinition könnte Arbeitsteilungen zu sehr festlegen. Dies müsse partout vermieden werden. Sonst käme es zu der Situation, dass nur ein oder zwei Trainer die Kalt-Akquise übernehmen müssten, während andere davon nur profitierten. (Natürlich sind all diese Fragen eng mit Provisions-Regelungen verflochten.)

In dem Versuch zu einer Lösung zu gelangen, schlägt der Mediator nun vor, zu differenzierenden, den einzelnen Talenten angemessenen Aufgaben-Beschreibungen zu gelangen. Allerdings müsse jeder alle beschriebenen Trainerfunktionen ausfüllen, wenn auch in unterschiedlichem Umfang. Er schlägt zudem ein Prinzip der wechselseitigen Hilfe und des wechselseitigen Coachings vor: Vertriebsorientierte Trainer führen ihre Kollegen in Strategien der Telefon-Akquise ein und betreuen sie zunächst in diesen Situationen.

Aus dem Teilnehmerkreis kommt dann der Vorschlag, interessierte Kunden ins Haus einzuladen und diese dort mit dem gesamten Trainer-Team bekannt zu machen. Auch dieser Vorschlag wird mit großer Zustimmung aufgenommen.

Unterschiedliche Trainings-Kompetenzen

Wir haben beschrieben, dass die Kompetenzen, das Know-how im Trainingsbereich sehr unterschiedlich sind. Dies liegt zum großen Teil an der bisherigen Ausbildung der Trainer. Zwei sehr versierte, einschlägig ausgebildete Trainer (der Stellvertreter sowie ein Trainer aus Gruppe A) kooperieren mit den drei Quereinsteigern aus anderen Berufen. Die Qualitätsunterschiede sind so – vor allem in der methodischen und psychologischen Fundierung – sehr groß. Diese Unterschiede müssen – nach Ansicht aller Mitarbeiter – ausgeglichen werden.

Hier schlägt die Gruppe ebenfalls das Prinzip des wechselseitigen Coachings vor. Wenn es zeitlich und finanziell machbar sei, sollten Trainer mit unterschiedlichen Vorerfahrungen in gemeinsamen Trainings-Situationen zusammengebracht werden. Die damit einhergehenden finanziellen Verluste werden für eine Übergangszeit in Kauf genommen. Aus diesem Ko-Training und dem damit verbundenen Austausch werden Qualitäts-Standards für die Trainingsarbeit entwickelt. Mit solchen Standards könne man auf dem Markt bestehen. Eine erste Formulierung solle schon einmal ausgearbeitet werden. Der Geschäftsführer des Unternehmens wird in der Trainingsarbeit vermehrt Präsenz zeigen. Dazu bieten sich offene Seminare ebenso an wie Prozessbegleitungen im Bereich von Personalauswahl und Personalabbau.

Investitionen und Kosten

Kaum überbrückbar scheinen die Differenzen in Bezug auf die allgemeine Geschäftspolitik, hier vor allem in der Frage nach bestimmten Investitionen. Die Gruppe B möchte unbedingt investieren: Eine neue umfangreiche Broschüre zur Selbstdarstellung und Werbung, Software zur gezielten Kundeninformation sowie ein hochmoderner Farbkopierer sollen angeschafft werden. Die andere Gruppe will diese Investitionen nicht. Sie möchte sie – wenn überhaupt – auf einen späteren Zeitpunkt verschieben. Sie möchte die Kosten ganz allgemein zurückfahren.

Der Mediator versucht die Interessen hinter den verfestigten Positionen zu eruieren. Die eher skeptische Gruppe A meint, dass mit diesen teuren Investitionen der Umsatzdruck neuerlich verstärkt würde. Es käme wieder – wie schon öfter – zu Hauruck-Aktionen in der Akquise. Man übernehme dann auch Seminare, für die nicht die nötige Kompetenz gegeben sei. Zudem erfordere allein die Gestaltung der Broschüre einen enormen zeitlichen Aufwand. Das Unternehmen solle eher organisch wachsen, die Beschäftigten sollten Zeit und Gelegenheit haben, ihre Kompetenz und Qualität zu verbessern. Der Druck solle von den einzelnen Mitarbeitern genommen werden. Das schon erwähnte System des internen Coachings und der internen Verbesserung könne so nicht realisiert werden. In der anderen Gruppe steht im Vordergrund das Interesse an einer verbesserten Präsenz beim Kunden und – ganz allgemein – eine andere Kundenorientierung. Der Kunde müsse das Unternehmen kennen, es müsse wieder eine feste Größe in der Bildungslandschaft werden. Diesen Zielen dienten die Neuinvestitionen. Der Mediator sieht nun, dass die letzten Zielvorstellungen wohl identisch sind, dass nur die Wege zum Ziel unterschiedlich bewertet werden.

Er schlägt vor, zu überlegen, wie man mit den vorhandenen Mitteln das gemeinsame Ziel erreichen könne. Es kommen Vorschläge, auf die sich die Gruppe sehr schnell einigen kann: Gezieltes Kundenmanagement durch Systeme des Nachfassens sowie der Wiedervorlage, die Einladung von Kunden ins Haus und die gezielte Kontaktaufnahme mit Entscheidungs- und Beratungs-Gremien. Das Team kann sich nun darauf einigen, die vorhandenen Mittel effektiver zu nutzen (wobei es hier auch einer internen Kontrolle bedarf). Erst wenn sich in der Evaluation herausstellt, dass diese Mittel nicht den erwarteten Nachfrageeffekt zeitigen, könne man die erwähnten Investitionen wieder ins Auge fassen. In dieser Lösung sind wohl alle Interessen integriert: die verbesserte Kundenorientierung und die Verminderung des Umsatzdrucks.

Ein Trainer schlägt nun ganz entschieden vor, das Unternehmen einmal ganz gezielt auf überflüssige Kostenfaktoren zu durchforsten. Er hat nach seiner Analyse den Eindruck gewonnen, dass das Tanzen auf vielen Hochzeiten, die Vielzahl von angedachten und nur in Ansätzen realisierten Aktivitäten die Energien der Mitarbeiter zu sehr zerstreue. Ist es nötig, jetzt über die Vermarktung von Trainings-Materialien durch einen Verlag nachzudenken? Ist es nötig, gewisse Arbeitskreise aufrechtzuerhalten, die bislang nur Debattierklubs ohne konkrete Resultate waren? Ist es sinnvoll, ein umfangreiches offenes Seminarangebot zu präsentieren (damit auch externe Trainer einzubinden), von dem realiter dann doch nur im günstigsten Fall 20 Prozent realisiert würden?

Das Team nimmt diese Wendung zu den Kosten-Überlegungen positiv auf, wenn auch im Einzelfall sofort Gegenargumente formuliert werden. Das Ziel einer Bündelung der Kräfte, der Konzentration aufs Kerngeschäft wird allgemein akzeptiert. Man müsse hier in Zukunft genaue Überlegungen anstellen. Der Geschäftsführer nimmt sich vor, einmal gezielter als bisher das Unternehmen auf Rationalisierungsaspekte hin zu untersuchen.

All diese aufgeführten Schritte und Handlungsstrategien werden in Form eines Aktionsplans ausgearbeitet – mit klaren Handlungsanweisungen an die einzelnen Team-Mitglieder. Dieser Aktionsplan ist eine Art schrift-

Schluss einer Mediation: Schriftliche Vereinbarungen und Aktionspläne entwickeln!

licher Kontrakt, eine schriftliche Vereinbarung, die einen betont verpflichtenden Charakter hat. Das Handeln des Einzelnen kann an diesem Aktionsplan gemessen und bewertet werden (siehe Seite 82).

Am Ende dieser Sitzung bespricht der Mediator dann noch einige Defizite in der Koordination zwischen den Trainern. Die dabei getroffenen Übereinstimmungen und Arrangements können relativ schnell hergestellt werden. Die Themen, die besprochen werden, sind nicht mehr im bisherigen Umfang emotional besetzt. Das Trainer-Team trifft folgende zusätzliche Vereinbarungen:

- Die Besprechungsprotokolle werden abwechselnd übernommen und mit Hilfe eines vorgegebenen Formblatts ausgearbeitet.
- Kundenkontakte und Akquisitionsbemühungen der Trainer werden schriftlich fixiert und mit Hilfe der vernetzten EDV allen anderen zugänglich gemacht.
- Prinzipien des Nachfassens und der Wiedervorlage von Kundenkontakten werden verbindlich für das Team ausgearbeitet.
- Der Umlauf wird bewusster vorselektiert. Der Papierkorb wird im individuellen Selbstmanagement an Bedeutung gewinnen.
- Nicht jeder Kontakt, nicht jede Nachfrage, nicht jedes Angebot ist eine Chance. Es muss gelingen, häufiger auch nein zu sagen.
- Die Koordinierung der Dienstwagen und anderer Infrastruktur wird den Verwaltungskräften übertragen.

Die Atmosphäre in dieser letzten Sitzung ist weitaus entspannter und gelöster als zu Beginn der Mediation. Dies wird auch vom Mediator in einer abrundenden Skizzierung der Mediationsvereinbarung angesprochen. Er bittet die Mitarbeiter, noch offene Punkte anzusprechen – ohne Rückmeldung.

Im abschließenden Blitzlicht zeigen sich die Mitarbeiter erfreut und erleichtert über ihren eigenen mutigen Schritt, eine solche externe Mediation, ein solches Konfliktmanagement anzugehen. Das Licht am Ende des Tunnels ist sichtbar geworden, man habe einen wichtigen neuen Push bekommen, der nun auch in die Alltagswirklichkeit hineinwirken müsse. Der Mediator erklärt sich zu späteren Kriseninterventionen und zur Evaluation dieser Reihe von Workshops bereit. Die Sitzung schließt in der Gewissheit, die internen kontraproduktiven Austauschprozesse behoben zu haben.

8. Konfliktlösungssysteme: Element einer neuen Unternehmenskultur

Ein Ausblick

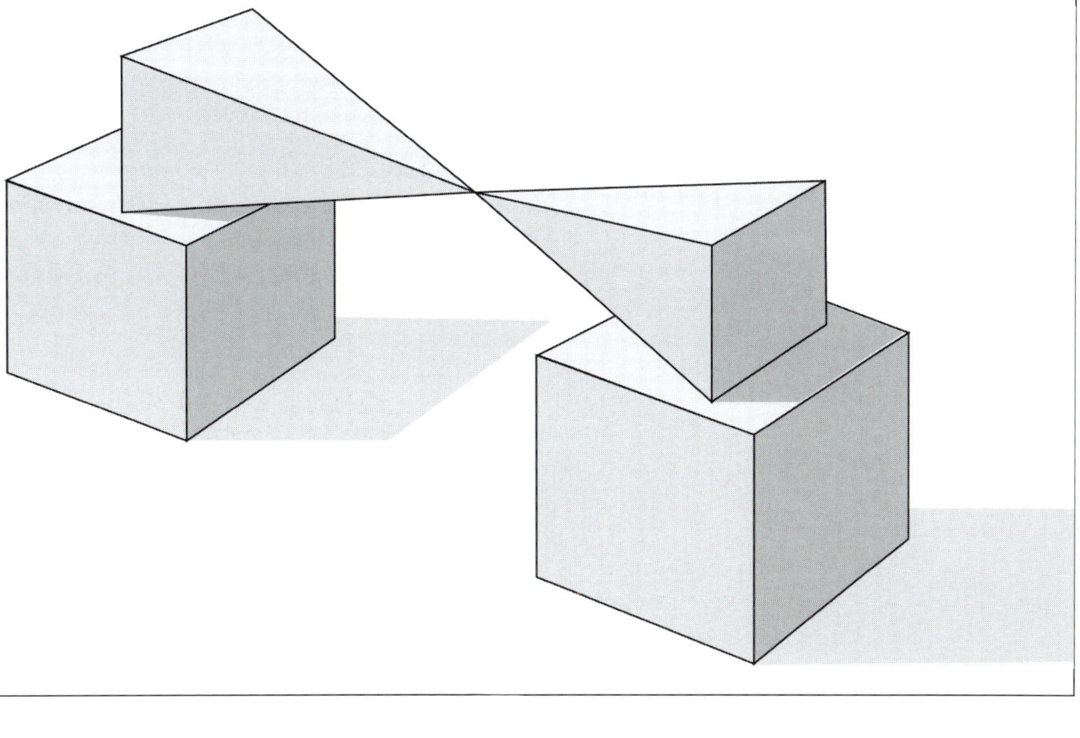

Die Mediation, die Vermittlung im einzelnen Konfliktfall ist zunächst ein singuläres Ereignis. Es gibt konkrete Auseinandersetzungen im Betrieb und das Bedürfnis, diese zu lösen. Der Mediator ist der kompetente externe Dritte, der die Parteien unterstützt und die vorhandene Lösungskompetenz anschiebt. Im Mediationsprozess wird allerdings zudem eine Mentalität und Kultur des Miteinanderumgehens gelernt, die Maßstäbe setzt und über die Situation hinaus fortwirken soll. Mitgedacht wird immer die Etablierung und Institutionalisierung einer neuen **Konfliktlösungskultur**, die sich im Unternehmen festsetzt. Der Mediator wird in einem umfassenderen Sinne zum **Designer von Konfliktlösungssystemen**

Der Etablierung einer neuen Konfliktlösungskultur sind bedeutende Arbeiten gewidmet, die das Team des Harvard-Verhandlungskonzepts (Ury, Brett, Fisher, Goldberg u.a.) in den letzten Jahren publiziert hat. Obgleich die Arbeiten zum Teil ins Deutsche übersetzt und in günstigen Taschenbuchausgaben zugänglich sind, ist ihre praktische Anwendung und Verwertbarkeit für die Unternehmenskultur kaum durchdacht und angemessen rezipiert. Die Autoren verstehen sich in diesen Büchern als Konfliktdesigner, die eine neue Konfliktkultur im Unternehmen implementieren und organisatorisch absichern wollen. Der Konfliktdesigner ist dabei der Zuarbeiter, wenn nicht gar der Konkurrent des Organisationsentwicklers. Abgrenzung und Bezug dieser beiden Funktionen werden wohl eines der gravierenden zukünftigen Probleme werden.

Wir skizzieren im Folgenden das Vorgehen eines Konfliktdesigners, auch Systemdesigner genannt. Dabei orientieren wir uns an den amerikanischen Vorlagen. Deutsche Besonderheiten sowie die Schwierigkeit der Übertragung auf deutsche Verhältnisse werden später ansatzweise behandelt. Dieses letzte Kapitel unseres Buches soll ein Ausblick und Denkanstoß sein.

Amerikanische Konzepte zum Konfliktlösungsdesign

Ausgangspunkt der amerikanischen Überlegungen war zunächst eine empirische Untersuchung über die unterschiedliche Streikhäufigkeit in verschiedenen Teilen einer amerikanischen Bergwerks-Companie. Ähnlich wie bei einer früheren Studie, den Hawthorne-Studies, wurde zunächst ein Zusammenhang der Streikhäufigkeit mit den allgemeinen Lebens- und Arbeitsbedingungen der Bergarbeiter (Umfeld, Arbeitssituation, Arbeitssicherheit) vermutet. Dieser Zusammenhang konnte nicht bestätigt werden. Eine weitere Vermutung war, dass die disziplinarische Macht der Unternehmensleitung (in Form von Entlassungen) respektive der lokalen Gewerkschaften (in Form der Einstellung zu Streikmaßnahmen) die stark unterschiedlichen Streikraten begründete. Doch diese Hypothese musste ebenso fallen gelassen werden, da es in dieser Hinsicht keine markanten Unterschiede zwischen den Betrieben gab.

Weit aufschlussreicher wurde die Untersuchung dann, als man sich den spezifischen Wegen der Konfliktlösung (hier im besonderen des Umgangs mit Mitarbeiterbeschwerden) zuwandte. Dabei fiel auf, dass diejenigen Betriebe eine niedrige Streikhäufigkeit aufwiesen, die frühzeitig (im Rahmen eines Beschwerde-Verfahrens) intensive und interessenbezogene Gespräche zwischen Gremien der Unternehmensleitung und der Gewerkschaften ansetzten. Hohe Streikhäufigkeiten wiesen dagegen Unternehmen auf, in denen das Verhältnis zwischen Unternehmens- und lokaler Gewerkschaftsleitung gestört und eskaliert war. Deshalb wurde die Problemlösung unabhängigen Schiedsgerichten (als einer späten Instanz eines Beschwerdewegs) überlassen, mit deren Resultaten die Belegschaft fast immer unzufrieden war. Als Ergebnis dieser Unzufriedenheit griffen dann die Parteien gern zu den erlernten Machtstrategien (wilder Streik und Entlassungen), die die Verhältnisse verhärteten.

Das zentrale Ergebnis dieser empirischen Studie war, dass die dominanten Strategien der Konfliktlösung im Unternehmen zunächst einmal untersucht und bestimmt werden mussten.

Die Untersuchung der bestehenden Konfliktkultur

Zunächst: genaue Analyse der Ist-Situation

Am Anfang jeder Veränderung der Konfliktkultur im Unternehmen steht also eine genaue Analyse der Ist-Situation: Wie werden Konflikte im Unternehmen vorrangig gelöst? Um diese Frage beantworten zu können, unterscheiden Ury u.a. drei zentrale Strategien der Konfliktlösung, die sich an Interessen, an Rechtspositionen und an Macht orientieren.

Untersuchung der Verfahren

Interessenorientierte Verfahren gehen aus von den unterschiedlichen Wünschen, Bedürfnissen und Ängsten der beteiligten Konfliktparteien. Bei dem Versuch, einen Unternehmensteil aus dem Großunternehmen auszugliedern (Outsourcing) ist die Unternehmensleitung wohl häufig daran interessiert, den mitgeschleppten, renditeschwachen Unternehmensteil auf eine neue betriebswirtschaftliche Basis zu stellen, ihn als Profit Center zu organisieren und damit zu effektivieren. Die betroffenen Mitarbeiter fürchten um die Sicherheit ihrer Arbeitsplätze, womöglich befürchten sie auch Lohneinbußen und Rückstufungen. Ein interessenorientiertes Verfahren stellt Verhandlungen zwischen den beiden Konfliktparteien in den Vordergrund. Es wird ein Interessensausgleich angestrebt, in einer Art Tausch- oder Kompensationshandel wird versucht, die jeweiligen Interessen annähernd zu berücksichtigen. Im obigen Beispiel könnten für eine Übergangszeit Arbeitsplatzgarantien gegeben werden, die die Befürchtungen der Belegschaft reduzieren. Zudem könnten ja durch diese Ausgliederung neue Anreize für die Belegschaft durch eine erweiterte Selbstbestimmung der Arbeit gegeben sein (Win-win-Situation).

Bei **Verfahren, die sich an Rechtspositionen orientieren**, berufen sich die Kontrahenten auf anerkannte und faire Normen, die vertraglich oder gesetzlich formuliert sind, oder auf allgemein akzeptierte, jedoch nirgendwo fixierte Gewohnheitsrechte (beispielsweise Prinzipien der Gleichheit oder der Dauer der Firmenzugehörigkeit) zurückgehen. Normen sind häufig uneindeutig und können unterschiedlich interpretiert und ausgelegt werden. So werden bei rechtlich orientierten Auseinandersetzungen oft unbeteiligte Dritte zu einem Schiedsspruch oder zu einer Schlichtung herangezogen. Finden interne Schlichtungsgremien (etwa in arbeitsrechtlichen Fragen bei der Abfindung freigesetzter Mitarbeiter) keine einvernehmliche Regelung, so werden die individuellen Streitigkeiten von unabhängigen Richtern (meist in Form eines Vergleichs) behandelt und geklärt. Die Orientierung an Rechtspositionen findet natürlich auch Eingang in eine interessenorientierte Verhandlung. Rechtliche Möglichkeiten werden ausgelotet und in den Disput eingebracht.

Bei **machtorientierten Strategien** glauben die Konfliktparteien daran, sich durchsetzen zu können und am längeren Hebel zu sitzen. Wer Macht zu besitzen meint, vermutet, dass er den anderen dazu zwingen kann, etwas zu tun, was dieser nicht will. Dem anderen sollen also Kosten aufgebürdet werden, indem man sich ihm gegenüber aggressiv verhält oder die Kooperation verweigert. In den betrieblichen Konfliktsituationen wird sich wohl derjenige durchsetzen, der von der Kooperationsleistung des anderen weniger abhängig ist. Können unzufriedene oder renitente Arbeitnehmer (in Zeiten der Arbeitslosigkeit) leicht ersetzt werden, so wird es der Unternehmensleitung leichter möglich, Innovationen durchzusetzen, die der Belegschaft nicht unbedingt schmecken. In Zeiten der Vollbeschäftigung und des Fachkräftemangels werden die Arbeitnehmer sehr viel widerstandsfähiger sein und für sie schmerzhafte Neuerungen blockieren können.

Diese Verfahren haben wir zunächst einmal ohne Wertung dargestellt. In jedem Unternehmen gibt es bestimmte Akzentuierungen und Bevorzugungen von Verfahren. Das Mosaik der benutzten Verfahren stellt dann die spezielle Konfliktkultur einer Firma dar.

Zur **qualitativen Bewertung** der verwendeten Verfahren und Strategien dienen den Autoren folgende vier Kriterien:

Qualitative Bewertung der Konfliktlösungen

- Welche **Kosten** bringt das spezifische Verfahren mit sich? Kosten kann hier vieles sein: verringerte Arbeitsleistung, verlorene und versäumte Geschäfte, vergeudete Zeit, Schäden an den Betriebsmitteln, Gerichtskosten etc.
- Welche **Zufriedenheit** produzieren bestimmte Verfahren bei den Betroffenen? Haben sich ihre Wünsche erfüllt, ist es zumindest der Wahrnehmung nach zu einem gerechten Ergebnis gekommen, hat man es dem anderen gezeigt?
- Welche **Auswirkung auf die Beziehung** bringt die realisierte Konfliktlösung? Sind die Effekte versöhnend und fördern sie die Kooperation oder produzieren sie Groll, Frustration und »innere Kündigung«?
- Wie wahrscheinlich ist ein **Neuaufflammen der Konflikte**? Bewirken bestimmte Strategien dauerhafte Lösungen oder verdrängen sie den Konflikt nur? Bringen Sie Rache- und Vergeltungsdynamiken hervor, die beispielsweise eine ganze Abteilung lähmen?

Diese Kriterien tragen wesentlich zur Untersuchung der betrieblichen Konfliktkultur, der betrieblichen Konfliktlösungssysteme bei. Sie führen ein Instrumentarium von **analytischen Fragen** mit sich, mit deren Hilfe sich eine konkrete Konfliktkultur beschreiben lässt:

- Welche Konflikttypen gibt es? Werden die Konflikte stark von Emotionen begleitet? Wie häufig sind diese Konflikte? Wer sind die Konfliktgegner? Welche Ursachen haben die Konflikte im Wesentlichen? **(Analyse der Konflikte)**
- Wie werden die Konflikte bewältigt bzw. beigelegt? Gibt es spezielle Beschwerdeverfahren? Welche Art von Verhandlungen gibt es in Streitfällen? Gibt es Rechtsverfahren und Schiedsstellen, die zur Einigung herbeigezogen werden? Wie oft brechen Machtkämpfe aus? Welches Verhalten, welche Strategie wird dabei demonstriert? **(Analyse der Konfliktlösung)**
- Warum werden Konflikte auf bestimmte Weisen beigelegt? Sind bestimmte Verfahren überhaupt bekannt? Wie sieht es mit der Motivation der Betroffenen aus, bestimmte Wege einzuschlagen? Wie sieht es aus mit den Fertigkeiten der Konfliktparteien? Können sie ihre Position angemessen präsentieren? Werden bestimmte Verfahren in Unternehmen favorisiert (und warum)? **(Analyse der Bevorzugung von Konfliktlösungsverfahren)**

Am Ende dieser ausgiebigen Untersuchung verfügen wir über eine detaillierte Beschreibung der vorhandenen Konfliktkultur eines Unternehmens. Es handelt sich dabei um eine detaillierte **Situationsanalyse**, die jeder Bestrebung der Organisationsentwicklung, ja jeder einzelnen Trainingsmaßnahme vorgeschaltet werden sollte. Der Fokus ist hier nur ganz spezifisch auf die betrieblichen Konflikte, ihre Lösungen, das Warum und die Kosten dieser Lösungen gerichtet.

Zentrales Ziel neuer Konfliktlösungs-Systeme

Die zentrale **Zielsetzung** für die Einführung neuer Konfliktlösungssysteme ist die **Verringerung der Konflikt-Kosten**. Was sich historisch etwa zeigt in der Überwindung von Macht- und Gewaltstrategien (Staatsstreiche, Revolutionen, kriegerische Auseinandersetzungen) zugunsten von demokratischen Auseinandersetzungen (in Form von Wahlen, politischen Disputen und Verhandlungen), soll maßgebend werden auch für den einzelnen Betrieb. Die Konflikt-Kosten sollen möglichst gering gehalten werden. Vergleichsverfahren und Schiedsstellen sind den Gerichtsverfahren vorzuziehen. Verfahren, die einen Fortbestand von geschäftli-

Analyse und Bewertung von Konfliktlösungssystemen

Welche Konflikte?

- Welche Streitfragen?
- Welche Konfliktarten?
- Welche Konfliktparteien?
- Wie häufig?
- Welche Ursachen?
- Welche Veränderungen können weitere Konflikte auslösen?

Analyse der gegenwärtigen Situation und Prognose für die Zukunft

↓

Welche Konfliktstrategien?

- Welche Konfliktstrategien (Beschreibung des Verlaufs)?
- Welche Kosten bzw. Nutzen haben bisherige Strategien?

Aufschluss, wie bisher vorgegangen wurde.

↓

Warum diese Konfliktstrategien?

- Welche Funktion haben diese Strategien für die Parteien?
- Welche Hindernisse bestehen, solche Verfahren einzuführen?
- Fehlen solche Verfahrensweisen?
- Mangelt es an der Motivation, sie einzuführen?
- Fehlt es den Parteien an den notwendigen Fertigkeiten?
- Fehlen die Mittel, solche Verfahren einzuführen?

Aufschluss darüber, ob ein Konfliktlösungssystem mit interessenorientierten Verfahrensweisen eingeführt werden kann und welche Vorkehrungen getroffen werden müssen, um solch ein System zu etablieren.

chen Beziehungen ermöglichen, sind besser als solche, die der einen Partei wohl einen juristischen Gewinn ermöglichen, aber die Geschäftsbeziehung irreversibel schädigen. Frühzeitige Schlichtungs- und Mediationsprozesse mit den Betroffenen sind effektiver als Streiks und harte Auseinandersetzungen mit ihren verwüstenden Rückwirkungen auf Kooperation und Leistung. Verfahren, die die Beziehungen verbessern, Spannungen freisetzen und lösen, beiden Parteien Gewinn bzw. Erfahrungen ermöglichen, leisten mehr als das Verharren auf Macht, Recht und Positionen.

Die meisten betrieblichen Untersuchungen zur Konfliktkultur ergeben ein relativ eindeutiges diagnostisches Bild: Strategien der Machtausübung und der Orientierung an Rechtspositionen überwiegen gegenüber Verfahren des Interessenausgleichs und der Problemlösung. Bei der Einführung eines effektiven Konfliktlösungssystems muss das Verhältnis dieser Strategien umgekehrt werden: interessenorientierte, problemlösende Verfahren müssen ins Zentrum gerückt werden. Folgende Abbildung (Ury u.a. 1991, Seite 41) gibt die Zielrichtung der Einführung neuer Konfliktlösungssysteme vor:

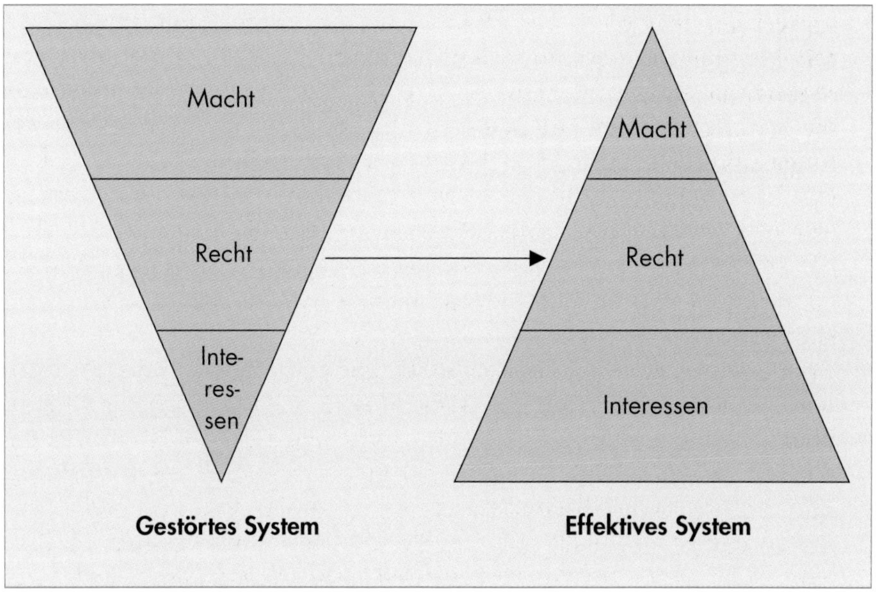

Neue Konfliktlösungssysteme: Grundregeln der Einführung

Die obige Abbildung zeigt deutlich, worum es bei der Einführung neuer Konfliktlösungssysteme im Wesentlichen geht: Das Gewicht zwischen den möglichen Verfahren muss verschoben werden hin zu einer stärker interessenorientierten Verhandlung. Genauso offensichtlich ist es, dass die juristische Absicherung (der juristische Rückgriff) und Strategien der Machtausübung keinesfalls angegriffen oder gar dämonisiert werden. Sie sollen nur in ihrer Bedeutung zurückgedrängt werden.

Die sechs Grundregeln bei der Einführung neuer Konfliktlösungssysteme

Für die Einführung neuer Konfliktlösungssysteme gibt es sechs Grundregeln:

1. **Heben Sie die Interessen der Konfliktparteien hervor!**
   Diese erste Regel ist gleichzeitig die wichtigste. Sie steht im Zentrum aller weiteren Überlegungen. Die Betroffenen sollen zu problemlösenden Verhandlungen, zu Mediationsverfahren ermutigt werden. Die Interessen, die hinter Beschwerden und Positionen stehen, werden ermittelt. Dazu ist es nötig, Verhandlungen möglichst frühzeitig anzusetzen. Verantwortliche sollen relativ prompt und vor Ort auf Beschwerden reagieren. Betroffene etwa bei umweltpolitischen Entscheidungen werden früh in den Disput und in die Konzipierung einer Maßnahme eingebunden. Stimulierend wirken auch Maßnahmen wie die Schaffung vieler Anlaufstellen, der Abbau von Angst vor Vergeltungsreaktionen, interne Schulungen in Verhandlungsführung u.Ä.
   Das bedeutendste Instrument einer stärkeren Interessenorientierung ist das Hinzuziehen von Mediatoren. Diese sind die neutralen Dritten, die es den Konfliktparteien ermöglichen, ihre wirklichen Interessen zu ermitteln und nach kreativen Lösungen zu suchen. Der Mediator kann einen Kompromiss vorschlagen, der bei der direkten Formulierung durch eine Partei eher als Blöße oder als Zugeständnis gewertet wird. Er hält die Parteien an, auch über den Standpunkt des Gegenübers nachzudenken. Er gewinnt den Zugang zu Gefühlen und bittet die Parteien auf Beleidigungen und Beschimpfungen zu verzichten. Ein Mediationsverfahren steht immer in Konkurrenz zu Rechtspositionen und Macht-Instrumenten. Der Mediator wird deshalb die Parteien immer auf mögliche Verluste und Einschränkungen in Bezug auf Rechtspositionen und Macht hinweisen, die die Wahl der Mediation mit sich bringt.

2. **Bauen Sie Optionen ein zur Verhandlung zurückzukehren!**
Damit sind Verfahren gemeint, die bei einer sichtbaren Neigung zu rechts- und machtorientierten Vorgehensweisen zwischengeschaltet werden, um die Parteien an den Verhandlungstisch zurückzubringen, bzw. diesen zu favorisieren. So können in Verhandlungen vermittelte Rechtsinformationen Parteien davon abhalten, das juristische Vorgehen zu suchen. Womöglich werden die eigene Ausgangsposition zu positiv eingeschätzt und die juristischen Möglichkeiten überbewertet. Auch ein in die Verhandlung eingebautes beratendes Schiedsverfahren kann die juristische Auseinandersetzung ersetzen.
Der bewusste und verpflichtende Einbau von Abkühlungsphasen in eine machtorientierte Auseinandersetzung kann durchaus Wunder bewirken. Bevor also zu betrieblichen Machtmitteln gegriffen wird, wird ein Moratorium angesetzt oder ein verpflichtendes Vorgespräch zwischen Arbeitnehmer-Vertretung und Betriebsleitung. Diese Krisenverhandlungen bedürfen allerdings einer genauen Vorbereitung und – wenn ein Mediator beteiligt ist – dessen Souveränität in der Krisenintervention.

3. **Sorgen Sie beim Scheitern problemlösender Verhandlungen für kostengünstige Maßnahmen zur Bestimmung der Rechts- oder Machtpositionen!**
Bei allen Überlegungen zur Konzeption von Konfliktlösungssystemen steht die Reduktion der Transaktionskosten im Vordergrund. So wird – wenn keine Vermittlung durch Mediation möglich ist – zumindest vorgeschlagen, möglichst kostengünstige Verfahren zur Klärung von Rechtspositionen und von Machtansprüchen zu wählen. Im amerikanischen Beispiel wären das unterschiedliche Variationen des Schiedsverfahrens. All diesen Einigungs-Bestrebungen ist gemeinsam, dass sie letztlich günstiger sind als Gerichtsverfahren, weil bestimmte formale Regeln nicht beachtet werden müssen und eine aufwendige Beweisführung unterbleiben kann. In der Regel enden diese Verfahren mit dem Schiedsspruch des unabhängigen Dritten.
Auch bei Machtkämpfen ist es sinnvoll, das eigene Potenzial an Druckmitteln nur anzudeuten. Die Macht kann in einer symbolischen, begrenzten Handlung angezeigt werden. Man lässt die Muskeln spielen, aber in einer ritualisierten, bescheidenen Form. Markantestes Beispiel sind hier regional und zeitlich begrenzte Warnstreiks. Auch andere symbolische Handlungen lassen sich hier vorstellen.

4. **Schalten Sie Beratungen vor, analysieren Sie Konfliktverläufe nachträglich!**
   Dies ist eine generelle Präventionsstrategie. Konflikte sollen durch gemeinsame Beratungen schon vorab durchdacht und möglichst abgewendet werden. Weitreichende betriebliche Maßnahmen und Initiativen werden im Voraus bekannt gemacht und möglicherweise in gemeinsamen Sitzungen auf ihre Effekte hin durchgesprochen und gegebenenfalls modifiziert.
   Aus Konflikten und ihren Verläufen muss aber auch gelernt werden. Manche Konflikte sind symptomatisch für ein Unternehmen oder für eine Branche. Vergleichbare Fälle lassen gewisse Erfahrungswerte zu. Ihre genaue Analyse offeriert Rückschlüsse auf zu verändernde Strategien. Mitunter ist es sinnvoll, ein Forum für die Diskussion und Evaluation von Konflikten zu bilden. Diese Foren treffen sich in einem regelmäßigen Zyklus, analysieren markante vergangene Auseinandersetzungen und versuchen unnötige Streitigkeiten auszuschalten.

5. **Ordnen Sie die Konfliktlösungsstrategien nach dem Kostengesichtspunkt: von niedrigen zu hohen Kosten!**
   Um ein effektives, auf ein Unternehmen zugeschnittenes Konfliktlösungssystem entwickeln zu können, muss zunächst die Fülle der Verfahren nach Kostengesichtspunkten geordnet werden. Wir listen nun Strategien und Handlungen auf, beginnend mit den Verfahren, die niedrige Kosten verursachen.

   Verfahren der Konfliktprävention
   - Ankündigung und Konsultation
   - Analyse nach der Konfliktbewältigung
   - Interessenorientiertes-Verhandeln nach dem IBN-Modell
   - Partnering

   Interessenorientierte Verfahren
   - Verhandlung nach dem Harvard-Konzept
   - Mehrstufige Verhandlung
   - Mediationsverfahren
   - Mediation durch gleichgestellte Kollegen
   - Mediation durch Experten

Optionen, zur Verhandlung zurückzukehren
- von Rechtspositionen ausgehend
- Informationsverfahren zur Rechtslage
- Beratendes Schiedsverfahren
- von Machtpositionen ausgehend
- Abkühlungsphase
- Intervention durch Dritte

Kostengünstige Verfahren zur Unterstützung
- von Rechtspositionen
- Varianten von Schiedsverfahren
- von Machtpositionen
- Begrenzte Streiks
- Demonstrations- oder Warnstreiks

(nach: Ury u.a. 1991, Seite 86/87)

Der professionelle Konfliktdesigner wird aus diesem Instrumentarium ein Konfliktlösungsdesign, eine Abfolge von Schritten und Prozeduren der Konfliktlösung entwickeln, die dem jeweiligen Unternehmen in seiner Geschichte, in seinen Traditionen und Rahmenbedingungen angemessen sind. Diese Anpassung eines Konfliktlösungssystems an ein Unternehmen ist immer eine sehr diffizile Arbeit, die auf der genauen Kenntnis eines Unternehmens, seiner Machtstrukturen und Interaktionen beruht.

6. Achten Sie auf allen Stufen auf die nötige Motivation, ausreichende Fertigkeiten und Mittel!

Dieser Ratschlag zieht sich wie ein roter Faden durch das gesamte Konfliktdesign. Schon bei der Favorisierung interessenorientierter Verfahren müssen Widerstände überwunden werden. Es gibt ja immer Parteien, die erwarten auf dem Rechtsweg ihre Position durchsetzen zu können: Sie wollen gar nicht abgehen von diesem Weg. Zudem gibt es natürlich die Berufsgruppe der Anwälte, die sich um Bedeutung und Einkommensmöglichkeit gebracht sicht. Wie begegnet man solchen Widerständen? Man wird wohl immer auf die nicht mitbedachten Kosten hinweisen müssen: die hohen Gerichtskosten, das mögliche Wiederaufflammen der Konflikte nach ihrer rechtlichen »Beilegung«. Der Gewinn von Rechtsstreitigkeiten des Unternehmens mit seinen Kunden oder Zulieferern muss ja auch nicht zwangsläufig gut für das Unternehmen sein, da Kontakte und Aufträge wegbrechen können. Anwälte können durchaus bedeutende Rollen in kostengünstigeren Mediations- oder Schiedsverfahren einnehmen. Die Motivation aller kann durch die verstärkte Partizipation in interessenorientierten Verfahren gefördert werden. Immer wird es auch wichtig sein, die nötigen Fertigkeiten und die Personen, die diese besitzen, hervorzubringen oder zur Verfügung zu stellen. Dies impliziert die Notwendigkeit von Schulungen und der Auswahl von Mediatoren.

Die praktische Einführung von Konfliktlösungssystemen

Es ist offensichtlich, dass neue Konfliktlösungssysteme als ein Element der Erneuerung eines Unternehmens nur in engster Kooperation mit den Konfliktparteien und den Betroffenen eingeführt werden können. Bei der Einführung fallen dem Konfliktdesigner eine Vielzahl von Rollen zu: neben den bekannten des Unterhändlers und Diplomaten nun auch die des Lehrers und des Missionars. Er wird unterschiedlichste Widerstände überwinden müssen und muss immer auf Rückschläge gefasst sein.

Startphase

Für die Startphase eines neuen Konfliktlösungssystems ist folgende Voraussetzung besonders günstig: Es liegt eine akute Krisensituation mit entsprechenden finanziellen und emotionalen Belastungen vor. Hier wird der Konfliktdesigner zunächst als punktueller Konfliktmanager und als Trainer gerufen werden. Häufig meint man nämlich, die Probleme mit einer begrenzten Schulungsmaßnahme lösen zu können. Der Konfliktdesigner sollte jedoch diese Chance nutzen und die Verantwortlichen auf eine umfassende Erneuerung des Systems hinweisen.

Oft finden Erneuerungen aus dem System heraus statt, ohne dass eine wirklich Krise vorliegt. An Veränderung interessierte Führungsgremien beauftragen Mitarbeiter mit kreativem Potenzial, neue Wege auszuarbeiten und mit einem externen Betreuer einzuführen. Besonders sinnvoll ist es, vor dem Beginn einer Kooperation akzeptable Strategien der Konfliktprävention und -beilegung gemeinsam zu entwickeln. Den Betroffenen fällt es zwar zu diesem – eher positiv gestimmten – Zeitpunkt meist schwer, über späteres Konfliktpotenzial nachzudenken. Dennoch entstehen durch solche vorbeugende Maßnahmen positive Spätwirkungen. Wir haben solche Strategien schon im Zusammenhang des Partnering für die Bauindustrie kennen gelernt (siehe Seite 104ff.).

In der Anfangsphase der Erneuerung eines Konfliktlösungssytems muss der Konfliktentwickler besonders darauf achten, Akzeptanz bei allen Konfliktparteien zu finden. Er darf nicht als Agent und Vertreter nur einer Partei gesehen und so für befangen erklärt werden.

Integration der Betroffenen

Bei der Untersuchung und Planung des Systems müssen Beteiligte und Betroffene voll integriert werden. Es bietet sich an, einen Planungsausschuss zu bilden, in dem Vertreter der betroffenen Parteien mitwirken können. Dieser Planungsausschuss ist das wesentliche Bindeglied zwischen dem Konfliktdesigner und den relevanten Parteien. Es ist stets sinnvoll, Unterstützung bei so genannten Schlüsselpersonen zu suchen. Dies sind Meinungsführer (zum Beispiel Gewerkschaftsvertreter), deren Wort und Ansichten ein hohes Ansehen bei den Betroffenen genießen. Unterstützen diese Schlüsselpersonen die Absichten und Ziele des Konfliktdesigners, so ist in der Regel schon viel gewonnen. Bei stark konfrontativer Haltung der Konfliktparteien kann viel durch eine Art Wechseldiplomatie erreicht werden (siehe auch Seite 81ff.). Das beliebteste Mittel ist dabei das auf Seite 59 beschriebene Ein-Text-Verfahren, das die Parteien sukzessive – durch Verbesserungen am vom Vermittler vorbereiteten Text – an eine akzeptable Gesamtlösung heranführt.

Widerstände

Wie schon erwähnt, wird der Konfliktdesigner in den meisten Fällen auf Widerstände treffen. Es gibt Berufsgruppen, die möglicherweise zu den Verlierern gehören. Befürworter von juristischen Verfahren rücken nur ungern davon ab, denn sie haben diese ja als gewinnträchtig erlebt. Der Konfliktdesigner wird in solchen Auseinandersetzungen zumeist auf den Begriff der Transaktionskosten zurückgreifen. Er stellt den Opponenten Verluste und Kosten dar, die sie bislang nicht entsprechend registriert haben. Liegen den Widerständen übertriebene Ängste zugrunde, so können erste positive Erfahrungen mit dem neuen Konfliktlösungssystem diese schnell abbauen helfen.

Strategien der Motivation

Bei der Einführung und Durchsetzung eines erneuerten Konfliktlösungssystems ist das Hauptaugenmerk darauf zu richten, die betroffenen Parteien stets neu zu motivieren und ganz bewusst deren Fertigkeiten zu entwickeln. Für diese Zwecke bieten sich verschiedene Vorgehensweisen an:

- *Die Verfahren werden in der Praxis vorgeführt*: In simulierten Situationen haben skeptische Nutzer die Möglichkeit, die Vorteile neuer Verfahren kennen zu lernen und ihre Widerstände abzubauen.

- *Das Verhalten von Führungskräften wird als Vorbild vorgestellt*: Bei der Erneuerung von Konfliktlösungssystemen müssen Vorgesetzte modellbildend vorangehen. Wenn ein Abteilungsleiter Neuerungen begrüßt und praktiziert, wird es auch den Vorarbeitern leichter fallen, sie für sich zu übernehmen.
- *Gleichrangige Kollegen werden zu Befürwortern*: Ein besonders positiver Implementationseffekt ergibt sich, wenn gleichrangige geschätzte Kollegen aus dem Planungsausschuss die Neuerungen unterstützen und sie den Mitarbeitern attraktiv machen können.
- *Klare und auch hohe Ziele setzen*: Dies hat sich als ein besonders effektives Instrument der Motivation erwiesen. Die Formulierung klarer Zielvorgaben (zum Beispiel: »Befassen Sie sich mit allen Beschwerden mündlich und noch am selben Tag«) zieht prompte sichtbare Nutzeffekte nach sich, die zudem stimulierend wirken können.
- *Anreize werden für die Anwender entwickelt*: Hier ist daran gedacht, die Verwendung neuer Konfliktlösungsverfahren als Element in der Personalbeurteilung und der Arbeitsplatzbewertung zu verankern und sie damit aufzuwerten.
- *Erfolge werden frühzeitig bekannt gegeben*: Erfahrbarer Nutzen und sichtbare Fortschritte sollten möglichst schnell der Belegschaft bekannt gegeben werden. Die Identifikation mit den neuen Verfahren wird so verbessert.
- *Der gesamte Prozess zur Umgestaltung des Konfliktlösungsdesigns ist begleitet von einer Fülle von Schulungen und Fortbildungen*: Meist sind Simulationsübungen und Feedback erforderlich. Die potenziellen Konfliktparteien werden dabei gern gemeinsam geschult. Auch zu einem späteren Zeitpunkt erhalten interne Schlichter, oft alle beteiligten Akteure, von den Konfliktdesignern ein Feedback. Bisweilen wird Supervision eingesetzt.

Evaluation

Am Ende der Neukonzipierung eines Konfliktlösungssystems steht natürlich die Evaluation der neuen Maßnahmen. Die hohen Ziele, die man sich zu Beginn dieses Organisations-Entwicklungs-Prozesses gestellt hat, müssen nun an den neuen Realitäten gemessen werden:

- Funktioniert das System? Haben sich die Transaktionskosten verringert? Sind die Mitarbeiter zufrieden? Hat sich das Neuaufflammen von Konflikten verringert, das heißt: sind Konflikte substantieller gelöst? Haben sich die Beziehungen generell verbessert? – Dies sind ja die markanten Ziele, mit denen der Konfliktdesigner angetreten ist.

- Wo haben die Veränderungen ihre Grenzen? Traten Nebeneffekte auf, zeigten sich Folgewirkungen, die so nicht prognostiziert wurden? Müssen deshalb bestimmte Grundannahmen, Hypothesen revidiert werden?
- Warum funktionieren die Veränderungen? Sind möglicherweise Fortschritte gar nicht auf die Implementierung der neuen Konfliklösungssysteme zurückzuführen?

Diese abschließende Evaluation kann mit Hilfe eines zunächst unbeteiligten Dritten durchgeführt werden, um die Unabhängigkeit der Evaluation zu gewährleisten. Die Beteiligten und Betroffenen müssen aber bei dieser abschließenden Bewertung unbedingt zu Wort kommen.

Die Bewertung kann in vielen Varianten durchgeführt werden. Man kann Zahl und Relation der positiv gelösten Streitfälle aufführen, man kann quantitativ und qualitative Interviews mit den Akteuren durchführen. Diese Bewertungen sollten möglichst exakt und differenziert sein, da sie ein Argument sein werden für die spätere Verbreitung und den Transfer der Maßnahmen auf andere Unternehmen sowie andere Branchen.

Was spricht für die Einrichtung eines Konfliktlösungssystems?

- Konflikte werden als Normalität wahrgenommen.
- Probleme bei der Lösung von Konflikten werden nicht mehr als persönliche Defizite betrachtet.
- Verhalten, das Konflikte provoziert, kann verändert werden.
- Unmittelbares und schnelles Behandeln von Konflikten wird ermöglicht.
- Ansprechpartner sind allen bekannt.
- Professionelle Außenstehende unterstützen die an der Konfliktlösung Beteiligten.

Wie sollten Konfliktlösungssysteme gestaltet werden?

- Gesetzliche Vorgaben, Tarifverträge und Betriebsvereinbarungen müssen beachtet werden.
- Sie sollten gezielt zugeschnitten sein auf die jeweiligen betrieblichen Bedürfnisse.
- Bisherige Konflikte und Strategien zur Lösung von Konflikten müssen analysiert und in die Überlegungen einbezogen werden.
- Alle Parteien, die eine wichtige Rolle bei der Konfliktlösung spielen, sind bei der Planung und Umsetzung einzubeziehen, um keine Widerstände innerhalb des Betriebes zu provozieren.
- Die Akzeptanz wird durch gezielte Informationen und Kommunikation über die Verfahrensweisen und das Konfliktlösungssystem geschaffen.
- Gezielte Unterstützung der an den Konfliktlösungen Beteiligten durch vorbereitende Trainings und nachträgliche Supervision.
- Hemmschwellen gegenüber Konfliktlösungsverfahren werden abgebaut.
- Wichtige Vertrauenspersonen werden einbezogen.
- Leichte Zugänglichkeit sollte gewährleistet sein.
- Die Verfahrensweisen zur Konfliktlösung und das Konfliktlösungssystem muss für alle Beteiligten verständlich sein.
- Die Transparenz der Verfahrensweisen bei gleichzeitiger Vertraulichkeit gegenüber den Inhalten muss gewährleistet sein.
- Öffentlichkeit für neue Verfahrensweisen schaffen.
- Schnelle Reaktion auf die Probleme der Betroffenen sicherstellen.
- Parität gewährleisten wenn nötig, zum Beispiel durch Co-Mediation (Männer – Frauen, bei Beteiligten unterschiedlicher Nationalitäten, Geschäftsleitung – Arbeitnehmer).
- Die aktive Beteiligung aller Betroffenen ist bei interessenorientierten Verfahrensweisen als Basis des Konfliktlösungssystems erforderlich.
- Die Flexibilität des Systems wird betont, um Anpassungen an sich ändernde Gegebenheiten zu ermöglichen.
- Die Zufriedenheit mit Verfahrensweisen und Lösungen muss stets überprüft und das System entsprechend angepasst werden.

Konfliktlösung und Mitbestimmung

Wir haben nun zunächst amerikanische Untersuchungen zu den Konfliktlösungssystemen erläutert. Eine Übertragung auf deutsche Verhältnisse ist nicht nahtlos möglich. Die Verhältnisse in den USA sind geprägt von einer weitaus liberaleren und offeneren Fixierung des individuellen Arbeitsrechts. Der Systemdesigner hat dort als Konfliktlöser weitaus mehr Spielräume, als sie ihm bei uns eingeräumt werden können. In Deutschland wird er vorrangig ergänzend eingesetzt, als zusätzliche Möglichkeit angeboten, während er in den USA gestaltend tätig sein kann.

Konfliktlösung und Mitbestimmung

Der Mediator muss sich der Rolle des Arbeitsrechts bewusst sein

Mediation im Betrieb und einen Schritt weitergehend der Aufbau von Konfliktlösungssystemen muss immer in Zusammenhang mit dem Arbeitsrecht gesehen werden. Mediation löst sich zwar bewusst von den Rechtspositionen, um über den Verhandlungsweg die Lösungsoptionen für einen Konflikt auszuweiten. Die Rechtspositionen bleiben aber erhalten und sind den Kontrahenten in der Regel durchaus bewusst. Deren Verteidigung ist für sie eine der Alternativen bei der Lösung des Konfliktes. Allerdings sind die Positionen nicht immer völlig eindeutig.

In Deutschland existiert kein einheitliches Arbeitsgesetzbuch. Das deutsche Arbeitsrecht ist vielmehr durch eine Fülle von unterschiedlichen Gesetzen gekennzeichnet. Regelungslücken führen darüber hinaus dazu, dass das Arbeitsrecht in weiten Teilen Richterrecht ist. Die zunehmende Bedeutung der Gesetzgebung der EU für das Arbeitsrecht in Deutschland sei nur am Rande erwähnt. Die rechtliche Seite eines Konfliktes lässt sich deshalb für die Beteiligten nicht ohne weiteres aus dem Gesetz erschließen. Schnelle, rechtlich abgesicherte Lösungen sind für eine Vielzahl von möglichen Konflikten in der Arbeitswelt damit oftmals nicht erreichbar.

Mediation und Konfliktlösungssysteme, die auf mediatorischen Elementen aufbauen, beziehen alle Interessenvertreter in die Konfliktlösung mit ein. Je nach Situation gehören dazu die Tarifparteien und die Betriebsräte. Bei der Ausgestaltung der konkreten Bedingungen der Arbeitsordnung auf den verschiedenen Ebenen spielen diese Interessenvertreter eine wesentliche Rolle: Überbetrieblich die Tarifvertragsparteien, in Gestalt der in Deutschland üblichen Einheitsgewerkschaften und der jeweiligen Arbeitgeberverbände, bei der Aushandlung von Tarifverträgen für die verschiedenen Industriezweige. Eine Ebene tiefer Arbeitgeber und Betriebsrat, die die durch Gesetz und Tarifverträge vorgegebenen Bedingungen auf Unternehmensebene in Form von Betriebsvereinbarungen weiter konkretisieren können.

Betriebsrat und Unternehmensleitung: Zwei Partner beim Aufbau von Konfliktlösungssystemen

Bei der Ausgestaltung eines Konfliktlösungssystems muss man sich jedoch gleichzeitig im Klaren sein, dass ein ganz beträchtlicher Teil der Konflikte zunächst einmal in eher persönlichen Auseinandersetzungen wurzeln. Diese betreffen in der Regel die Mitbestimmung der Arbeitnehmer und damit die Austarierung von Interessengegensätzen zwischen Arbeitnehmern und Unternehmern nicht. Durch die starke Stellung der Betriebsräte, insbesondere in den eher industriell geprägten Unternehmen mit einer großen Anzahl von gewerblichen Mitarbeitern, werden jedoch unter Umständen auch diese Konflikte, die möglicherweise eher auf persönlichen Animositäten beruhen, über den Betriebsrat geregelt.

Ganz anders kann sich die Situation in Betrieben darstellen, die über einen hohen Grad von gut ausgebildeten Mitarbeitern verfügen. Hier wird man wohl eher dazu neigen, nicht auf den Betriebsrat zurückzugreifen, da man sich häufig selbst in der Konfliktlinie zwischen Geschäftsleitung und Belegschaft sieht. Viele Konflikte werden eher als Kampf um den Aufstieg oder zur Durchsetzung eigener Ideen, als persönliche Abneigungen, als Teil von Abteilungsrivalitäten usw. begriffen. Ein Rückgriff auf den Betriebsrat zur Lösung dieser Auseinandersetzungen wäre eine Anerkenntnis der eigenen Schwäche und würde die Erreichung hoch gesteckter Ziele eher sabotieren denn fördern. Man wird sich also anderer Mittel bedienen. Der Betriebsrat gilt hier lediglich als letztes Mittel, wenn es um sehr harte Einschnitte wie Entlassungen, Eintragungen in die Personalakten oder ähnliches geht. Oder aber er nimmt eine beratende Funktion ein, erläutert die rechtlichen Bestimmungen, die für den konkreten Fall gerade relevant sind.

Eine neutrale dritte Partei, wie der Mediator oder Konfliktmanager, tritt zumeist erst dann auf den Plan, wenn die Konflikte schon nicht mehr selbst zu lösen sind. Wenn in einer verfahrenen Situation sachgerechte Lösungen gefunden werden müssen. In einem weiteren Schritt ist es dann unter Umständen möglich, sich systematisch mit den Konflikten auseinanderzusetzen und ein für die betrieblichen Gegebenheiten maßgeschneidertes System der Konfliktlösung zu etablieren. Was man als System für die Kunden im Rahmen der Kundenorientierung bereits oftmals geschaffen hat, als eine Abteilung, die sich um die Beschwerden, Anregungen oder Wünsche der Kunden kümmert, könnte in veränderter Form gleichermaßen für die Mitarbeiter geschaffen werden.

Die Gesetzgebung zur Mitbestimmung

Aus der Fülle der gesetzlichen und tarifvertraglichen Regelungen greifen wir hier nur einen kleinen Teil heraus: die Gesetzgebung zur Mitbestimmung der Arbeitnehmer. In Deutschland ist durch diese bereits ein Rahmen geschaffen, der die Zusammenarbeit von Arbeitnehmern und Arbeitgebern sowie deren Interessenvertreter im Betrieb regelt. Die Gesetze zur Mitbestimmung sind somit eine der Grundlagen für die Lösung von Konflikten zwischen Arbeitgebern und Arbeitnehmern. Diese sind damit beim Aufbau von Konfliktlösungssystemem zu beachten.

Die ausgeprägte Mitbestimmung der Arbeitnehmervertreter in Deutschland wird heute nicht nur von den Gewerkschaften begrüßt, die lange Zeit für sie gekämpft haben, sondern nach langjährigen vielfältigen Erfahrungen mit der Zusammenarbeit von Geschäftsleitungen und Betriebsräten auch von Vertretern der Unternehmerseite. Durch die Zusammenarbeit in den Betrieben ist es oftmals erst möglich geworden die strukturell notwendigen Anpassungen vorzunehmen.

> Eine Expertenkommission aus hochrangigen Vertretern von Arbeitgebern und Arbeitnehmern der Metallindustrie kommt beispielsweise zu dem Schluss, dass die Kooperation ohne gegenseitiges Beharren auf Rechtspositionen die Wirklichkeit in Betriebsvereinbarungen und Standortsicherungsverträgen vieler deutschen Unternehmen ist, die es verstanden haben, die gesetzlich verankerten Mitbestimmungsrechte der Arbeitnehmer als Standortvorteil zu betrachten (vergleiche Handelsblatt vom 20.5.1998).

Die lange Nachkriegserfahrung mit der betrieblichen Mitbestimmung hat das Selbstverständnis der Betriebsräte und der Gewerkschaften in den

Unternehmen geprägt. Sie sind vom Gesetzgeber als Interessenvertreter der Arbeitnehmer benannt und haben sowohl harte Auseinandersetzungen geführt, als auch kooperative Zusammenarbeit mitgestaltet. Die Betriebsräte und Vertreter der Gewerkschaften sollten daher nicht nur auf Grund der gesetzlichen Rahmenbedingungen, sondern auch wegen ihren Erfahrungen und ihrer starken Stellung im Betrieb von vorne herein in die Überlegungen zu den neuen Konfliktlösungssystemen mit einbezogen werden.

Das Einbinden des Betriebsrates als Erfolgsfaktor

Wenn die einzelnen Betriebsräte und die Gewerkschaften Mediation als Hilfe zur Lösung von Konflikten ablehnen, wird man keine Erfolge erzielen können. Der Mediator muss daher deutlich machen, dass es ihm nicht darum geht Betriebsräte und Gewerkschafter aus den Konfliktlösungen heraus zu halten oder neue Systeme zu etablieren, die die bisherigen Interessenvertreter umgehen. Er muss klar darlegen, dass er vielmehr deren langjährige Erfahrungen und umfangreiche Kenntnisse schätzt und beim gemeinsamen Aufbau eines solchen Systems natürlich nutzen will. Denn gerade engagierte Interessenvertreter beider Seiten können ein Verfahren wie die Mediation, das die Interessen in den Vordergrund stellt und sie keineswegs irgendwie verschleiern will oder auf faule Kompromisse aus ist, besser voranbringen.

Die Mitbestimmung der Arbeitnehmer in den Betrieben sowie in den Aufsichtsräten ist in einer Reihe von Gesetzen geregelt. Wir sprechen hier einige Punkte an, um den arbeitsrechtlichen Bereich nach der umfassenden Darstellung der Methoden und Verfahren nicht völlig auszublenden und die Komplexität der Aufgabe beim Aufbau von Konfliktlösungssystemen noch einmal bewusst zu machen.

Die Mitbestimmung der Arbeitnehmer ist in den folgenden Gesetzen geregelt:

- Betriebsverfassungsgesetz (BetrVG),
- Mitbestimmungsgesetz (gilt in den Aufsichtsräten),
- Montan-Mitbestimmungsgesetz,
- Betriebsverfassungsgesetz von 1952,
- Gesetz über Sprecherausschüsse der leitenden Angestellten,
- Gesetz über die europäischen Betriebsräte.

Die Mitbestimmung auf Unternehmensebene ist nur in größeren Kapitalgesellschaften gegeben. Die unternehmerische Mitbestimmung erfolgt über die Beteiligung in den Aufsichtsräten. Sie ist im Mitbestimmungsgesetz bzw. im Montan-Mitbestimmungsgesetz geregelt.

Das Betriebsverfassungsgesetz

Das Betriebsverfassungsgesetz betrifft im Gegensatz dazu eine Vielzahl von Betrieben. Es regelt die Arbeit der Betriebsräte in allen Betrieben mit mehr als fünf Arbeitnehmern, die wahlberechtigt sind. Die Betriebsräte haben allerdings kaum unternehmerische Entscheidungsmöglichkeiten, die tatsächliche Einflussnahme auf die Zielsetzung des Unternehmens bleibt ihnen verwehrt.

Die Relevanz des Betriebsverfassungsgesetzes für den Mediator und Konfliktdesigner ergibt sich einerseits aus seiner Reichweite, denn es betrifft eine Vielzahl von Betrieben. Und andererseits daraus, dass es sich auf die konkreten Bedingungen im Betrieb bezieht, genaue Rechte der Interessenvertreter definiert, Konfliktlösungsmechanismen und ausgehandelte Vereinbarungen auf Betriebsebene vorsieht. Diese Voraussetzungen müssen bei der Ausarbeitung und Etablierung eines Konfliktlösungssystems beachtet werden. Wir möchten an dieser Stelle nicht auf die einzelnen Regelungen des Betriebsverfassungsgesetzes eingehen, erläutern aber die Art und Weise, wie danach mit betrieblichen Konflikten umgegangen werden soll.

Im Betriebsverfassungsgesetz sind die Aufgaben des Betriebsrates festgehalten: er ist der Interessenvertreter der Arbeitnehmer innerhalb des Betriebes. Durch diese Gesetzgebung sind die Betriebsräte zur kooperativen Zusammenarbeit mit dem Arbeitgeber aufgerufen. Arbeitskampfmaßnahmen zwischen Arbeitgeber und Betriebsrat sind nicht zulässig, um die Zusammenarbeit auf Betriebsebene nicht zu gefährden. Mit der Festlegung der Interessenvertreter auf konsensorientiertes Verhalten sind machtorientierte Konfliktlösungen nicht vorgesehen. Interessenorientierte Verfahrensweisen wie die Mediation, die Kooperation voraussetzen, entsprechen somit durchaus dem Geist des Betriebsverfassungsgesetzes.

Im Betriebsverfassungsgesetz wird die Mitbestimmung der Arbeitnehmer sowohl in sozialen Angelegenheiten, bei der Gestaltung von Arbeitsplatz, Arbeitsablauf und Arbeitsumgebung, bei personellen Angelegenheiten als auch in wirtschaftlichen Belangen angesprochen. Der Umfang der Mitwirkungs-, Mitbestimmungs- und Initiativrechte für die einzelnen Bereiche ist genau definiert. Häufig hat der Betriebsrat jedoch nur sehr eingeschränkte Informations- und Anhörungsrechte.

Das Recht des Betriebsrates

Mitwirkung bedeutet: die Verpflichtung der Unternehmensleitung, bei Veränderungsprozessen den Betriebsrat rechtzeitig zu unterrichten, ihn anzuhören, sich mit ihm zu beraten. Dies ist beispielsweise bei Veränderungen im Produktionsbereich oder bei der Personalplanung der Fall. Eine wirkliche Mitbestimmung und Einflussnahme des Betriebsrats ist hier jedoch noch nicht gegeben.

Die **Mitbestimmung** des Betriebsrats ist dann gegeben, wenn er durch ein Nein (eine Zustimmungsverweigerung) eine Entscheidung blockieren kann. Dies betrifft vor allem soziale Angelegenheiten: Arbeitszeitregelungen, Urlaubsregelungen, Überwachung der Arbeitnehmer, die Auswahl und Beurteilung von Mitarbeitern, beispielsweise die Gestaltung von Personalfragebögen oder Beurteilungsrichtlinien sowie Fragen bei der Einstellung, Ein- und Umgruppierung der Mitarbeiter.

Ein spezielles **Initiativrecht** hat der Betriebsrat insbesondere bei Arbeitsplatzveränderungen, die nachteilig für die Betroffenen sind, bei den Richtlinien für die Personalauswahl, in der betrieblichen Bildung und bei der Ausgestaltung von Sozialplänen.

Kommt es in Fällen der Mitbestimmung des Betriebsrats zu keiner Einigung zwischen diesem und der Geschäftsleitung, so wird in der Regel eine **Einigungsstelle** angerufen. Diese wird nach Bedarf eingesetzt und ist paritätisch besetzt. Ihr steht ein unparteiischer Vorsitzender vor, der von den Arbeitsgerichten bestellt wird, sofern die Parteien sich nicht selbst einigen können. Diese Einigungsstelle fungiert wie eine Institution der Schlichtung. Ihr Spruch ist verbindlich und muss von der Unternehmensleitung akzeptiert werden.

Die Einigungsstelle hat ihre Funktion bei folgenden Streitpunkten:

- soziale Angelegenheiten,
- Gestaltung des Arbeitsplatzes und der Arbeitsbedingungen nach ergonomischen Gesichtspunkten,
- Ausgestaltung des Personalfragebogens und der Beurteilungsgrundsätze,
- Richtlinien der Personalauswahl,
- Durchführung betrieblicher Maßnahmen,
- Interessenausgleich und Erstellung eines Sozialplans bei Betriebsänderung.

Unterschiede von Mediations-Verfahren und Einigungsstelle

- Die Einigungsstelle sieht neben den Interessenvertretern Betriebsrat und Arbeitgeber eine unparteiische dritte Partei vor, wie dies auch bei der Mediation der Fall ist. Allerdings ist diese dritte Partei ein Vorsitzender mit Entscheidungsbefugnis, also kein Mediator, der vor allem dem Prozess der Vermittlung verpflichtet ist und keinen Einfluss auf die Entscheidung hat.
- Die Einigungsstelle entscheidet in genau definierten Fällen, in denen der Betriebsrat Mitbestimmungsrechte hat, wenn vorher eine Einigung zwischen Betriebsrat und Arbeitgeber nicht zustande gekommen ist. Sie wird in diesen Fällen im Gegensatz zur Mediation aber auch dann gebildet, wenn eine Seite dies nicht wünscht.
- Der unparteiische Vorsitzende wird auf jeden Fall berufen, im Zweifelsfall durch Gerichtsbeschluss. Ein Mediator beginnt im Gegensatz dazu erst dann mit der Vermittlung, wenn beide Parteien dem Verfahren zustimmen und ihn als Mediator akzeptieren.
- Mehrheitsbeschlüsse sind vorgesehen, im Falle einer Pattsituation entscheidet der Vorsitzende. Wenn die Einigungsstelle ihre Kompetenzen übertreten sollte, kann das Gericht angerufen werden. Mediation gelangt nur durch gemeinsamen Beschluss zu einem Übereinkommen.

Übereinkommen, die bei den regelmäßigen Verhandlungen zwischen Vertretern der Unternehmensleitung und dem Betriebsrat getroffen werden, können auch in schriftlich fixierten, verpflichtenden **Betriebsvereinbarungen** festgehalten werden. Jenseits der rechtlichen Fixierung gibt es also auch freiwillige Einigungsverfahren.

Der Betriebsrat als Verhandlungspartner

Wir sehen also: An der Basis betrieblicher Auseinandersetzungen gibt es das **Prinzip der Verhandlung**. Dort wo der Betriebsrat mitbestimmen kann, werden Regelungen zwischen Geschäftsleitung und Mitarbeitervertretung ausgehandelt. Kommt man dabei zu keinen einvernehmlichen Entscheidungen, so wird eine »Schlichtungsstelle«, die Einigungsstelle, angerufen.

Wie sieht es nun aus bei den gravierendsten Entscheidungen über die Zukunft eines Betriebs bzw. Betriebsteils: wenn dieser stillgelegt oder verlegt werden soll. Gegebenenfalls hat der Betriebsrat die Möglichkeit, einen Interessensausgleich und Sozialplan abzuschließen. Das Prozedere, das das Betriebsverfassungsgesetz hier vorsieht, ist folgendermaßen: Rechtzeitig und frühzeitig soll der Betriebsrat über unternehmerische Vorstellungen und Schritte informiert werden. Er soll in die Beratungen eingebunden werden. Danach muss ein Interessensausgleich zumindest versucht werden. Es gibt also Gespräche über das Ob, das Wann, wie viele Mitarbeiter betroffen sind. Führen diese Gespräche zu keiner Einigung, können die Einigungsstelle oder der Präsident des Landesarbeitsamtes als Vermittler herangezogen werden. Deren Empfehlungen und Vermittlungsbemühungen können aber keinen verpflichtenden Charakter haben. Der Unternehmer, der Konzern ist durch sie in seiner Entscheidung nicht gebunden. Wird dieser Interessenausgleich allerdings durch den Unternehmer versäumt oder übergangen, können Mitarbeiter Nachteilsausgleich durch Entlassungen und Versetzungen gerichtlich einklagen.

Erzwingbar ist allerdings fast immer ein **Sozialplan**, der häufig durch die Einigungsstelle ausgearbeitet wird. Dieser Sozialplan soll sowohl die sozialen Belange der Arbeitnehmer berücksichtigen wie auch die berechtigten wirtschaftlichen Interessen des Unternehmens im Auge behalten.

In dem vom Gesetz geforderten Interessensausgleich bei betrieblichen Änderungen und der vorgesehen Vermittlung durch den Präsidenten des Landesarbeitsamts respektive der Einigungsstelle beim Scheitern, sind auch Grundkonzepte der Mediation enthalten: Es wird der Versuch unternommen, einvernehmliche, interessensbezogene Lösungen zu finden, die einen Weg in die gemeinsame Zukunft eröffnen. Kann der Betriebsteil in welcher Form auch immer gerettet werden? Gibt es subsidiäre Maßnahmen, Verlegungen, Qualifizierungen, die Gründung von Auffanggesellschaften? Sind noch nicht alle Möglichkeiten bedacht? Gibt es Regelungen für Übergangszeiträume, für spezifisch betroffene Mitarbeiter?

In der Regel enden diese Vermittlungsbemühungen – zumindest in den letzten Jahren – mit dem Ergebnis, dass die unternehmerische Entscheidung durchgesetzt wird. Dabei werden jedoch Versuche unternommen, die gravierendsten Auswirkungen auf die Betroffenen abzufedern.

Welchen Stellenwert können nun Konfliktdesign und die Entwicklung von Konfliktlösungssystemen im Rahmen der deutschen Betriebsverfassung und der Mitbestimmung im betrieblichen Alltag gewinnen? Wir schließen hier mit diesen ersten, noch fragmentarischen Überlegungen. Wir möchten aber auf jeden Fall einige Anregungen geben.

Konfliktlösungssysteme im betrieblichen Alltag

Die diagnostische Leistung des Konfliktdesigners

Workshop zur Beschreibung der Konfliktlösungsstrategien

Was sich zunächst problemlos und sehr effektiv einfügen lässt, sind unseres Erachtens all die diagnostischen Verfahren zur Beschreibung des gängigen Konfliktlösungsverhaltens. Wenn man beispielsweise Vertriebsstrategien in ihrer Effektivität analysiert, oder wenn man Störungen und Fehler in Produktion und Organisation diagnostiziert, so erhält man eine detaillierte Beschreibung der Konfliktlösungsstrategien eines Unternehmens.

Eine solche Diagnose wird wohl immer stattfinden im Rahmen eines Experten-Gesprächs oder -Workshops. Der Mediator und Konfliktdesigner lädt dazu ausgewählte Fachleute der Konfliktlösung ein: Betriebsräte, Personalverantwortliche, Gruppenleiter, auch gut beobachtende und couragierte Mitarbeiter sind bestens geeignet. In dieser Sitzung werden dann eben nicht nur die »Schauseite« des Unternehmens, die formalisierten und gebilligten Abläufe behandelt, sondern auch die versteckten Macht-, Verzögerungs- und Intrigen-Strategien – das Nicht-Offizielle also.

Die wesentlichen Fragen eines solchen Workshops zur Konfliktkultur lauten:

- Welche Arten von Konflikten treten vorrangig im Unternehmen auf? (Analyse der Konflikte)
- Wie werden diese Konflikte zumeist gelöst? (Analyse der Konfliktlösung)
- Warum werden bestimmte Verfahren bevorzugt? (Analyse der Favorisierung von Verfahren)

Der unbefangene Blick als Voraussetzung

Es ist offensichtlich, dass in diesem Workshop zur Konfliktkultur Offenheit und ein unbefangener analytischer Blick aufseiten der Betroffenen die zentrale Voraussetzung ist. Es geht eben nicht um Repräsentation und Selbstdarstellung, sondern um die ungeschminkten Wahrheiten aus dem Innenleben des Unternehmens. Sicher werden hier auch erste Widersprüche zwischen dem formalen Prozedere und den informellen Vorgehensweisen transparent. Um diesen ungeschminkten Blick auf ein Unternehmen zu erhalten, müssen zusätzlich Fragen nach den Konfliktverläufen gestellt werden:

- Wie zufrieden sind die Akteure mit den erreichten Konfliktlösungen?
- Wie gestalten sich die Beziehungen zwischen den Konfliktparteien nach den erzielten Kompromissen?
- Ist ein Neuaufflammen der Konflikte wahrscheinlich? Welche Anzeichen gibt es für die Befriedung bzw. für das Fortschwelen des Ungeklärten?
- Welche Ausfallkosten sind dem Unternehmen durch Konflikte entstanden? Sind diese Ausfallkosten wirklich hinreichend analysiert?

Ungeschöntes Bild der Realität

Am Ende eines solchen Workshops steht ein präzises, ungeschöntes Bild der betrieblichen Konfliktkultur. Der Mediator ist hier gefordert in seiner Fähigkeit die Teilnehmer zum Reden zu bringen. Er muss seinen ganzen Scharfsinn und seine gute Beobachtungsgabe einsetzen. Zudem muss er die einzelnen Fakten und Vorgänge in ein plausibles Ganzes einordnen können. Diese Überlegungen münden in eine Liste, die unterscheidet nach **Feldern**,

- in denen adäquate Konfliktlösungen stattfinden,
- in denen das vorgegebene und akzeptierte Prozedere der Auseinandersetzung ausgehöhlt und unterlaufen wird,
- in denen trotz Notwendigkeit keinerlei Regelungen und keine »Mediatoren« als Ansprechpartner vorhanden sind.

Der Konfliktdesigner wird nie ein völlig neues Konfliktlösungs-System für ein Unternehmen entwickeln können. Er ist eingebunden in die Vorgaben der betrieblichen Mitbestimmung. Er wird diese unternehmensspezifisch ganz bewusst ergänzen. Seine Aufgabe besteht also darin, die nicht abgesteckten Felder der betrieblichen Auseinandersetzung zu regulieren bzw. hierfür Anlaufstellen zu schaffen.

Die ergänzenden Interventionen des Konfliktdesigners

Es stellt sich nun die Frage, wo sich spezifische Einsatzmöglichkeiten ergeben: Wo kann ein Konfliktdesigner die betriebliche Mitbestimmung sinnvoll erweitern?

Arbeitsrechtliche Konflikte mit gut ausgebildeten Angestellten in Führungspositionen

Zwiespältiges Verhältnis zum Betriebsrat

Gut ausgebildete Angestellte mit Führungsfunktionen sind häufig sehr stark auf ein Unternehmen eingeschworen. Sie verstehen sich eher als Exponenten eines Unternehmen und seiner Kultur denn als Arbeitnehmer. Treten dann spezifische Probleme mit ihrer Arbeitssituation auf, so sind sie nur selten geneigt, sich vom Betriebsrat als Interessenvertreter assistieren zu lassen. Informationen werden dort zwar gerne eingeholt. Dennoch wird es vom Selbstverständnis der Beteiligten her als schlechter Stil angesehen, sich in führender Position vom Betriebsrat vertreten zu lassen. Dies kann unter Umständen auch weitere Beförderungen behindern. Folgende Situationen lassen sich hier illustrativ anführen:

- Ein Projekt »stirbt« – ohne akzeptable Ergebnisse gezeitigt zu haben. Den Projektmitarbeitern wird geraten, neue Einsatzfelder im Unternehmen zu ermitteln. Gelänge dies nicht, so müssten diejenigen gehen, die keinen Erfolg haben. Die Projektmitarbeiter stehen dieser Strategie der Drohung einigermaßen ratlos gegenüber.
- In einem Dienstleistungsunternehmen gibt es starke Unterschiede in den fixen und provisionsabhängigen Einkommen der Mitarbeiter. Diese sind oft das Resultat geschickter Gehaltsverhandlungen. Die krassen Unterschiede produzieren Motivationsdefizite, »innere Kündigungen« sowie Fraktionsbildungen.
- Mitarbeiter in einem Forschungsunternehmen mit hoher Eigenmotivation geben intern an Kollegen Ergebnisse ihrer Forschung nur sehr eingeschränkt weiter. Sie monopolisieren und horten das Wissen, setzen ihre Mitarbeiter nur auf begrenzte Fährten. Sie schaffen so gezielt verwertbare Informationsvorsprünge.

In diesen Situationen wird offensichtlich kein Betriebsrat zur Schlichtung angerufen. Der vermeintlich benachteiligte Mitarbeiter wird zunächst immer versuchen, einen Vermittler, zum Beispiel den höher gestellten Vorgesetzten, anzusprechen.

Die Mediation könnte hier geleistet werden durch eine Art **Anlaufs- und Schiedsstelle** innerhalb des Unternehmens. Eine solche Schiedsstelle müsste ab einer bestimmten Größe des Unternehmens und einem bestimmten Qualifikations-Standard der Mitarbeiter gewährleistet sein.

Der Mediator als Coach und Supervisor

Schulung in interessenorientiertem Verhandeln

Eine Möglichkeit, wie das Methodenwissen der Mediation die offiziellen betrieblichen Auseinandersetzungen bereichern und ergänzen kann, ergibt sich fast von selbst. Mediatoren können Betriebsräte und Unternehmensvertreter schulen in den Strategien der interessenorientierten Verhandlung. Eine solche Schulung kann präventiv sein. Der Mediator trainiert also die Konfliktparteien im Sinne einer fairen Verhandlungstechnik. Der Mediator kann allerdings auch in den Auseinandersetzungen als Übersetzer fungieren. Er wird immer dann intervenieren, wenn er das Gefühl hat, es findet eine Verhärtung von Positionen statt. Er wird sich einschalten, wenn er ahnt, dass es in den Auseinandersetzungen vorrangig um Gewinn oder Verlust geht, wenn Machtstrategien und die Neigung zur Schädigung des anderen sich durchsetzen. Der Mediator wird dabei zum Supervisor für die Konfliktlösung. Er wird die normalen Verhandlungen begleiten und bei markanten Rückfällen in bewährte Strategien (Drohungen, Austricksen, Pokern etc.) eingreifen.

Die genannten Aufgaben des Mediators und Konfliktdesigners sind natürlich abhängig von seiner Akzeptanz im Unternehmen. Erst wenn er als vorbereitender Trainer akzeptiert ist, wird man ihm eine Supervisions-Rolle in den Verhandlungen einräumen. Hat er als Supervisor dann seine Qualitäten nachgewiesen, wird er wohl auch bei besonders strittigen Sachverhalten als Mediator eingeschaltet werden.

Leitung von Krisensitzungen

Wir meinen, dass der Mediator in den Feldern der betrieblichen Mitbestimmung vorrangig als Coach und Supervisor fungiert. Ist seine Akzeptanz weit gediehen, so wird er fallweise in seiner helfenden Funktion als Mediator gesucht. Der damit verbundene Autoritätsverlust der Akteure kann von diesen angenommen werden, wenn die erzielten Ergebnisse besser und effektiver sind als die vorhergehenden internen Lösungen.

Neue Lösungen bei Personalabbau

Interimslösungen bei Produktionsverlagerungen oder Stilllegung eines Werks sind verstärkt in das Blickfeld der Öffentlichkeit geraten. Die Aktivitäten von Unternehmen und Gewerkschaften gehen heute weit über die bisherigen Sozialpläne hinaus. Es wird immer mehr der Versuch unternommen, Auffang- und Qualifizierungsgesellschaften zu gründen.

In den **Auffanggesellschaften** werden die ehemaligen Mitarbeiter fortgebildet. Das Unternehmen zahlt Teile des Lohns. Die lernenden Mitarbeiter werden zudem vom Arbeitsamt bezuschusst. Als etwas paradoxer Effekt hat sich hier ergeben, dass das Verbleiben in einer Auffanggesellschaft oft attraktiver ist (aufgrund der Situation der Bezuschussung) als ein neu angebotener Arbeitsplatz.

Im **Management-buy out** werden kleinere Produktionseinheiten des einstigen Unternehmens an ehemalige Mitarbeiter abgegeben, die dann eine stark spezialisierte Forschung und Produktion betreiben. Solch kleinere Einheiten haben sich oft auch dann als lebensfähig erwiesen, wenn der Gesamtbetrieb nicht mehr rentabel war.

In der **Outplacement-Beratung** wird der ehemalige Mitarbeiter in Führungspositionen auf die Bewerbungssituation vorbereitet, seine Stärken und Schwächen werden analysiert, Möglichkeiten der Fortsetzung der beruflichen Karriere werden durchgecheckt.

Konsensorientierte »Politik«

Bei diesen – natürlich immer begrenzten – Alternativen zur strikten Freisetzung haben vor allem Gewerkschaftsvertreter (insbesondere regionale Vorsitzende einer Gewerkschaft) eine bedeutende Rolle gespielt. Gewerkschaftsvertreter haben – aus ihrer Notlage heraus – eine solche konsensorientierte Politik (Bündnisse für Arbeit) initiiert. Besonders markante Beispiele finden sich in den Niederlanden und in einigen Krisenregionen der Bundesrepublik Deutschland. Mediatoren mit Spezialkenntnissen in diesen Bereichen werden es deshalb schwer haben, sich zu etablieren. Der ausscheidende Mitarbeiter baut zwangsläufig auf die starke Gegenmacht der Gewerkschaft – auch wenn diese schon zu einer konsensorientierten Politik für die Region umgeschwenkt ist. Gewerkschaftsführer sowie leitende Mitarbeiter der Landesarbeitsämter haben sich zu solchen Spezialisten eines sanfteren Personalabbaus entwickelt. Sie sind zudem Experten einer konsensorientierten Politik, die besonders in Zeiten des Umbruchs relevant ist. Ein wichtiges Thema ist für sie neue Strategien der Arbeitszeitgestaltung mit Flexibilisierung und besserer Maschinen-Auslastung zu finden.

Diese Experten arbeiten meist schon als »Mediatoren« mit detailliertem Fallwissen und der Qualifikation zur Krisenintervention, selbst wenn es möglicherweise an der Methodik und am Verhandlungswissen noch fehlt. Jeder externe Mediator ohne den Background der Gewerkschaft wird hier nur langfristig – erst nach guter Arbeit – akzeptiert werden.

Literaturverzeichnis

Arbeitsgemeinschaft für Umweltfragen e.V. (Hrsg): Umweltmediation in Deutschland: Innovative Formen bei Regelungen von Umweltkonflikten. Dokumentation: Wissenschaftlich-praxisorientierter Kongress in Düsseldorf 1995.

Blickhan, Daniela und Claus: Denken, Fühlen, Leben. Vom bewußten Wahrnehmen zum kreativen Handeln. Landsberg 1989.

Bomers, Gerard B. J./Peterson, B. (Hrsg.): Conflict Management and Industrial Relations. Boston 1982.

Breidenbach, Stephan Mediation: Struktur, Chancen und Risiken von Vermittlung im Konflikt. Köln 1995.

Bundeskonferenz für Erziehungsberatung e. V. (Hrsg.): Scheidungsmediation: Möglichkeiten und Grenzen. Münster 1995.

Dally, Andreas (Hrsg.): Tagung Mediation als politischer und sozialer Prozeß. Rehburg/Loccum 1995.

Dulabaum, Nina L.: Mediation: Das ABC. Weinheim und Basel ²2000.

Ewig, Eugen: MediationsGuide 2000. Köln 2000.

Fietkau, Hans Joachim: Psychologie der Mediation. Lernchancen, Gruppenprozesse und Überwindung von Denkblockaden in Umweltkonflikten. Berlin 2000.

Fisher, Roger: Gute Beziehungen: Die Kunst der Konfliktvermeidung, Konfliktlösung und Kooperation. Frankfurt a.M. 1989.

Fisher, Roger: Jenseits von Machiavelli: Kleines Handbuch der Konfliktlösung. Frankfurt a.M. 1996.

Fisher, Roger/Ertel, Danny: Arbeitsbuch verhandeln. So bereiten Sie sich schrittweise vor. Frankfurt a.M. 1998.

Fisher, Roger/Ury, William: Das Harvard Konzept: sachgerecht verhandeln – erfolgreich verhandeln. Frankfurt a.M. 1989.

Folger, Joseph P. (Hrsg.): New Directions in Mediation. – Communication Research and Perspectives. Thousand Oaks (CA) 1994.

Glasl, Friedrich: Konfliktmanagement: Handbuch zur Diagnose und Behandlung von Konflikten für Organisationen und ihre Berater. Bern 1990.

Glasl, Friedrich: Selbsthilfe in Konflikten. Konzepte – Übungen – Praktische Methoden. Stuttgart 1998.

Goldberg, Stephen B. u.a.: Negotiation, Mediation, and Other Processes. Boston 1992.

Haft, Fritjof: Strukturdenken – der Schlüssel zum erfolgreichen Reden und Verhandeln. München 1985.

Haft, Fritjof: Verhandeln. Die Alternative zum Rechtsstreit. München 1992.

Kennedy, Gavin: Verhandlungsführung: Erfolgreich verhandeln von A bis Z. München 1994.

Lumma, Klaus: Strategien der Konfliktlösung. Hamburg 1988.

Montada, Leo/Kals, Elisabeth: Mediation. Lehrbuch für Psychologen und Juristen. Weinheim 2001.

Moore, Christopher W.: The Mediation Process. Practical Strategies for Resolving Conflict. San Francisco 1996.

Redlich, Alexander: Konflikt-Moderation. Handlungsstrategien für alle, die mit Gruppen arbeiten. Hamburg 1997.

Robinson, Colin: In Verhandlungen gewinnen. Landsberg 1992.

Schulz, Uwe (Hrsg.): Das Duell. Der tödliche Kampf um die Ehre. Frankfurt a.M./Leipzig 1996.

Slaikeu, Karl A.: When Push Comes to Shove: A Practical Guide to Mediating Disputes. San Francisco 1996.

Stabenau, Hans-Joachim: Schlüsselqualifikationen in der betrieblichen Weiterbildung. In: Grundlagen zur Weiterbildung 3/1993, Seite 138.

Stone, Douglas/Patton, Bruce/Heen, Sheila: Offen gesagt! Erfolgreich schwierige Gespräche meistern. München 2000.

Thomann, Christopher: Klärungshilfe: Konflikte im Beruf. Reinbek 1998.

Thomann, Christoph/Schulz von Thun, Friedemann: Klärungshilfe. Handbuch für Therapeuten, Gesprächshelfer und Moderatoren in schwierigen Gesprächen. Reinbek 1988.

Toelstede, Bodo G.: Das Verhandlungskonzept. Hart in der Sache – menschlich im Dialog. Weinheim und Basel 1997.

Ury, William/Brett, Jeanne/Goldberg, Stephen: Konfliktmanagement: wirksame Strategien für den sachgerechten Interessensausgleich. Frankfurt a.M. 1991.

Zuschlag, Berndt/Thielke, Wolfgang: Konfliktsituationen im Alltag. Ein Leitfaden für den Umgang mit Konflikten in Beruf und Familie. Stuttgart 1989.

Stichwortregister